Dichtung und Weltsicht
des 19. Jahrhunderts

Für Frau Dr. Lotte Zörner
in herzlicher Verbundenheit

Athenaion
Literaturwissenschaft

Band 18

Akademische
Verlagsgesellschaft Athenaion
Wiesbaden

Wolfram Krömer

Dichtung und Weltsicht des 19. Jahrhunderts

Akademische
Verlagsgesellschaft Athenaion
Wiesbaden

Prof. Dr. Wolfram Krömer
Institut für Romanistik
Universität Innsbruck
Schöpfstraße 3
A-6020 Innsbruck

CIP-Kurztitelaufnahme der Deutschen Bibliothek

Krömer, Wolfram:
Dichtung und Weltsicht des 19. [neunzehnten]
Jahrhunderts / Wolfram Krömer. – Wiesbaden:
Akademische Verlagsgesellschaft Athenaion, 1982.
(Athenaion-Literaturwissenschaft; Bd. 18)
ISBN 3-7997-0804-9
NE: GT

Umschlag von Hans-Ulrich Eichler
Satz: Hartmann-Satz, Nauheim
Druck und Verarbeitung: Druckerei Lokay, 6107 Reinheim 1
Printed in Germany/Imprimé en Allemagne
ISSN 0170-6586
ISBN 3-7997-0804-9

INHALT

EINLEITUNG

„Il y a quelque quarante ans, nous étions à un point critique de l'évolution littéraire. L'heure de l'influence de Mallarmé avait sonné. Les jeunes gens de ma génération repoussaient presque tout ce que leur offrait l'horizon intellectuel de l'époque. Ils s'écartaient à la fois du Parnasse, du naturalisme et, d'ailleurs, de toute tendance restreinte à un procédé. Ils cherchaient – c'est ici le trait singulier de ce moment – non seulement un art, une orientation de leur art vers une nouvelle perfection, mais davantage, une véritable *direction,* que je n'ose appeler *morale,* car il ne s'agissait point de *morale* au sens ordinaire du mot. Il ne faut oublier qu'à cette époque on parlait à la fois de faillite de la science et de faillite de la philosophie. Les uns suivaient les doctrines de Kant, qui avait ruiné toute métaphysique; les autres reprochaient à la science de n'avoir pas tenu des promesses qu'elle n'avait pas faites. Dans cet état, et à défaut d'aucune foi qui les pût satisfaire, il semblait à certains que l'espèce de certitude qu'ils plaçaient dans un idéal de *beauté* fût la seule en laquelle on se pût reposer. Comment ne pas croire que l'on admire, – quand l'on admire, – et qu'est-ce qui peut ruiner le sentiment immédiat que nous impose ce que nous trouvons *beau?*"[1]

Diese Worte sprach Valéry 1933 über Mallarmé, den von Huysmans, George und anderen bewunderten Dichter, und über die Epoche der Literatur, welche wir Symbolismus oder häufiger *Fin de siècle* nennen; sie stammen von einem scharfen Beobachter und Analytiker der Literatur. Die Beschäftigung mit der Literatur um 1890 oder 1900 legt immer wieder ein ähnliches Ergebnis nahe: Sie erklärt sich weitgehend durch eine Erschütterung in der geistigen Welt.

Diese Erschütterung mit ihren Folgen zu untersuchen und darzustellen ist das Ziel dieses Buches. Da sie im *Fin de siècle* nicht nur in Frankreich zu beobachten ist, wird es geradezu notwendig, auch auf das übrige Europa einzugehen. Erst so läßt sich ganz nachvollziehen, welche Gründe, welche Auswirkungen sie hat. Valéry spricht von Kant, also einem Denker, der an der Schwelle der deutschen Romantik steht. Eine nicht nur auf eine Literatur und eine Nation beschränkte Darstellung wird einen Schlüssel für den Ästhetizismus, die Richtung des *l'art pour l'art,* das sogenannte *Fin de siècle* und weitgehend für die Literatur des 19. Jahrhunderts geben können.

Wie im Buch von Mario Praz: *Liebe, Tod und Teufel. Die schwarze Romantik*[2] soll in dieser Untersuchung „die Literatur des 19. Jahrhunderts in Wirklichkeit als ein einheitliches und deutlich unterschiedenes Ganzes" erscheinen, „das sich durch die Anwendung der Begriffe Romantik, Verismus, Dekadenz usw. aufzulösen droht". Wenn nun auch zwischen Praz und mir Übereinstimmung in der Meinung besteht, „die Dekadenz des fin de siècle stell(e) lediglich eine (der) Entwicklungsformen" der romantischen Literatur dar, ist es doch keineswegs mein Ziel – wie das des bedeutenden Komparatisten –, diese Literatur „unter einem besonders ausgeprägten Aspekt zu untersuchen: ihrem erotischen Empfinden".[3] Vielmehr frage ich nach dem Wesen der Literatur des 19. und des beginnenden 20. Jahrhunderts und nach allen ihren wichtigen Aspekten.

Dabei gehe ich auch in meinem Ansatz über die neue komparatistische Arbeit von Ralph-Rainer Wuthenow: *Muse, Maske, Meduse. Europäischer Ästhetizismus*[4] hinaus. Bei seinem Versuch, „dem widerspruchsvollen und zweideutigen Phänomen des europäischen Ästhetizismus und seiner Herkunft aus der deutschen Romantik gerecht zu werden“, konzentriert sich Wuthenow auf die „Fragwürdigkeit der Kunst“, auf den „Zusammenhang von Ästhetizismus und sich verstärkendem Zweifel an Aufgabe, Nutzen und Sinn von Kunst“, auf die „Angefochtenheit“ des Künstlers.[5] Daher grenzt er schon das Problem der Dekadenz aus, während hier etwa die vorherrschende Sicht vom Verlauf der Geschichte interessiert. Ich versuche, mehr mit der Dichtung verbundene Probleme zu erfassen, als es Wuthenow tut, und komme so zu einer anderen Grundthese.

Hans Hinterhäuser behandelt in seinem Buch: *Fin de siècle. Gestalten und Mythen*[6] viele Themen, denen auch ich nachgehe, und dabei stellt er ähnliche Aspekte der Weltsicht heraus, wie auch ich sie finde. Vom *Fin de siècle* kennt Hinterhäuser aus Nacherleben „seine Lebensangst, sein Aufbegehren gegen eine gegenständliche Entwicklung, die weder aufzuhalten noch rückgängig zu machen war, seine Flucht in ein verkrampftes Exilbewußtsein, seine Selbstvernichtungsphantasien, seine Versuche, aus dem ‚bagne matérialiste‘ (Claudel) zu entkommen, die Oberflächendimension der ‚Realität‘ zu durchstoßen und eine mythisch-religiöse Tiefenschicht zu erreichen.“ Doch worum es Hinterhäuser in seiner das Atmosphärische einfangenden Studie ging, „war das Horizontale anstelle des Vertikalen, Querschnitte anstelle von Längschnitten“. Hier hingegen soll nicht das Eigentümliche des *Fin de siècle,* also eines Teils des 19. Jahrhunderts, neu erlebbar werden, sondern ich versuche mehr eine Herleitung und Entwicklung der großen Themen und will die Kontinuität in der Literatur zeigen. Dabei möchte ich auch auf die Technik der Literatur eingehen, denn wenn Hinterhäuser erklärt, er behandle eine „Epoche, die so deutlich *vor* dem modernen Zeitalter der Formexperimente liegt“[7], meine ich, nachweisen zu können, daß die Formexperimente im 19. Jahrhundert nötig werden und auch schon beginnen, da die Weltsicht, die sich in der Literatur ausdrückt, sie fordert.

Meine Untersuchung sollte auch nicht wie die Erwin Koppens: *Dekadenter Wagnerismus. Studien zur europäischen Literatur des Fin de siècle*[8] von einem Autor oder Künstler ausgehen und vor allem nicht dessen Nachwirkung oder sein Echo darstellen. Bei meiner Studie über Flaubert, der sicher für die behandelte Epoche eine Schlüsselfigur ist, habe ich selbst gesehen, daß die Beschäftigung mit einem Künstler viel erkennen läßt; doch ist die Gesamtheit der europäischen Literatur immer noch weiter als der Horizont eines Autors und dessen Echo. Ferner läßt sich erst beim Überblick über viele Autoren und Werke erkennen, inwiefern das Gesamtbild einer Entwicklung oder einer Epoche neu entworfen werden muß – und dazu beizutragen, ist ein (unbescheidenes) Ziel dieses Buches.

Eine Behandlung der gesamten Literatur des 19. Jahrhunderts in Europa ist sicher ein Wagnis: Offenbar glaubte man, in dem von Roger Bauer herausgegebenen Band: *Fin de siècle. Zur Literatur und Kunst der Jahrhundertwende*[9] die verschiedenen Aspekte eines Teils der von mir behandelten Zeit nur angemessen behandeln zu können, wenn jeweils ein Fachmann für ein Problem zu Worte käme. Doch sicher sind die Chancen in der (weniger ins Detail gehenden und daher oberflächlicheren) Arbeit eines einzigen Autors größer, akzeptierte Voraussetzungen, wie es Epocheneinteilungen oder Strömungsabgrenzungen sind, in Frage zu stellen. So wage ich (gerade mit der Hilfe, die mir die genannten Arbeiten geben konnten) eine Untersuchung über die europäische Literatur vom Beginn der Romantik bis zum *Fin de siècle* unter dem Gesichtspunkt der Hoffnung, die man auf die Dichtung als Refugium und Rettung nach einer Erschütterung des Weltbildes setzte.

Es sind aber Einschränkungen nötig. Ich habe nur die Literaturen behandelt, die ich selber lese[10], mich also auf Frankreich, Italien, Spanien und Portugal, die mein eigentliches Arbeitsfeld darstellen, beschränkt und außerdem Großbritannien und die deutschsprachigen Länder berücksichtigt.[11] Ferner konnten nicht alle Autoren und alle Quellen genutzt werden – das hätte sowohl mein Vermögen wie auch das Ausmaß dieser Arbeit gesprengt. Es kam darauf an, die dargestellte Entwicklung glaubhaft zu machen und zu belegen. So mag man es erklären, daß neben Mary Shelley nicht auch P. B. Shelley, neben Huysmans nicht auch Bourget, neben Thomas Mann nicht auch Heinrich Mann usw. überhaupt oder doch wenigstens stärker berücksichtigt wurden. Doch hoffe ich, die für meinen Gedankengang nötigen Belege in ausreichender Menge beigebracht zu haben.[12]

Anmerkungen

1 Paul Valéry: Œuvres. Bd. 1. Paris 1959. S. 674.
2 München 1970. Zuerst unter dem Titel: „La carne, la morte e il diavolo nella letteratura romantica". Florenz 1930.
3 Ebd. S. 13.
4 Frankfurt a. M. 1978.
5 Ebd. S. 9, 11 f.
6 München 1977.
7 Ebd. S. 7 f., 10.
8 Berlin u. New York 1973.
9 Frankfurt a. M. 1977.
10 Ebenso geht E. Koppen vor (a.a.O., S. 1 f.).
11 Wegen ihrer Bedeutung für Europa wurden auch E. A. Poe und Rubén Darío berücksichtigt.
12 Italienischen, spanischen und portugiesischen Zitaten wird eine Übersetzung zur Seite gestellt, französischen und englischen hingegen nicht.

I. PESSIMISMUS UND AUSWEGLOSIGKEIT IM 19. JAHRHUNDERT

1. Weltanschauung und Weltbild

Unterschwelliger Pessimismus und Fatalismus

Das 19. Jahrhundert scheint uns im Rückblick eine glückliche Zeit, in der man glauben konnte, daß ein gütiger Gott die Welt wohl eingerichtet hätte oder der Fortschritt die Menschheit immer zufriedener machen oder die Geschichte geradezu zwangsläufig zur Erlösung vom Leid führen würde. Zu diesem Bild trägt die Nostalgie sicher bei, aber es findet auch eine Rechtfertigung in theoretischen Texten, in denen Autoren wie Madame de Staël, Zola, Hegel und Marx von der Perfektibilität des Menschen, vom durch Medizin und Sozialwissenschaften zu erreichenden Fortschritt, vom Zu-sich-Finden des Weltgeistes und von der kommunistischen Gesellschaft am Ende der Historie sprechen. Tatsächlich aber wurden nicht nur die Welt und die Geschichte bejaht, sondern es gab auch, wie Schopenhauer, Wagner *(Ring des Nibelungen)*, Flaubert und Maupassant zeigen, einen ausgeprägten Pessimismus. Selbst bei den Vertretern optimistischer Auffassungen ist eine unterschwellige Ablehnung der Weltordnung immer wieder auszumachen, so daß das Bekenntnis zum Glauben an einen gütigen Gott, an den Sinn der Geschichte und an die Harmonie in der Weltordnung nicht selten nur der Versuch scheint, tiefeingewurzelte Zweifel, ja die Verzweiflung selbst zu überwinden. Im 19. Jahrhundert standen bewußte (vielfach optimistische) Weltanschauung und vorrationale, nicht systematische (pessimistische) Weltsicht häufig in einem starken Gegensatz.

Daß man in der Dichtung (und in der Kunst allgemein) Evasion und Rettung suchte, erklärt sich durch das Gefühl, unglücklich zu sein und in einer Welt zu leben, in der das Glück nicht vorgesehen ist. Spätere Unterkapitel werden den Pessimismus in der negativen Beurteilung von Welt und Gesellschaft zeigen; zunächst aber soll der unterschwellige Pessimismus, der zur Diskrepanz zwischen Weltsicht und Weltanschauung führt, anhand des Fatalismus herausgearbeitet werden.

Daß die offizielle, auf Theorien (hier auf die Theologie) gestützte Weltanschauung und die Welterfahrung nicht übereinstimmen, erfährt schon der Chevalier des Grieux, der in Prévosts Roman zu Manon Lescaut sagt: „Tout ce qu'on dit de la liberté à Saint-Sulpice est une chimère".[1]

Martínez de la Rosa beobachtet 1827, daß Welterleben und rationales (und insofern bewußtes) Welterfassen auseinanderklaffen. Er erklärt den Schicksalsglauben für „unbegründet und absurd" („infundado y absurdo"), meint aber auch, daß er tatsächlich vorhanden und einer „allgemeinen Neigung" („inclinación general") entspricht und aus dem Bewußtsein unserer Schwäche und Abhängigkeit von äußeren Ereignissen kommt.[2]

Das Gefühl der Schwäche und der Abhängigkeit von einem vernichtenden Schicksal findet sich vielfach unterschwellig bei Autoren, die an sich die Freiheit des Menschen behaupten und darstellen wollen. Goethe, der in der *Iphigenie auf Tauris* eine Antwort auf das von Racine in seiner *Iphigénie* gestellte Problem des grundlos vernichtenden Schicksals gibt und dabei der Heldin „die Umwandlung der mythischen Abhängigkeit in die subjektive Freiheit und Mündigkeit des Menschen" gelingen läßt[3], spricht doch im *Egmont* davon, daß „die Sonnenpferde der Zeit mit unsers Schicksals leichtem Wagen durch(gehen)", und er wiederholt dieses Wort, das seinem Lebensgefühl entspricht, am Schluß von *Dichtung und Wahrheit.*[4] Schiller, für den die Wahrung der Freiheit ein Grundanliegen ist, schreibt die fatalistische *Braut von Messina*, die viele Züge des *Œdipus rex* enthält. Kleist, der in seinem frühen Drama *Die Familie Schroffenstein* das finstere Fatum darstellt, versucht, so scheint es, mit dem heiteren Stück *Käthchen von Heilbronn* das Schicksal zu einer alles zum Besten leitenden gütigen Macht umzuwandeln, aber sein Weltbild bleibt so düster, daß er in den Freitod geht. Zacharias Werner schwächt den Sinn seines Stückes *Der vier und zwanzigste Februar* durch den Untertitel und durch Erklärungen ab. Heinrich Josef von Collin erklärt sich gegen den in der deutschen Dichtung und besonders in Schillers Dramen enthaltenen Schicksalsglauben und gibt mit seiner *Polyxena* (wie der Stoff zeigt) auf Racines *Iphigénie* und (wie die Form mit den Chören erweist) auf Schillers *Braut von Messina* eine Replik, gestaltet aber das Drama so, daß die Problematik des Fatums nicht ausgeräumt scheint, da das Opfer der Heldin nicht das Unglück, das über ihre Familie verhängt ist, vermeiden kann. Grillparzer hat wenig überzeugend den Vorwurf zu entkräften versucht, seine *Ahnfrau* enthalte ein „neues System des Fatalismus".[5]

Die deutschen Schriftsteller erkennen, daß der Fatalismus ein „System" ist, d. h. eine Weltanschauung impliziert, wonach der Mensch unglücklich werden muß, weil eine höhere Macht ihn dazu bestimmt hat oder die Weltordnung es so vorsieht. Goethe formuliert es in Iphigenies Schicksalslied: „Es fürchte die Götter / Das Menschengeschlecht!" In *Hyperions Schicksalslied* heißt es bei Hölderlin allgemein: „Doch uns ist gegeben / Auf keiner Stätte zu ruhn, / Es schwinden, es fallen / Die leidenden Menschen / Blindlings von einer Stunde zur andern, / . . ." Schiller spricht davon, daß der Dichter in einer guten Tragödie, in der die Helden schuldlos unglücklich werden, eine „Zweckwidrigkeit in der Natur" voraussetze und zeige.[6]

Eben diese Erkenntnis der Folgerungen, die sich aus dem Fatalismus für die Philosophie, etwa die Theodizee, ergeben, läßt die Deutschen sich mit dem Schicksalsglauben auseinandersetzen, so daß er trotz der Versuchung, die er für die Autoren darstellt, eingedämmt wird und kaum bewußte Parteigänger findet.[7] Bei anderen Nationen werden diese Implikationen weniger oder später erkannt, auch deswegen setzt sich der Fatalismus in Frankreich, in Italien und eine Zeitlang in Spanien ungehindert durch. Anders als bei den deutschen Autoren wirkt in französischen oder spanischen Werken das Schicksal weniger durch den Zufall und die Umstände, stärker (wie schon in *Manon Lescaut*) durch die Gefühle der Helden, durch die Leidenschaft.

Durch eine genaue Analyse wird der Fatalismus in Madame de Staëls Roman *Corinne* erkennbar. Die Heldin sieht sogar ein Zeichen am Himmel, das ihr das Unglück zu verkünden scheint. Sie spricht in ihrer Improvisation von Neapel von der „fatalité", doch versucht sie hier noch, ihr Leiden, das sie als Zeichen der Auszeichnung ansieht, mit der Richtigkeit des gesamten Weltplanes zu entschuldigen.[8] Sie will sogar dem Träger der Leidenschaft die Schuld für sein Unglück geben, obwohl sie gerade ihm „(les) plus hautes pensées", besonders Erhabenheit des Denkens und Trachtens zuerkennt. Corinnes Ausführungen decken zum Teil auf, zum Teil verunklären sie die Tiefenstruktur, die dem Roman zugrunde liegt. Eine feindliche „fatalité" bedient sich der Leidenschaft (die sich mit einer „tyrannie tumultueuse" der Seele bemächtigt), um die durch die Liebe gerade ausgezeichnete Person zu vernichten. Es wirken dabei die Gesellschaft und sogar die Väter der Liebenden mit (die ähnlich wie die Eltern des Ödipus durch die Entscheidung über den Nachkommen ohne ihr Wollen das Unglück bewirken), und man kann sie als die die Pläne der *Fatalité* ausführenden

Kräfte und Personen ansehen. Die Existenz einer gütigen Gottheit, die die rein Liebenden schützen will, wird im Roman angenommen, aber sie kann sie vor dem Schicksal nicht bewahren.

Corinne ist in der Tiefenstruktur typisch für sehr viele französische Dichtungen der romantischen Jahrzehnte.[9] Wir haben eine gute und eine böse (eine positive und eine negative) Macht. Die gute Macht ist vor allem mit dem Gefühl verbunden, das auch Größe und Wert der Personen ausmacht und in dem ihre Glückserwartung und ihr Glücksanspruch begründet sein könnten; die negative Macht ist dem verbunden, was nicht zuläßt, daß das Gefühl sich verwirklicht. Eine gütige und tröstende Gottheit ist Agent der positiven Macht, dieser verbunden, wie auch die Liebe. Agenten der negativen Macht sind *Fatalité* und Gesellschaft. Das Göttliche tritt (da nach älterer Auffassung das Fatum als Teil oder Aspekt der Gottheit anzusehen ist) uns zweimal entgegen, es gehört teils der guten, teils der bösen Macht an: Es herrscht also ein Dualismus. Akteure oder Vertreter dieser Agenten sind Corinne, die nur für die Liebe und die gute Gottheit steht, ferner Lord Nelvil, der (besonders auf Grund seiner Abwendung von Corinne) auch als Vertreter der Agenten *Fatalité* (da durch das Gefühl für ihn Corinne unglücklich wird) und Gesellschaft (deren Anschauungen er sich unterwirft und deren Gebote er ausführt) anzusehen ist, ferner die Väter (die trotz ihres guten Willens ihre Kinder unglücklich machen, also den Willen der *Fatalité* und der Gesellschaft ausführen).

Diese Tiefenstruktur liegt bei stärkerer Betonung der einen oder der anderen Komponente und unter Umständen bei Fehlen eines Akteurs oder Agenten sehr vielen Romanen und Erzählungen der Zeit zugrunde. In Chateaubriands *Atala* fehlt die feindliche Gesellschaft, in Constants *Adolphe* tritt die *Fatalité* nicht hervor, die Gesellschaft hat Schuld an der Katastrophe.

Häufig drückt der Autor nicht seine bewußte Weltanschauung aus: Madame de Staël glaubt (nur) an eine gütige Gottheit, sie hatte zu ihrem Vater ein gutes Verhältnis und bejahte die Familie und die Autorität der Eltern. Chateaubriand wollte das Christentum verteidigen und daher die Güte Gottes nicht anzweifeln. Constant bejahte als Liberaler die Gesellschaft. Es scheinen sich in den Romanen (neben der gewöhnlich an der Oberfläche des Textes, etwa in eingelegten Erörterungen, ablesbaren Weltanschauungen) unbewußte Auffassungen des Autors, d. h. die gefühlsmäßige Weltsicht auszudrücken, eine Sicht, die in der unmittelbaren Aussage verschleiert wird. So ist Corinnes Improvisation bei Neapel auch gekennzeichnet von einer Gedankenführung und einem Vokabular, die dazu beitragen, die Gottheit zu entlasten (d. h. auch nicht erkennen zu lassen, daß ein Dualismus „universelle bonté" – „fatalité" besteht und die *Fatalité* dabei stärker ist und die große Seele untergehen läßt).

Bei Balzac wird in *La Vendetta,* wo sich doch deutlich das Thema der Vorherbestimmtheit (d. h. der *Fatalité*) abzeichnet und wo der Vater und die Gesellschaft zum Untergang der liebenden Ginevra beitragen, ebenfalls die Aussagekraft des Stoffes verschleiert, da die Geschichte die Lehre zu illustrieren scheint, daß eine Heirat gegen den Willen der Eltern zum Verderben führt und daher schlecht ist. Deutlich macht Balzac hingegen die Aussage des Romans *Eugénie Grandet,* der eine ganz ähnliche Tiefenstruktur hat. Es wird gezeigt, daß bei Eugénie Liebe und Göttliches verbunden sind, die Welt und die Gesellschaft ihr Charles nehmen, Gott (die böse Gottheit, die *Fatalité*, so möchte man interpretieren) ein ironisch-boshaftes Spiel mit ihr treibt. Die Reinheit der Heldin wird nicht belohnt, ihre Aspirationen werden nicht erfüllt, ihr Schicksal ist ungerecht: „Telle est l'histoire de cette femme, qui n'est pas du monde au milieu du monde; qui faite pour être magnifiquement épouse et mère, n'a ni mari, ni enfants, ni famille."[10]

In den Jahren der flammenden Romantik werden sich manche Autoren in Frankreich auch dessen bewußt, daß ihre Weltsicht, die sich in ihren Werken äußert, ihrer bewußten Weltanschauung nicht entspricht. Lamartine sagt von seiner siebten *Méditation,* sie sei ein Schrei seiner Seele gewesen, er habe sich beim Niederschreiben „am Schicksal mit einem Dolchstoß gerächt" („vengé du destin par un coup de poignard"). Er setzt hinzu: „Il y avait bien d'autres strophes plus acerbes, plus insultantes, plus impies. Quand je retrouvai cette Méditation, et que je me résolus à l'imprimer, je retranchai ces strophes. L'invective y montait jusqu'au sacrilège."[11] Um 1830 hat Alfred de Vigny nach seinen ersten biblischen Gedichten zwölf fromme Stücke unter dem Titel „Elévations" schreiben wollen. Es ist ihm nicht gelungen, die beiden auch veröffentlichten *Elévations* sind vielmehr äußerst pessimistisch ausgefallen.[12]

Bald wehrt man sich gegen den Fatalismus nicht mehr. Flaubert ist vom Fatalismus durchdrungen, den ihm seine Freundin Louise Colet immerhin vorwarf: Er erklärt: „Je nie la liberté individuelle parce que je ne sens pas libre; et quant à l'humanité, on n'a qu'à lire l'histoire pour voir assez clairement qu'elle ne marche pas toujours comme elle le désirerait."[13] Wenn Schiller von einer Zweckwidrigkeit in der Natur sprach, insofern der Gute nicht glücklich werden könnte, so redet Flaubert von „cette vieille fatalité ironique, qui accouple toujours les choses pour la plus grande harmonie de l'ensemble, et le plus grand désagrément des parties."[14] Das Unglück der Einzelnen wäre demnach Zweck der höheren, leitenden Macht. In *Madame Bovary* erklärt Flaubert durch den Mund Charles', daß die *Fatalité* die Schuld am Unglück Emmas habe; außerdem läßt die Stelle, an der Rodolphe den Abschiedsbrief an Emma schreibt, erkennen, daß der Fatalismus in Frankreich weithin akzeptiert ist. Auf jeden Fall äußern sich nun viele Autoren wie Flaubert pessimistisch zur Geschichte, deren trauriges Ende Leconte de Lisle in *Dies Irae* und *Anathèmes* darstellt. Kein Gott erhört und erlöst den leidenden Menschen für Vigny, Leconte de Lisle und Baudelaire (*Les phares*). Wenn dieser Pessimismus nun den Widerspruch zwischen Weltanschauung und Weltsicht aufhebt, finden wir eine Diskrepanz zwischen beiden im Werke von Autoren, die ein optimistisches Weltbild vertreten. Obwohl Zola der Menschheit zeigen will, wie sie glücklich werden kann, und auf die Realität und die in ihr beschlossenen Möglichkeiten verweist, deutet er am Schluß von *Le rêve* die Nicht-Verwirklichung der Glückserwartung (hier der Ehe) als wirkliches Glück: „Tout n'est que rêve".[15] Freilich geht bei Zola (oder bei Barrès) die Diskrepanz nicht mehr auf einen unterschwelligen Fatalismus zurück; die pessimistische und zweiflerische Note bei Autoren des *Renouveau catholique* kann man dann wieder mit Prädestinationsvorstellungen verbinden, die einem Fatalismus verwandt sind.

Der Fatalismus tritt aber auch um 1900 noch auf. Maurice Maeterlinck sieht in seinem ersten Drama *(La Princesse Maleine)* „les fatalités trop confuses" ausgedrückt, in den späteren Dramen wirkten „des forces aussi inconnues", „d'énormes puissances, invisibles et fatales . . . que l'esprit du drame suppose malveillantes, attentives à toutes nos actions, hostiles au sourire, à la vie, à la paix, au bonheur." Ein Sinn des Lebens lasse sich nicht ausfindig machen (noch in nur Realität wiedergebenden Werken wie in gewissen Dramen von Tolstoi und Ibsen zeigen sich „des puissances supérieures que nous sentons tous peser sur notre vie"). Auch bei Maeterlinck ist die Diskrepanz zwischen Weltsicht und Weltanschauung nicht ganz verschwunden. Die pessimistische Sicht des Lebens drängt sich nach seiner Meinung auf, wenn die Menschen den Dingen auf den Grund gehen; doch sei auch sie nicht sicher, und Maeterlinck bemüht sich nun darum, auch Hoffnung zu geben.[16]

Weniger stark als in Frankreich ist in Italien zur Zeit der Vorromantik und Romantik die Diskrepanz zwischen fatalistischer Weltsicht und Weltanschauung: Der Fatalismus äußert sich bei Alfieri noch deutlicher als bei Voltaire; das letzte Wort des *Oreste* ist eine Anklage gegen das „harte, unabwendbare Gesetz schrecklichen Schicksals", die „dura d'orrendo fato inevitabil legge", gegen die sich die Menschen hier durch ihre Solidarität wenden. Eine ähnliche Ablehnung der höheren Mächte findet sich in Vincenzo Montis *Cajo Gracco.* Der erste erfolgreiche Dramatiker der Mailänder Romantik, Silvio Pellico, bei dem wir den Einfluß Alfieris feststellen können, klagt nicht nur wie Alfieri die Gesellschaft und die väterliche Gewalt an, sondern auch das ungerechte Fatum und die höheren Mächte. In der *Francesca da Rimini* hat Paolo in einem Traum eine Vorausahnung vom Tode der platonisch geliebten Frau und wird dadurch zu einer Tat veranlaßt, die das Unglück abwenden soll, es aber auslöst. Dieser Traum hat die Funktion und die Wirkung des Orakels in den Ödipus-Dramen. Das Verhängnis bricht über die unschuldigen Liebenden herein, als Francesca gerade zu Gott gebetet hat, damit Paolo und sein Bruder Lanciotto, ihr Gatte, gerettet werden.[17]

Offen zeigen sich Pessimismus und Fatalismus auch bei Leopardi. In dem Gedicht *Bruto minore* ist der Untergang Roms durch die Barbaren Werk des Schicksals, aber auch am Scheitern und Sterben des tugendhaften Helden haben die höheren Mächte Schuld, und Brutus geht mit der Haltung der Empörung und Verachtung gegen sie, gegen die Natur und die Gesellschaft in den Tod.

Eine gewisse Diskrepanz zwischen Weltsicht und Weltanschauung finden wir bei Foscolo und Manzoni.[18] Manzoni ist bewußter Christ. Dennoch gibt es in seinem Drama *Adelchi* einige Elemente des Fatalismus. Als die Schwester des Titelhelden, Ermengarda, nach einem unglücklichen Leben stirbt, verbindet der Chor, der ihren Tod kommentiert, das Unglück mit moralischer Größe, und das Unglück wird als schicksalsgegeben bezeichnet. Manzoni deutet freilich das „fato" und das Unglück so, daß sie ein Werk des Heils, nicht auch noch der Verdammnis werden. Ermengarda und Adelchi sterben unschuldig, wegen der Sünden der Vorfahren und der anderen. Adelchi verweist sterbend den Vater auf den Himmel. Er sieht keine Möglichkeit, sich im Leben sündenfrei zu erhalten. Unglück oder Schuld oder beides ist – nach den Chören im *Conte di Carmagnola* und im *Adelchi* – das, was den Völkern widerfahren muß, da sie im Strom der Geschichte stehen, auch wenn Manzoni das als Folge der menschlichen Sünde auffassen will. Vieles spricht dafür, daß es Manzoni nicht gelang, in der historischen, tatsächlichen Welt das Wirken eines gütigen Gottes wirklich nachzuweisen, und das ist nach Mario Puppo der Grund dafür, warum Manzoni schließlich die historischen Romane und Dramen ablehnte.

Eine christliche (nicht-fatalistische) Weltsicht hat Manzoni in Italien nicht durchsetzen können. Sein Schwiegersohn Massimo d'Azeglio läßt trotz des gewissen Anschlusses an Manzonis Roman, *I Promessi sposi,* in seinen Romanen, vor allem in *Ettore Fieramosca,* eine andere, ja weitgehend pessimistisch-fatalistische Weltsicht erkennen, ähnlich wie Grossi in *Marco Visconti.* Verdi vertont immer wieder welt- und gesellschaftsablehnende Dramen mit fatalistischer Tendenz. So greift er mit seiner *Macht des Schicksals* auf A. de Saavedras *Don Álvaro o La fuerza del sino* zurück.

Vom Fatum sprechen bisweilen die Scapigliati. So gilt für G. Pinchetti: „Es gibt auf der Erde ein unglückliches Schicksal, das uns beherrscht".[19] Insgesamt aber wird in der zweiten Hälfte und am Ende des 19. Jahrhunderts die Abhängigkeit von höheren

Mächten, die Ausgeliefertheit des Menschen an unbegreifliche und verderbliche Mächte häufig gestaltet, ohne daß der Begriff „Schicksal" dabei aufscheinen muß.

So scheint der junge Verga am Anfang von *Una peccatrice* bei der Angabe des Grundes des Geschehens das Fatum zu umschreiben, wenn er vom „außerordentlichen Zusammentreffen von Umständen", vom „concorso straordinario di circonstanze" spricht: „Es gehört alles zu jenen Geheimnissen, die zu verborgen scheinen, aber zu genau in ihrem Ablauf vorgegeben, als daß sie zufällig sein könnten" („Sono di quei misteri, che sembrano troppo reconditi ma troppo ben tracciati nel loro sviluppo per essere casuali . . ."). Damit, daß das Unglück „schicksalhaft" („fatalmente") geschieht, spielt er in *Tigre reale.*[20] Fogazzaro verwendet im *Malombra* viele Elemente der Schicksalsdichtungen; so hat das, was einst unter den Vorfahren geschehen ist, einen starken Einfluß auf das Handeln und das Geschick der Helden. Der letzte Absatz des Romans unterstreicht: „Marina war wie Cecilia, der Graf Cesare wie seine Vorfahren verschwunden . . . neue Herren würden kommen, um ihrerseits zu verschwinden" („. . . Marina era passata come Cecilia, il conte Cesare come i suoi avi, . . . nuovi signori verrebbero per passare alla loro volta . . ."). Der Mond scheint mit einem „wollüstigen Lächeln", einem „sorriso voluttuoso" im leeren Palast seine neuen Opfer zu suchen.[21] In seinen späteren Romanen hat Fogazzaro diesen (unterschwelligen) Fatalismus durch einen auch nicht immer klaren christlichen Providentialismus ersetzt. Pirandello zeigt in seinen Novellen, daß die Menschen unbegreiflichen Mächten ausgeliefert sind. D'Annunzio, der doch den Willen des Menschen preist, zeigt in seinen Tragödien die Ohnmacht gegenüber dem Unglück. In der ersten wahren Tragödie, *La città morta,* sagt Bianca Maria: „Mein Leben ist in einen engen Kreis eingeschlossen, vielleicht für immer. Ich las Euch eben aus *Antigone* vor. Von Einzelheit zu Einzelheit schien es mir, als lese ich mein Schicksal. Auch ich habe mich meinem Bruder geweiht, auch ich bin durch ein Gelübde gebunden" („La mia vita è chiusa in un breve cerchio, forse per sempre. Io vi leggeva dianzi *l'Antigone.* Di tratto in tratto mi pareva di leggere il mio Destino. Anch'io mi sono consacrata al fratello, anch'io sono legata da un vóto").[22] Wie bei vielen Romantikern kann bei d'Annunzio das Schicksal durch die Leidenschaft kommen, wobei das Kunstwerk (die Statue, das Buch, der Mythos usw.) es anzeigt und geradezu herbeiführt. So verweist die Heldin in *Francesca da Rimini* auf das (schon bei Dante als entscheidend erwähnte) Buch, das die Worte enthält: „Wir sind ein Leben gewesen, und würdig / ist es, daß wir auch ein Tod sind" („Siamo stati una vita, e degna cosa / è che noi siamo una morte"). Paolo antwortet ihr darauf: „Lies nicht weiter. Woanders / ist das Schicksal geschrieben. In den Sternen ist es geschrieben, / die wie dein Busen / und deine Adern und / deine Schläfen pulsieren" („Non vi legger più. Altrove / scritto è il destino. Nelle stelle è scritto / che palpitano come / la tua gola e il tuoi polsi / e le tue tempie . . .").[23]

Der italienische, noch mehr der französische Fatalismus hat auch auf Spanien gewirkt. Im 18. Jahrhundert sind anders als im übrigen Europa Äußerungen des Fatalismus sehr selten, auch wenn in Montianos *Virginia* (1750) und in N. Moratíns *Lucrecia* (1763) – wie es in den Tragödien geradezu Tradition ist – das „hado" (Fatum) als unglückbringend erwähnt wird.[24] In Cadalsos *Noches lúgubres* (etwa 1771) freilich werden die Weltordnung und das Schicksal für das Leid, das alle Menschen trifft, verantwortlich gemacht: „Zu Brüdern macht uns ein höheres Schicksal, . . . Wir alle weinen . . . wir alle werden krank . . . wir alle sterben" („Hermanos nos hace un superior destino, . . . Todos lloramos . . . todos enfermamos . . . todos morimos").[25] Der Fatalismus scheint aber anders als im übrigen Europa für das Publikum noch keinen Reiz zu haben: Jedenfalls schreibt 1793 Pedro Estala: „. . . die griechischen Stoffe, deren

Fatalismus man in eine menschliche Leidenschaft umsetzen kann, lassen sich für unser Theater verwenden, wie es die Phädra-, die Iphigenien-Stoffe und andere ähnliche sind. Aber die Ödipus-, Medeen- und Atreus-Gestalten werden niemals viel Erfolg auf unserer Bühne haben, wieviel man sie auch abändert." („. . . los asuntos griegos, cuyo fatalismo pueda convertirse en una pasión humana, son adaptables á nuestro Teatro, como los de Fedra, Ifigenia, y otros semejantes; pero los Edipos, las Medeas, los Atreos jamás harán mucha fortuna en nuestro Teatro, por mas que los desfiguren.")[26] Nach den Anzeichen einer Krise in der Weltanschauung, die sich in den Tragödien Cienfuegos finden, ist aber das Klima 1827 geändert. Martínez de la Rosa, der ja den Schicksalsglauben für absurd und unbegründet hält, stellt in seiner Poetik fest, daß der Fatalismus für das Theater günstig ist, da das Schauspiel des ohnmächtig gegen ein unerbittliches Schicksal kämpfenden Menschen die Zuschauer ergreift, und er rät zu fatalistischen Themen, in denen man Einfluß des Schicksals und Wirkung der Leidenschaften kombinieren kann.[27] Mit seiner – neoklassizistischen – Tragödie *Edipo* (1833) hat er einen großen Erfolg, und seine *Conjuración de Venezia* (1834) – das erste für Spanien geschriebene, in der Form romantische Drama – findet dann ebenso die Zustimmung des Publikums.

Der Fatalismus war für Martínez de la Rosa nur ein poetisches Mittel. Ernst nehmen ihn andere Autoren. A. de Saavedra stellt in *Don Álvaro o La fuerza del sino* (1835) die Macht des Schicksals dar und klagt die Weltordnung an. Der Titelheld, der sich streng an den Ehrenkodex des Ritters hält, wird vom Schicksal verfolgt. Er will kein Blut vergießen, doch bedient sich der Zufall seiner, um seine Geliebte und ihre Familie sterben zu lassen. Er sucht den Tod und findet ihn nicht; er muß alles Unglück erleben, bis er der Verzweiflung anheimfällt und durch den Selbstmord die Seligkeit verliert. Wenn in diesem Drama das Schicksal im Zufall besteht, wird in einer Reihe von anderen Werken das Schicksal von der Leidenschaft dargestellt: Zu nennen sind Larras Roman *El Doncel de Don Enrique el Doliente* (1834), Esproncedas Roman *Sancho Saldaña* (1834) und Pachecos Drama *Alfredo* (1835).

Aber schon nach kurzer Zeit erkannte man, wie es Estala und Martínez schon vorhergesehen hatten, daß die im Fatalismus implizierte Weltanschauung mit dem Christentum und auch mit der zum Liberalismus gehörenden Weltbejahung nicht vereinbar waren. Alberto Lista griff die fatalistische Dichtung als nicht romantisch an. Die Schilderung einer einzigen Leidenschaft oder der Gewalt des Schicksals, das sich der Leidenschaft bedient, um den Menschen zu vernichten, entspreche nicht der Erkenntnis, der Religion und der Geistigkeit des modernen Menschen; ein Werk, das die Freiheit des Menschen leugne, sei abzulehnen, und wirklich modern seien das Theater Shakespeares und die alte spanische *comedia* und die französischen Tragödien, die den freien Menschen darstellten.[28] Larra, selbst Autor fatalistischer Werke, greift anläßlich von A. Dumas die Tendenz solcher Literatur als mit den Erfordernissen der spanischen Gesellschaft unvereinbar an. An Listas und Larras Kritiken schließen sich Gil y Carrasco, Quadrado und Mila y Fontanals an.[29] Hartzenbusch verwendet in *Los Amantes de Teruel* (1837) die Motive der fatalistischen Dramen, läßt aber die Helden zuletzt die Resignation in den Willen des Himmels finden und auf die Belohnung ihrer Tugend im Jenseits hoffen. Ähnlich ist Gil y Carrascos Roman *El Señor de Bembibre* (1839) angelegt. Auch Zorrilla bekämpft die Tendenzen der fatalistischen und der Empörerliteratur. In Spanien erkannte man also sehr schnell den Widerspruch zwischen Fatalismus und Christentum bzw. Liberalismus, zwischen fatalistischer Weltsicht und moderner Weltanschauung und drängte den Fatalismus zurück. Der Fatalismus hatte nach der Romantik in Spanien keine große Bedeutung mehr. Freilich gibt es noch einen unterschwelligen Pessimismus, der sich etwa bei G. A. Bécquer äußert, wenn er in einer seiner *Rimas* betont, er könnte nur an einem bestimmten Tage an Gott glauben, weil er an ihm glücklich sein dürfte; auch die später zu behandelnde Darstellung von Heiligen und christusähnlichen Figuren bei Galdós und Unamuno lassen eine Strömung der Weltablehnung wie des Zweifels an einem gütigen Gott und einem Sinn des Lebens erkennen. Wir werden hier noch Zeugnissen einer (nicht mit dem Fatalismus verbundenen) Diskrepanz zwischen Weltsicht und Weltanschauung begegnen. Eine Entwicklung, welche die Menschheit (zusammen mit der Erde) zu ihrem Ende führt und dabei den Menschen „den tiefen Schmerz über die unaufhebbare und ewige Beschränkung, die Beschränkung der Erkenntnis" („el profundo dolor de la limitación irremediable y eterna, la limitacion en el conocimiento") spüren läßt, erfolgt für Azorín „fatalmente".[30] Bei Pío Baroja sind die Personen nicht nur Spielball unvorhersehbarer Ereignisse und Zufälle, sondern werden auch immer wieder um die Glücksmöglichkeiten betrogen. Einer dieser Unglücklichen schreibt in *Las inquietudes de Shanti Andía:* „Das Schicksal hat es so gefügt" („La fatalidad lo ha dispuesto así").[31]

Eine solche Diskrepanz zwischen Weltsicht und Weltanschauung läßt sich, auch ohne besondere Bedeutung des Fatalismus, ebenfalls in Portugal ausfindig machen. Der Romantiker Almeida Garrett, der die Welt bejahen will, fühlt sich etwa vom Thema des gefallenen Engels angezogen (das zeigt sein Gedicht *O Anjo caído*), und seine Darstellung des Lebens von Camões läßt den Zweifel an der Welt- und Gesellschaftsordnung erkennen. Der Nachromantiker Antero de Quental glaubt zunächst, wie die *Odes modernas* (1865) zeigen, an den Sinn der Geschichte; in einer späteren Phase setzt sich bei ihm der Pessimismus durch; das Ergebnis sind die Ablehnung der Welt, der Verzicht auf Tätigkeit, das Gefühl der Täuschung durch die Glückserwartung, die Sehnsucht nach dem Nichts, dem Nirwana, und der auch in einigen Gedichten ausgedrückte Versuch, im christlichen Glauben Tröstung zu erhalten; zuletzt aber findet Antero de Quental zu einem philosophischen Optimismus, wobei das Gute im Geist und im Bewußtsein gesehen und der Materie entgegengesetzt wird. Pessimistische Noten haben wir dann bei Cesário Verde (1855–1886), bei Eugénio de Castro, bei Eça de Queiroz und anderen.

Formulierungen, die an deutsche fatalistische Dichtungen erinnern, finden wir dann bei Fernando Pessoa, besonders in den klassizistischen Gedichten, die er unter dem Namen Ricardo Reis schreibt. Wie eine portugiesische Fassung von Hyperions Schicksalslied klingen die Verse:

Die Götter sind (immer) dieselben,
Immer hell und ruhig,
Voll von Ewigkeit
Und Verachtung für uns . . .

Os deuses são os mesmos,
Sempre claros e calmos,
Cheios de eternidade
E desprezo por nós . . .[32]

Diese Sammlung schließt mit einem Gedicht, das die Macht des Fatums nennt, die Macht der Götter einschränkt und die Wahrheit als nicht erkennbar zeigt, ja in Zweifel stellt.

Unter der leichten Vormundschaft
unachtsamer Götter
Möchte ich die zugemessenen Stunden
dieses schicksalhaften Lebens verbringen,

Nichts vermögend gegen
das Sein, das sie mir machten,
Wünsche ich wenigstens, daß mir das Fatum
Frieden als Schicksal gegeben hat.

Wahrlich will ich nicht
mehr als das Leben. Denn die Götter
geben Leben und nicht Wahrheit, und vielleicht
wissen sie selbst nicht die Wahrheit.

So a leve tutela
De deuses descuidadosos
Quero gastar as concedidas horas
Desta fadada vida.

Nada podendo contra
O ser que me fizeram,
Desejo ao menos que me haja o Fado
Dado a paz por destino.

Da verdade não quero
Mais que a vida; que os deuses
Dao vida e não verdade, nem talvez
Saiban qual a verdade.[33]

Im Unterschied zu Hölderlin ist bei Pessoa – was ja auch dem zeitlichen Abstand entspricht – der Erkenntnispessimismus sehr stark; das Unglück besteht u. a. darin, daß das Wesen der Welt, die Wahrheit, selbst für die Götter nicht erkennbar ist. Im übrigen soll man die Quellen dieser Gedanken bei Pessoa nicht in der deutschen, sondern eher in der englischen Literatur suchen, er schrieb auch auf Englisch und drückte seinen pessimistischen Agnostizismus etwa in dem englischen Sonett „When I have sense of what to sense appears . . .“ aus.[34]

In der englischen Literatur finden wir fatalistische Noten sehr früh, denn die Betonung der Macht des Bösen und die Verherrlichung des Teufels, die Mario Praz herausstellt[35], ist dem Fatalismus sehr verwandt. Lamartine nennt seine eigene Empörung, die ihn zum rächenden „Dolchstoß“ gegen das Schicksal inspiriert, byronianisch. Die Macht des Bösen und Verderblichen stellen englische Autoren immer wieder dar. In Scotts *Bride of Lammermoor* wirkt es – wie bei vielen französischen Autoren, z. B. Madame de Staël und Balzac – durch die Familie und die Gesellschaft; diese, die als einzige Mächte greifbar werden, scheinen ihre verderbliche Wirkung von einer höheren Macht zu beziehen. In Stevensons *Strange Case of Dr. Jekill and Mr. Hyde* ist das Böse und Vernichtende Teil der Seele des Menschen oder macht sich Anlagen und Tendenzen der Psyche zunutze, um den Menschen zu verderben. In Wildes *Salomé* herrscht die Stimmung der Unausweichlichkeiten des Verderbens, die auch von den Gestirnen ausgeht (schon am Anfang der ersten Szene wird darauf hingewiesen, daß der Mond wie eine tote Frau aussieht). Algernon Charles Swinburne bespricht mit Bewunderung Baudelaires *Litanies de Satan.*[36] In einem Gedicht, *Before a Crucifix*, läßt er das lyrische Ich, dem Christus zunächst Gott und Abbild der Leidenden scheint, an der Macht des Gekreuzigten zweifeln:

This dead God here against my face
Hath help to no man; . . .

Daher soll Christus, wenn er mit dem das Unglück nicht besiegenden Gott identisch ist, sterben und vergehen:

Come down, be done with, cease, give o'ver;
Hide thyself, strive not, be no more.[37]

Der in der Vorstellung der Ohnmacht eines gütigen Gottes und der Übermacht des Bösen eingeschlossene Fatalismus kommt aber – wie andere dem Optimismus und der Moral der bürgerlichen Gesellschaft widersprechende Ansichten und Haltungen (denken wir an Wildes homosexuelle Neigungen) – nur selten zum Ausdruck. Insofern ist es kennzeichnend, daß Wilde sein beunruhigendes *Salomé*-Drama auf Französisch schrieb, die pessimistischen und homosexuell getönten Betrachtungen des Liebhabers des toten Antinous zwar englisch, aber von einem Portugiesen (Pessoa) abgefaßt wurden. In England zeigt sich vor allem die offizielle Weltanschauung, doch sind ein unterschwelliger Pessimismus und Fatalismus erkennbar. Th. Hardys Werke zeigen es. Auch in England gibt es das Leiden an der Welt; das Wort, das in Frankreich neben „ennui" tritt, kommt aus dem Englischen („spleen").

Grenzen der Rationalität und Ablehnung der Vernunft

Die Weltsicht entsprach, wie uns das Beispiel des Fatalismus lehrt, vielfach nicht der Weltanschauung, d. h. dem rational geformten System der Welterklärung und -erfassung. Im 19. Jahrhundert erkannte man aber, daß ein solches System nicht zum Ziele der Erfassung der Welt, ihres Ursprungs, ihres Zweckes, ihres Wesens führen könnte. Man sah die Grenzen der menschlichen Vernunft und litt an ihnen, so daß man die Welt anders, häufig auf arationale Weise, zu erfassen suchte.

Die Grenzen des menschlichen Vermögens hat Kant in seinen drei Kritiken aufgewiesen. Die Rationalität der Aufklärung mündet hier besonders deutlich im Aufweis, daß der Mensch durch die Vernunft das Wesen der Dinge nicht erfassen kann. Zumindest zweifelhaft muß die an sich bestehende Realität dessen erscheinen, was uns die Ordnung der Welt scheint, z. B. Raum und Zeit, denn „Wir können . . . nur aus dem Standpunkt eines Menschen vom Raum, von ausgedehnten Wesen etc. reden".[38] Es wäre eine „Ungereimtheit", wenn wir „unsre Anschauung in Raum und Zeit für die allein mögliche Anschauung, unsern diskursiven Verstand aber für das Urbild von jedem möglichen Verstand ausgeben wollten".[39] Das Streben nach systematischer Erklärung der Welt ist mit einer „Maxime" der Vernunft zu verbinden, die Annahme der Einheit der Welt und ihrer Begreifbarkeit ist eine „regulative" Idee; einen Vernunftbegriff von Gott können wir nicht als richtig erweisen. Die Unsterblichkeit wird ein „Postulat" der praktischen Vernunft.[40]

Maurice Barrès stellt in *Les déracinés* dar, welche Wirkung Ende des 19. Jahrhunderts die Philosophie Kants haben konnte und hatte. Für die jungen Leute ist „Le passage de l'absolu au relatif" geschehen, sie können „nicht mehr Materialisten als Spiritualisten" sein, denn sie haben die Kantsche „critique de toute certitude" in sich aufgenommen, glauben aber nicht an „la péripétie par laquelle Kant ressuscite la certitude. C'est bien théâtrale".[41] Die Aufgabe aller Sicherheiten aber macht haltlos und unglücklich, und Barrès läßt durch einen weisen Mann, der Taine sein soll, die Erfahrung, das Erleben der Gemeinschaft und der Familie als mögliche Rettung darstellen, während die Ideen nicht reichen: „quelque belles qu'elles soient, elles ne suffisent pas au cœur".[42]

Valéry stellt fest, daß in seiner Jugend jede Sicherheit geschwunden war und Kant diese Entwicklung mitbewirkt hatte: „. . . à cette époque on parlait à la fois de faillite de la science et de faillite de la philosophie. Les uns suivaient les doctrines de Kant, qui avait ruiné toute métaphysique; les autres reprochaient à la science de n'avoir pas tenu des promesses qu'elle n'avait pas faites." Die Rettung soll hier freilich von anderer Seite als bei Barrès kommen: „Dans cet état, et à défaut d'aucune foi qui les pût satisfaire, il semblait à certains que l'espèce de certitude qu'ils plaçaient dans un idéal de *beauté* fût la seule en laquelle on se pût reposer."[43]

Neben der Kantschen Philosophie konnten noch andere Systeme durch die Kritik an der Reichweite der menschlichen Vernunft die Sicherheit erschüttern, mit der man die Welt zu begreifen glaubte. Einen kritischen Ansatz hat etwa die Ideologie Condillacs oder Destutt de Tracys.

In weitgehender Übereinstimmung mit dem Positivismus entwickelt sich im französischen „Realismus-Naturalismus" die Auffassung, daß man wohl die Gesetze der Aufeinanderfolge von Fakten, aber nicht den Grund erfassen kann. Die Romane des „Realismus-Naturalismus", welche die „diese Gesellschaft und ihre Menschen beherrschenden Gesetzmäßigkeiten" illustrieren wollen, können nur das „Wie" (den „déterminisme des faits"), nicht das „Warum" darstellen, da ihre Autoren nur das Nicht-Metaphysische wirklich zu erfassen glauben: „Die Gesetze, welche mit dem ‚comment' erfaßt werden können, zeichnen sich alle dadurch aus, daß sie nicht metaphysisch sind. Sie sollen keine letzten Aussagen über die untersuchten Elemente machen . . . Das Ding an sich wird als nicht mehr erkennbar angesehen . . . Für die Autoren gelten diese Gesetze als ‚beweisbar' oder schon ‚bewiesen'. – ‚Unbeweisbar' sind hingegen diejenigen Gesetze, welche aufgrund der Frage nach dem ‚pourquoi' aufgefunden wurden."[44] Balzac und Zola übersteigen dabei insofern den kritischen Ansatz, als bei ihnen „mit der Frage nach einer inhärenten Zielsetzung dieses Prozesses (Wechselbeziehung zwischen Lebewesen und Umwelt) . . . der Rahmen des ‚déterminisme' überschritten (wird), da hier ‚Urgesetze' und ‚ewige Prinzipien' gesucht werden".[45] Daher werden Balzac und Zola zum Monismus und zur Annahme des Lebensprinzips gedrängt; Flaubert hingegen vertritt „eine skeptische Haltung, die jede endgültige Aussage ablehnt. Mit dieser Haltung verwirklicht Flaubert als einziger Autor des französischen Realismus-Naturalismus die Forderung eines Positivismus eines Comte und Bernard . . . In ihren Augen bewegen sich Balzac und Zola bereits in den Regionen des Unbewiesenen und Unbeweisbaren".[46]

Echte Realisten-Naturalisten haben also wie Barrès die Tendenz, die von ihnen anerkannten Grenzen der rationalen und sicheren Erkenntnis, die nicht zum Urgrund und Wesen der Welt und der Dinge vordringen kann, durch das Erleben, die Intuition, zu durchbrechen, wobei sie sich aber fast stets bewußt sind, daß sie damit die rationalen Grenzen ihrer Philosophie oder Weltanschauung überschreiten, ihre Aussage also unverbindlich ist.

Diese sich in der Dichtung der Franzosen artikulierende Tendenz läßt es auch verstehen, daß sich in Deutschland schon zur Zeit Kants und auch später eine mit dem Rationalismus nicht versöhnbare, arationale und auf Intuition gegründete Suche nach dem Wesen der Welt findet. Sie zeigt sich etwa bei Novalis. Und verständlich wird auch, daß Hauptmann, der übrigens in *Der Narr in Christo Emanuel Quint* Novalis zitiert, zwar in diesem Buch wie in *Der Ketzer von Soana* vom Urgrund der Dinge, vom Göttlichen, vom Eigentlichen spricht, aber (darin etwa Flaubert vergleichbar) sich zur Wahrheit dieser Auffassungen nicht bekennt, sondern sie stark relativiert. Diese Suche nach der aus der Unsicherheit errettenden Erfassung der Welt erfolgt vielfach durch die Dichtung, also die arationale Aussageweise. Sie wird ein Gegenstand der späteren Ausführungen sein.

Die glücksvernichtende Wirkung der Vernunft wird auch in Italien, Spanien und Portugal gesehen. Leopardi erklärt vielfach[47], daß die Kenntnis der Welt unglücklich macht: Es sind „Gründe des Unglücks der Menschen das nicht natürliche Leben, die Wissenschaft..." („Cagioni dell'infelicità umana, la vita non naturale, la scienza...").[48] Dichterische und wissenschaftliche Welterfassung werden bei Leopardi entgegengesetzt, da die Erfahrung und die Ausbildung der Ratio die Poesie unmöglich macht, aber die Wissenschaften fördert.[49] Freilich können die Nachteile der wissenschaftlichen Weltbetrachtung nicht durch die Dichtung behoben werden, doch hat die Poesie eine tröstliche Wirkung. Das wird ebenso wie die verklärende und tröstende Funktion der Dichtung bei Pascoli uns noch beschäftigen.

In Spanien sah man Anfang des 19. Jahrhunderts noch nicht die kritischen Ansätze in der damals modernen Philosophie Europas. Jovellanos und A. Lista bekannten sich zwar zur sensualistischen Philosophie und zur Ideologie, glaubten aber, auf dieser Grundlage Metaphysik treiben und etwa die Existenz Gottes beweisen zu können. Auch Jaime Balmes wollte zwar kosmologische Fragen von der Untersuchung der Ideen und ihrer Entstehung her angehen, aber auch Theodizee betreiben.[50]

Im Verlaufe des 19. Jahrhunderts entwickelt sich jedoch in Spanien die Auffassung, daß der Mensch die letzte Wahrheit und das Wesen der Dinge nicht fassen kann. G. A. Bécquer sagt in seinem Gedicht *Cerraron sus ojos*... nicht mehr aus, was der Tod oder was die letzten Dinge sind: „Wird der Staub zu Staub? / Fliegt die Seele zum Himmel? / Ist ohne Geist alles Fäulnis und Asche? / Ich weiß nicht, doch gibt es schon etwas, / was ich nicht erklären kann, / etwas, was uns mit Widerwillen erfüllt / auch wenn es geschehen muß, / die Toten so traurig, / so allein zu lassen" („?Vuelve el polvo al polvo? / ?Vuela el alma al cielo? / ?Todo es, sin espíritu, podredumbre y cieno? / !No sé; pero hay algo / que explicar no puedo / algo que repugna / aunque es fuerza hacerlo, / a dejar tan tristes, / tan solos, los muertos!").[51] Wir werden noch die Werke erwähnen, in denen Pérez Galdós religiöse Themen behandelt, aber sich zu den religiösen Aussagen nicht mehr bekennt. Einen skeptischen und agnostischen Tenor kann man in den Werken Unamunos entdecken, vollkommene Skepsis dann bei Pío Baroja. Azorín vertritt wie Leopardi die Auffassung, daß die Intelligenz als „das Edelste der Welt" („lo mas aristocrático del mundo"), das Wissen, den Menschen auszeichnet und adelt, aber auch, daß die Erkenntnis und das Bewußtsein vom Leben entfremden und das Gefühl der Übereinstimmung mit den Dingen und der Welt zerstören und insofern nicht nur am Ende der Entwicklung der Menschheit stehen müssen, sondern auch der Tod der Menschheit sein werden; – und das bedeutet auch, daß die Erkenntnis und die dazu nötigen Vermögen ein Unglück sind. „... Die Intelligenz wird ihre auflösende Rolle gespielt haben; alles wird zur Intelligenz geworden sein. Und da sich die menschliche Gattung so eingeschränkt fühlen, den tiefen Schmerz der unaufhebbaren und ewigen Beschränkung, der Beschränkung in der Erkenntnis, fühlen wird, wird sie, ohne Volk, ohne rettenden Fundus, zur selben Zeit wie der Planet untergehen" („... la inteligencia habría hecho su función disociadora; todo sería ya inteligencia. Y sintiéndose asimismo limitada; sintiendo el profundo dolor de la limitación irremediable y eterna, la limitación en el conocimiento, la especie humana, ya sin pueblo, y sin depósito salvador, perecería al mismo tiempo que perecería el planeta").[52]

In Portugal läßt Pessanha die Auffassung erkennen, daß der Mensch keine Sicherheit, keine Möglichkeit der Weltdeutung hat. Er glaubt offenbar an keine rationale Erkenntnis der Welt und ihres Wesens mehr, sondern sucht den Kontakt mit der Realität durch das Gefühl. Pessoa kann durchaus das Gefühl der Entgrenzung, d. h. des Kontaktes mit der ganzen Welt, der Aufhebung der Beschränkung durch die Zeit gestalten, er bekundet aber auch die Auffassung, daß der Mensch keine Wahrheit finden kann: „. . . Die Wahrheit, die wir schließlich in Träumen sehen / sehen wir, da im Traum, in Falschheit“ („. . . la verdade, / Inda que enfim em sonhos a vejamos, / Vemo-la, porque em sonho, em falsidade“)[53], und sogar Gott, der nur das Geschöpf (der „Mensch“) eines höheren Wesens ist, hat keine Wahrheit.[54] Diese Ansicht von den Erkenntnismöglichkeiten ist wenigstens in der Grundstruktur mit der derjenigen vergleichbar, wonach die rationale Weltbetrachtung zu den eigentlichen Wahrheiten, zum Wesen der Welt nicht vordringen kann, es keine Sicherheit gibt. Pessoa gestaltet in einem großen Teil seiner Gedichte das Kreisen um das Rätsel der Welt und das Scheitern bei dem Versuch, es zu lösen.

Weltordnung und Aspirationen des Menschen

Voltaire ließ in seiner Erzählung *Zadig* noch offen, ob die Welt nicht so eingerichtet wäre, daß alles zum Besten, und das heißt auch: zum größtmöglichen Glück der Menschen eingerichtet wäre, doch verweigert er schon den Beweis, daß die Weltordnung so herrlich wäre. In *Candide* greift er dann die Auffassung an, daß wir in der besten aller Welt lebten, doch kann der Mensch sich noch einen Bereich des Glücks erhalten, wenn er sich auf das ihm Mögliche beschränkt und in einer Sphäre (dem „Garten“) bleibt, wo die Weltordnung nicht wirksam ist. Im 18. Jahrhundert wird der Zweifel stark, daß die Welt so geordnet ist, daß die Wünsche des Menschen erfüllt oder wenigstens seine berechtigten Aspirationen befriedigt und etwa die Glückserwartungen des Guten erfüllt werden. Schiller erwog, wie wir schon sahen, den Gedanken der Zweckwidrigkeit in der Natur, wenn er ausführte, daß die etwa in der guten Tragödie dargestellte Welt nicht das Glück, sondern das Unglück des Guten vorhersehe. Im 19. Jahrhundert begegnet uns immer wieder die Vorstellung, daß das Glück oder Unglück des Menschen für die Weltordnung gleichgültig sei; und häufig, besonders in Frankreich, wird sogar gesagt, daß die Weltordnung so ist, daß die Aspirationen des Menschen nicht erfüllt werden.

Der Bildungsroman der deutschen Literatur (Goethes *Wilhelm Meister*, Kellers *Grüner Heinrich*, Freytags *Soll und Haben*) könnte den Anschein erwecken, daß man in Deutschland an die Möglichkeit glaubt, daß der Mensch sich der Welt anpaßt und so glücklich wird; denn wenn die Helden in solchen Romanen die Wünsche und Denkweise mit den Erfordernissen des Lebens in Einklang gebracht haben, können sie sinnvoll wirken und innere Befriedigung finden.

Freilich ist für Schiller die Bewahrung der inneren Freiheit und der (auch Glück bedeutenden) Schönheit der Seele in der Welt nicht möglich (das zeigt sich etwa an der Gestalt von Max Piccolomini). In den Dramen Hebbels muß der einzelne untergehen, damit die Geschichte Fortschritte machen kann: Glücks- und Entfaltungsanspruch des Menschen und Entwicklung der Welt widersprechen sich.

Schopenhauer spricht es aus, daß das Leben stets Unglück ist und der Mensch nur durch Aufgabe des Willens Frieden finden kann. Von diesem Philosophen schreibt Richard Wagner: „Sein Hauptgedanke, die endliche Verneinung des Willens zum Leben, ist von furchtbarem Ernst, aber einzig erlösend . . . Wenn ich auf die Stürme meines Herzens, den furchtbaren Kampf, in dem es sich – wider willen (sic!) – an die Lebenshoffnung anklammerte, zurückdenke, ja, wenn sie noch jetzt so oft zum Orkan anschwellen, – so habe ich dagegen doch nun ein Quietiv gefunden, das mir endlich in den wachen Nächten einzig zu Schlaf verhilft, es ist die herzliche und innige Sehnsucht nach dem Tod: volle Bewußtlosigkeit, gänzliches Nichtsein, Verschwinden aller Träume – einzigste endliche Erlösung."[55]

Leopardi läßt im *Dialogo della Natura e di un'anima* die Natur die Seele eines zukünftigen Menschen wie folgt anreden: „Lebe, und sei groß und unglücklich!" („Vivi, e sii grande e infelice"), und auf den Protest der Seele, die sich gegen diese ungerechte Behandlung wehrt und fragt, warum sie unglücklich sein solle, antwortet sie: „Nun, insofern ich will, daß du groß seist, und man kann nicht dieses ohne jenes sein. Außerdem bist du dazu bestimmt, einen menschlichen Körper zu beleben; und alle Menschen werden notwendigerweise unglücklich geboren und leben unglücklich" („Ma in quanto che io voglio che tu sii grande, e non si può questo senza quello. Oltre che tu sei destinata a vivicare un corpo umano; e tutti gli uomini per necessità nascono e vivono infelici"). Sie kann es nicht anders einrichten, „da ich dem Fatum unterworfen bin; dieses befiehlt so, welcher auch der Grund dafür sein mag, den weder du noch ich verstehen können . . . Du mußt ein eigentümliches (Unglück), und ein viel größeres erleiden, weil ich dich so ausgezeichnet geschaffen habe" („che sono sottoposta al fato; il quale ordina altrimenti, qualunque se ne sia la cagione; che nè tu nè io non la possono intendere . . . te ne bisognerà sostenere una propria (infelicità) e maggiore assai, per l'eccellenza della quale io t'ho fornita").[56]

Bei Alfieri und Foscolo wird der Mensch, je größer er ist, auch desto unglücklicher. Der Scapigliato G. Pinchetti schreibt, noch recht romantisch:

Es gibt auf der Erde ein unglückliches
Schicksal, das uns beherrscht,
das uns die Begeisterung
mit ewiger Hand zerstört;
das uns heute einen Regenbogen malt,
uns morgen das Tageslicht raubt.

E sulla terra un misero
fato che ne governa,
che ci comprime l'estasi
sotto una mano eterna;
ch'oggi ne pinge un iride,
doman ci strappa il dí.[57]

Verga spricht in der Vorrede zu *I Vinti* davon, daß die Entwicklung der Menschheit ein unwiderstehlicher Strom („fiumana") ist, zu dem die Mühe und das Leiden des einzelnen gehören (der „lavorío universale") und in dem der heutige Sieger morgen besiegt sein wird.[58]

In der französischen Literatur findet man immer wieder einen Pessimismus, der dem Leopardis gleichkommt. Für Alfred de Vigny ist die Erde voller Gleichgültigkeit gegenüber dem Menschen:

Elle me dit: „Je suis l'impassible théâtre
Que ne peut remuer le pied de ses acteurs;
. . .
Je sens passer sur moi la comédie humaine
Qui cherche en vain au ciel ses muets spectateurs,
. . ."[59]

In *Le Mont des Oliviers* hat Christus „une pensée humaine", sie läßt ihn Gott Vater bitten, den Wunsch der Menschheit zu erfüllen und ihr Aufklärung zu geben, so daß sie von „Mal et Doute" befreit werde. Doch dieser Wunsch, der alle Aspirationen des Menschen (Glücks- und Wissensaspirationen) einschließt, wird nicht erhört:

Muet, aveugle, et sourd au cri des créatures,
. . . le Ciel nous laissa comme un monde avorté.[60]

Das erste Gedicht der Gruppe *Révolte* in Baudelaires *Fleurs du Mal* scheint diese Gedanken Vignys zusammenzufassen: *Le reniement de Saint Pierre* enthält die Aussage, wir lebten in „un monde où l'action n'est pas la sœur du rêve".[61] Leconte de Lisle läßt in *Dies irae* den „Esprit humain" auf den zurückgelegten Weg zurückblicken: „La vie a fatigué son attente inféconde." Die Glückserwartung wird enttäuscht:

Mais si rien ne répond dans l'immense étendue
que le stérile écho de l'éternel désir,
. . .
Adieu, songe sublime, impossible à saisir.[62]

Die Natur ist bei Leconte dem Lebewesen und dem Menschen genauso gleichgültig gegenüber, wie es bei Vigny die Erde ist. In *La fontaine aux lianes* heißt es:

La nature se rit des souffrances humaines:
Ne contemplant jamais que sa propre grandeur,
Elle dispense à tous ses forces souveraines.
Et garde pour sa part le calme et la splendeur.[63]

Flaubert meint, wie wir schon sahen, daß „cette vieille fatalité ironique . . . accouple toujours les choses pour . . . le plus grand désagrément des parties"[64], und noch Maeterlinck läßt in seinen Dramen „d'énormes puissances . . . malveillantes, attentives à toutes nos actions, hostiles au sourire, à la vie, à la paix, au bonheur" wirken.

In der spanischen Romantik hat Larra die Enttäuschung persönlicher Glückserwartungen und Hoffnungen erlebt. Den Artikel *Día de difuntos de 1836* endet er damit, daß sein Herz das Grab der Hoffnung sei.[65] Espronceda aber verallgemeinert diese Aussage mehr. In *A Jarifa en una orgía* sagt eine Stimme zum lyrischen Ich:

„Stirb, Unglücklicher: Das Leben ist eine Qual,
Eine Täuschung die Freude, es gibt auf der Erde
Für dich weder Glück noch Zufriedenheit,
Sondern ewiges Sterben und ewigen Krieg.
Denn so straft Gott die wagende Seele,
Die wahnsinnig, in ihrem irren Delirium
Von der Wahrheit, die den Menschen immer verwehrt ist,
Das unergründliche Geheimnis entdecken will."

„Muere, infeliz: la vida es un tormento,
Un engaño el placer, no hay en la tierra
Para ti, ni dicha, ni contento,
Sino eterna ambición y eterna guerra.
Que así castiga Dios el alma osada,
Que aspira loca, en su delirio insano,
De la verdad para el mortal velada
A descubrir el insondable arcano."[66]

In *El Diablo Mundo* stellt Espronceda Fragen, die in Frankreich erst der reife Vigny, Baudelaire und Leconte de Lisle zu beantworten wagten:

Ist Gott vielleicht der Gott der Rache
und glüht der Blitz in seiner zornigen Hand,

und schleudert er Not, Schmerz und Tod
auf den Unschuldigen, der ihn vergebens anruft?
. . .
Ist Gott der Gott, der in seiner Schönheit glücklich ist,
der das All in die Leere warf,
Gesetze ihm gab und seine Schöpfung sich selbst überließ?

?Es Dios tal vez el Dios de la venganza,
Y hierve el rayo en su irritada mano,
Y la angustia, el dolor, la muerta lanza
Al inocente que le implora en vano?
. . .
?Es Dios el Dios que goza en su hermosura,
Que arrojó el universo en el vacío,
Leyes le dio y abandonó su hechura?[67]

Freilich neutralisiert Espronceda noch durch die Frageform die Aussage dieser Sätze. Nach Esproncedas Tode (1842) äußert kein spanischer Autor mehr so deutlich den Zweifel an der Übereinstimmung zwischen Bedürfnissen des Menschen und Weltordnung. Typisch ist eher, nachdem die Werke der Resignation die Empörung bei den ersten Romantikern zurückgedrängt haben, das Gedicht Campoamors: *Lo que hace el tiempo,* wo es zwar heißt, daß das Leben sehr traurig ist, aber der Dichter auf Gott verweist:

Und wer ist verantwortlich dafür,
daß man ohne Maß so viel Galle schluckt?
Das Leben! Das hat Schuld daran!
. . .
Es läuft zum Nichts;
Willst du zum Ewigen gehen?
Geh zu Gott.

Y quién es el responsable
de hacer tragar sin medida
tanta hiel?
!La vida!, !ésa es la culpable!
. . .
ella corre hacia la nada;
?quieres ir hacia lo eterno?
ve hacia Dios.[68]

Durch die Unterscheidung zwischen dem schuldigen Leben und dem gütigen Gott wird hier das Problem des Leidens und seines Sinnes entschärft.

Erst um 1900 stellen spanische Autoren wieder die wesentliche Kluft zwischen Weltordnung und Aspirationen des Menschen fest. Antonio Machado erklärt in *El poeta* vom Dichter, dieser wisse, daß Gott wie ein barbarisches Kind mit der unvergänglichen Materie das Spiel vom Tod spielt.[69] Wie die Franzosen um 1850 kann A. Machado erfahren, daß Gott gegen den Wunsch der Menschen handelt:

Dein Wille geschah, Herr, gegen den meinen.

Tu voluntad se hizo, Señor, contra la mia.[70]

Fast am Schluß seiner Gedichtsammlung *El pasajero* schreibt Ramón de Valle-Inclán in *Rosa deshojada:*

Weswegen das Leben?
Welches Ziel gab ich ihm?
Welchen verlorenen Pfad
bahnte ich mit meiner Spur?
Lebt wohl, Illusionen!
Schon erreichen meine Jahre
die ruhigen Einsichten
der Illussionsauflösung.

?Porqué la vida?
?Qué fin truje a ella?
?Qué senda perdida
labré con mi huella?
!Adiós, ilusiones!
Ya logran mis años
las quietas razones
de los desegaños.[71]

In der Sammlung *La pipa de Kif* soll sogar die Deutung der Welt Wirkung des Haschisch, also Illusion sein. Die Verschiedenheit von menschlicher Aspiration und Weltordnung gehört nun in Spanien zum Erleben vieler Dichter, aber es wird nicht behauptet, daß sie grundsätzlich einander entgegengesetzt sind. Das Glück des Menschen erscheint als bisweilen möglich, aber auch als in der Weltordnung nicht vorgesehen.

In Portugal wird eher die Möglichkeit des Glückes als fraglich oder die Erfüllung der menschlichen Wünsche als nicht eingeplant denn als der Weltordnung zuwiderlaufend und deswegen unmöglich empfunden. Von seinem Gedicht *Ignoto deo* sagt der große Romantiker Almeida Garrett, dieser unbekannte Gott sei „das geheimnisvolle, verborgene und undefinierte Gefühl der Seele, die Aspirationen nach einem idealen Glück, der goldene Traum des Dichters“ („aquele misterioso, oculto e ñão definido sentimento d'alma, ás sapiraçőes de uma felicadade ideal, o sonho de oiro do poeta“). Dieses und andere Gedichte stellten dar „den Seelenzustand des Dichters in den wechselnden, unsicheren und sich ablösenden Regungen des Geistes, der sein einziges Ziel sucht, den Besitz des *Ideals*, bald es erreicht zu haben glaubt, bald es zu fassen im Begriff ist, bald bitter lacht, weil er seine Täuschung erkennt, und bald vor ohnmächtiger Wut verzweifelt wegen seiner eitlen Leichtgläubigkeit“ („o estado d'alma do poeta nas variedas, incertas e vacilantes oscilaçőes de espírito que, tentendo ao seu fim único, a posse do *Ideal*, ora pensa tê-lo alcançado, ora esta a ponto de chagar a elle – ora ri amargamente porque reconhece o seu engano – ora se desespera de raiva impotente por su credulidade vã“).[72]

Eça de Queiroz drückt den Gedanken aus, daß man mit allem in der Welt, mit Menschen, Tieren und Dingen, Mitleid haben muß. Der Titelheld von *S. Cristovão* versucht sogar, den Steinen Schutz vor der Kälte und der Hitze zu geben, und diese Legende endet insofern zweideutig, als das Ende des Leidens, die Erlösung oder das Eingehen in den Himmel, einfach das Sterben, das Vergehen sein kann.[73] Ähnlich wie der als äußerst einfach dargestellte Heilige empfindet der raffinierte Großstadt-Mensch Fradique Mendes Mitleid mit allen Wesen.[74] Auf diese Stellen wirft die Jugendschrift *A morte de Jesus* ein Licht, denn hier geht (aus Unvermögen oder aus anderen Gründen) Jesus nicht auf den ihn doch beunruhigenden Vorschlag eines Menschen (des Ich-Erzählers) ein, das Unglück in der Welt durch eine „energische, revolutionäre Aktion“ zu beenden, statt die Resignation zu empfehlen. Jesus hat nur zu erwidern, daß sein Reich nicht von dieser Welt sei.[75]

Camilo Pessanha beginnt seine *Clepsidra* mit einer *Inscrição,* die den Wunsch ausdrückt, dem Schmerz, den das Leben bedeutet, durch das Verschwinden und Vergehen zu entkommen. Lebens- und Erlebensüberdruß und Sehnsucht nach dem Nichts und der Auflösung drücken sich in dem letzten Gedicht, *Poema final*[76], aus. Für Fernando Pessoa ist das Leben unsicher, der Frieden stets bedroht, aber der Dichter empfindet die höheren Mächte als gleichgültig, nicht als dem Menschen feindlich.

Die Gesellschaft und ihre Ablehnung

Der Held von Cadalsos *Noches lúgubres* leidet daran, daß das Schicksal den Menschen ungerechterweise unglücklich werden läßt, aber er findet schließlich Trost in der Gemeinschaft mit den anderen Menschen, in der Brüderlichkeit: Das Schicksal, das alle leiden, krank werden und sterben lasse, macht auch alle zu „Brüdern" („hermanos"), und „niemand ist unglücklich, wenn er den anderen glücklich machen kann" („Nadie es infeliz si puede hacer al otro dichoso").[77] In der Vorromantik findet der Mensch bisweilen Trost und Hilfe gegen das ungerechte und vernichtende Schicksal (gegen die Götter) in der Solidarität der Mitmenschen. Das ist der Sinn des Schlusses von Voltaires und Alfieris *Orest*-Dramen, wo beidemal Elektra und Pylades dem unglücklichen Helden beistehen wollen, der, gegen seinen Willen und von den Göttern mit Wahnsinn geschlagen, seine Mutter getötet hat.

Bevor aber Tediato bei Cadalso die Brüderlichkeit mit dem Mitmenschen findet, hält er sich für einsam und unverstanden und haßt die Menschen als hart und verständnislos: „Ah, sie wären mir so hassenswert wegen ihrer Härte, wie ich in ihrer Sicht wegen meiner Leidenschaft dumm wäre!" („Ah, me serían tan odiosos por su dureza, como yo sería necio en su concepto por mi pasión!").[78] Diese Auffassung ist weitgehend für die Romantik und weiter für das 19. Jahrhundert kennzeichnend. Der große einzelne (als solcher versteht sich meistens auch der Dichter selbst) leidet in der Gesellschaft, die ihn nicht versteht und ablehnt, vielfach zu seinem Unglück noch beiträgt. Schon bei Alfieri ist der Held einsam, muß sein Leid allein tragen (das ergibt sich etwa bei einem Vergleich seiner *Brutus*-Tragödie mit der Voltaires). Der Alferianer Foscolo gibt in den *Ultime lettere di Jacopo Ortis* ein Gespräch zwischen Jacopo und Parini wieder, in dem sich beide Patrioten von unwürdigen und undankbaren Menschen umgeben fühlen und die der Tugend gegenüber gleichgültigen Menschen in ihrem Vaterland verachten: „Ach, wenn die Menschen immer den Gedanken an den Tod wachhielten, würden sie nicht so niedrig dienen" („ah se gli uomini si conducessero sempre al fianco la morte, non servirebbero sì vilmente").[79] Später glaubte Jacopo, sich das Leben nehmen zu dürfen, ohne eine Pflicht der Gesellschaft gegenüber zu verletzen: „ . . . und mein Leben wird wie ein Sklave die Übel bezahlen sollen, die die Gesellschaft mir verschafft, nur weil sie sie als Wohltaten bezeichnet? . . . Jedes Individuum ist als Feind der Gesellschaft geboren, denn die Gesellschaft ist die notwendige Feindin der Individuen" („ . . . e la mia vita dovrà pagare, come uno schiavo, i mali che la Società mi procaccia, solo perché gli intitola benefici? . . . ciascun individuo è nemico nato della Società, perchè la Società è necessaria nemica degli individui").[80] Foscolos Roman geht auf Rousseaus und Goethes Briefromane zurück: In der *Nouvelle Heloïse* und im *Werther* wird man leicht auch Ansätze einer solchen Gesellschaftsauffassung finden.

So deutlich wie Foscolo artikulierte Leopardi nicht die Feindschaft gegenüber der Gesellschaft. Im *Passero solitario* aber läßt er das lyrische Ich einsam sein und einsam leiden, in *Bruto minore* gibt der sterbende Brutus den Göttern, der Erde und der Gesellschaft, die nach ihm kommt, eine Absage: „Haben je eines Erzürnten Grab /

Schluchzer besänftigt, Worte und Gaben / niederer Menge geschmückt? Immer schlimmer werden die Zeiten; und schlecht vertraut man / verrotteten Enkeln / die Ehre großherziger Menschen und die letzte Rache der Elenden" („Sdegnoso avello / Placàr singulti, ornàr parole e doni / Di vil caterva? In peggio / Precipitano i tempi; e mal s'affida / A putridi nepoti / L'onor d'egregie menti e la suprema / De' miseri vendetta").[81] Nüchterner und mit mehr Mitleid drückt Verga seine Verurteilung der Gesellschaft aus: Beteiligt an der Entwicklung, die Fortschritt heißt, sind „die Unruhe, die Habgier, der Egoismus, alle Leidenschaften, alle Laster, die zu Tugenden gemacht werden, alle Schwächen, die zur ungeheuren Arbeit beitragen" („le irrequietudini, le avidità, l'egoismo, tutte le passioni, tutti i vizi che si trasformano in virtù, tutte le debolezze che aiutano l'immane lavoro"). Die Schwachen werden besiegt; der Beobachter darf sich interessieren „für die Schwachen, die auf dem Wege bleiben, für die Kraftlosen, die sich von der Welle überrollen lassen, um schneller zu enden, für die Besiegten, die die Arme verzweifelt erheben und den Kopf unter den harten Fuß der Nachfolgenden beugen, die Sieger von heute, welche es auch eilig haben, welche begierig sind, es zu schaffen, aber morgen überwunden sein werden" („ai deboli che restano per via, ai fiacchi che si lasciano sorpassare dall'onda per finire più presto, ai vinti che levano le braccia disperate, e piegano il capo sotto il piede brutale dei sopravvegnenti, i vincitori d'oggi affrettati anch'essi, avidi anch'essi d'arrivare, e che saranno sorpassati domani").[82] Die Schuld für die Gemeinheit der Welt scheint hier die Weltordnung zu haben, die Feindschaft gegen die Gesellschaft kommt auch aus der Kritik am Fortschritt, an der wirtschaftlichen Entwicklung. Bei d'Annunzio ist sie im Roman *Il Piacere* zwar durch die Ablehnung der modernen Welt mitbeeinflußt, aber auch vom Bewußtsein der Zugehörigkeit zu einer Aristokratie des Geistes getönt wie bei Foscolo oder Leopardi, die ja noch vor dem Beginn der Industrialisierung schreiben. Sperelli, der Held, mit dem sich der Autor teilweise identifiziert, fühlt sich als Dichter „in einer demokratischen Gesellschaft wie der unsren" („in una società democratica come la nostra") unverstanden, und er ist wenig bereit, auf sie einzugehen.[83]

In Spanien äußert sich die Gesellschaftsablehnung besonders deutlich in den ersten Jahren der Romantik. Bei Espronceda findet das lyrische Ich in *A Jarifa en una orgía* aus der Einsamkeit und Verachtung der anderen (hier der Frauen, die es enttäuscht haben) noch heraus, als es erkennt, daß auch sein Gegenüber leidet. Aber Espronceda verherrlicht auch den Feind der Gesellschaft, den Piraten, den Bettler. In *El Verdugo* läßt er den Henker Opfer, aber auch Verkörperung des verbrecherischen und grausamen Charakters der Menschen sein.[84] Larra, dessen Roman und dessen Drama *Macías* selbst eine gesellschaftsfeindliche Tendenz haben, liefert eines der Argumente für die Zurückdrängung der romantischen Tendenz der Empörung: Ihre Werke würden der Gesellschaft schaden. Als sich in der Romantik die Resignation durchsetzt, werden die Werke auch weniger gesellschaftsfeindlich. Fernán Caballero zeigt das Rettende in der spanischen, vor allem der andalusischen Volksgemeinschaft. Die Kritik der Gesellschaft bleibt nun lange aufbauend: Als Pardo Bazán mit dem Roman *La piedra angular* das Thema des Henkers aufnimmt, will sie einen Mißstand abstellen. Pérez Galdós kritisiert nicht die Gesellschaft schlechthin, sondern die spanische Gesellschaft, insofern sie sich von falschen Prinzipien leiten läßt. Eine romantische Welt- und Gesellschaftsablehnung äußert sich in der Widmung der *Abrojos* des jungen Rubén Darío.[85] Ortega y Gasset zeigt ein deutliches Unbehagen an der Gesellschaft schlechthin in *Der Aufstand der Massen.*

Unterschwellig bleibt in der Regel das Unbehagen an der Gesellschaft in Portugal. Dieses Unbehagen äußert sich indirekt in Garretts *Camões,* da der Titelheld von König und Volk nicht die ihm zustehende Anerkennung und Belohnung bekommt. Alexandre Herculano schreibt Dichtung mit „empenhamento social“ (sozialem Engagement), was grundsätzlich die Annahme der Gesellschaft voraussetzt. Spannungen zwischen Dichter und Gesellschaft drückt Cesário Verde im Gedicht *Contrariedades* aus. Der junge Eça de Queiroz zeichnet in *Memorias de Uma Forca* das Bild einer grundsätzlich ungerechten Gesellschaft, in der ein guter Mensch immer nur Verfolgung erleiden kann. „Ich (= der Galgen) richtete einen Menschen hin – einen Denker, Politiker, Sohn des Guten und Wahren, eine schöne Seele voll der Formen des Ideals, Kämpfer für das Licht. Er wurde besiegt, er wurde hingerichtet“ („Enforquei um homem – um pensador, político, filho do bem e do verdadeiro, alma formosa cheia das formas do ideal, combatente de luz. Foi vencido: foi enforcado“). In der reinen und glücklichen Natur erscheint die Menschenwelt als „mal humano“.[86] Kritik an der portugiesischen kirchlich bestimmten Gesellschaftsform übt Eça de Queiroz im Roman *O crime do Padre Amaro.* Nicht wohl fühlt sich des Autors *alter ego* Fradique Mendes in der modernen Gesellschaft, in der sich die ganze Kraft einer Seele nicht mehr entfalten kann und in der es keine erhabenen Gesichter mehr gibt.[87] So zieht er sich in die Haltung des Dandys zurück.

Das Unbehagen in der Gesellschaft, die Feindschaft gegen sie geht bei Cesário Verde und bei Eça de Queiroz Hand in Hand mit der Verehrung für Baudelaire und andere Franzosen. In Frankreich ist die Ablehnung der Gesellschaft in der Zeit der Vorromantik und um 1830 meistens noch unterschwellig, aber dann bei manchen Autoren sehr bewußt. Gemäß ihrer liberalen Überzeugung bejahen Madame de Staël und B. Constant die Gesellschaft, an deren Perfektibilität sie ja glauben. Der reife V. Hugo sucht (sogar noch in seinem Roman *Les misérables*) mehr Gerechtigkeit, glaubt also an deren Möglichkeit. Aber Madame de Staël läßt die Heldin von *Corinne* aus der englischen Gesellschaft in den relativen Freiraum des (politisch gar nicht vorbildlich, nicht liberal geordenten) Italien fliehen und dann doch an der Gesellschaft scheitern. Constants *Adolphe* zeigt, wie das sozial bedingte Verhalten ihrer Umwelt die Heldin zugrunde gehen läßt. Hugo verherrlicht den Banditen Hernani, der eine Rechnung mit den Vertretern der Gesellschaft und des Staates, besonders mit dem König, zu begleichen hat. Gesellschaftsfeindlichkeit zeigt sich bei Balzac in der Sympathie für die Personen, die sich von den Banden der bürgerlichen Ordnung befreien, auch wenn der Autor sie poetisch bestraft, da er in der Gesellschaft und der Ordnung etwas Nötiges sieht.

Eine Reihe von Autoren wendet sich offen gegen die Gesellschaft. Daß es vor allem Vertreter des *L'art pour l'art* sind, stützt die These dieses Buches, wonach die Kunst eine Evasion aus einer Welt sein kann, die sonst keine Befriedigung gewährt. Gautier artikuliert sein Leiden an der Gesellschaft in *Le pin des Landes,* wo er darstellt, wie der Mensch, „Qui ne vit qu'aux dépens de ceux qu'il assassine“, dem Baum Verletzungen zufügt und ihm so sein Harz entzieht: So leide auch der Dichter.[88] Daß der Dichter (letzten Endes auch der feinfühlige Mensch schlechthin) an der Gesellschaft leidet und von ihr ausgeschlossen wird, sagt Baudelaire in *Bénédiction* und *L'Albatros* in den *Fleurs du Mal.* Wenn er sich auch allgemein von der Wirklichkeit erdrückt fühlt[89], so gehört zu den Gründen des Schmerzes auch die „risible Humanité“.[90] Leconte de Lisle wünscht sich den „oubli du monde et de la multitude“.[91] Den modernen Menschen wirft Leconte vor:

Vous vivez lâchement, sans rêve, sans dessein,
. . .
Vous mourrez bêtement en emplissant vos poches.[92]

Und so urteilt Flaubert über die Gesellschaft und über die Möglichkeiten, die dem Dichter und Schriftsteller in ihr bleiben: „Oui, l'humanité tourne au bête . . . l'Humanité nous hait, nous ne la servons pas et nous la haïssons, car elle nous blesse. Aimons-nous donc *en l'Art*, comme les mystiques s'aiment *en Dieu* . . . Aux époques où tout lien commun est brisé, et où la Société n'est qu'un vaste banditisme (mot gouvernemental) plus ou moins bien organisé, quand les intérêts de la chair et de l'esprit, comme les loups, se retirent les uns des autres et hurlent à l'écart, il faut donc comme tout le monde se faire un égoïsme (plus beau seulement) et vivre dans sa tanière."[93] Bei dem Freund und Schüler Flauberts, Maupassant, zeigt sich die Feindschaft gegen die Gesellschaft in ihrer Darstellung. Huysmans' Des Esseintes (in *A rebours*) zieht sich von den Menschen, die er nicht ertragen kann, in die Isolierung seines ästhetisch raffiniert eingerichteten Hauses zurück.[94] Aber auch Zola zeigt eine unterschwellige Spannung gegenüber der Gesellschaft, wenn er den Träger seiner Botschaft, den Docteur Pascal, im gleichnamigen letzten Band der *Rougon-Macquart*, am Unverständnis und an der Feindseligkeit der Gesellschaft scheitern läßt, so daß sogar sein Werk vernichtet wird.

Später und insgesamt schwächer als in Frankreich wird die Feindschaft der Autoren gegenüber der Gesellschaft in Deutschland wichtig – wenn man vom *Werther* und anderen Werken des Sturm und Drang absieht. Der deutsche Bildungsroman dient u. a. der Versöhnung des Helden (und des Lesers) mit der Gesellschaft. Doch Hauptmanns Unbehagen in der Gesellschaft führt in *Die Weber* zu einem Angriff auf die Institutionen, auf den Kapitalismus und auf die Behörden in Preußen und in den Staaten seiner Zeit. Nietzsche haßt und verachtet die Menge und leidet an ihr. So greift er in *Zur Genealogie der Moral* den Pöbel als Träger der christlich-jüdischen Moral an: „. . . das Volk hat gesiegt – oder ‚die Sklaven' oder ‚der Pöbel' oder ‚die Herde' oder wie Sie es zu nennen belieben . . . ‚Die Herren' sind abgetan; die Moral des gemeinen Mannes hat gesiegt. Man mag diesen Sieg zugleich als eine Blutvergiftung nehmen . . . Der Gang dieser Vergiftung, durch den ganzen Leib der Menschheit hindurch, scheint unaufhaltsam . . ."[95] Bei Thomas Mann wird dann mit *Buddenbrooks* (Christian und Hanno), *Tonio Kröger, Königliche Hoheit* die Spannung zwischen geistig verfeinerten, der Elite angehörigen Menschen, die vielfach Künstler sind, und der gemeinen Menge zu einem wichtigen Thema.

Heinrich Mann gestaltet die Einsamkeit und das Scheitern des „im Gefolge Nietzsches von hohem Lebensgefühl erfüllten Individuums".[96] Stefan George zieht sich mit seinen Jüngern in seinen Kreis zurück – und mit einer gewissen Identifikation gestaltet er die Figur des die Menschen verachtenden und häufig vernichtenden Algabal. Die Spannung zwischen dem feinnervigen Dichter und der Gesellschaft spürt auch Hofmannsthal: „Diese Art, dies zu sehen, diese mehr gefühlte als gedankenhafte Abneigung – mir ist manchmal, als fühlte ich sie schweben, diese leichte Spannung der Ungeduld, dies unausgesprochene Urteil einer Zeit über ihre Dichter, die da sind und die doch nicht für sie da zu sein scheinen . . . Mir ist manchmal, als ruhte das Auge der Zeit, ein strenger, fragender, schwer zu ertragender Blick, auf dem Dasein der vielen Dichter . . ."[97]

So kann für viele Autoren die Gesellschaft keine Heimat geben, keinen Wert darstellen; für die Gesellschaft zu arbeiten, kann ihnen kein Ziel scheinen, und die Wendung zu den Mitmenschen kann ihnen kein Trost in ihrer pessimistischen Einstellung bedeuten.

Geschichte und Weltentwicklung

Rousseau hat in seinem einflußreichen *Discours* die Auffassung vertreten, daß die Entwicklung der Kultur den Menschen schlechter und unglücklicher gemacht hat. Die Vorstellung, daß am Anfang der Entwicklung eine glückliche Zeit der naturgeschenkten Übereinstimmung der menschlichen Fähigkeiten stand und diese dann verloren ging, findet sich von nun an immer wieder. Vielfach verbindet sie sich (wie schon bei Rousseau, bei dem die Vorstellung einer Wiedergewinnung des menschlichen Glücks und der Würde die Grundlage des *Contract social* bildet) mit der Hoffnung darauf, daß der Mensch eine höhere Harmonie seiner Seelenkräfte in einer glücklichen Zeit durch sittliche Veredelung finden könne. So sieht im Grunde Schiller die Geschichte in seinen Briefen *Über die ästhetische Erziehung des Menschen.*[98] Diese Schrift enthält Ansätze für eine negative und für eine positive Bewertung der Geschichte (als tatsächlichen Verlust einer goldenen Zeit und als Möglichkeit der höheren Wiedergewinnung des Glückes). Hegel bejaht dann die Geschichte, da in ihr der Weltgeist zu sich selbst findet. Drei Typen der bejahenden Geschichtsbetrachtung hat für Frankreich P. Bénichou dargestellt: Die Liberalen glauben an eine mögliche, nicht notwendige, sondern in die Freiheit des Menschen gestellte Aufwärtsentwicklung der Menschheit; die Katholiken behaupten die Führung Gottes zum Heile, aber auch zur Veredlung der Menschen; und die Anhänger der „wissenschaftlichen Utopien" oder die Anhänger verschiedener Formen des Sozialismus erwarten eine vom Menschen errungene und seiner Veranlagung entsprechende Gesellschaftsform, in der sich Harmonie und Glück der Gesamtheit und Entfaltung des einzelnen vereinen.[99] In den verschiedenen Ländern findet man ähnliche Theorien zur Geschichte.

Der von Hegel vertretene Typ einer (bejahenden) Geschichtsbetrachtung findet Entsprechungen im spanisch-portugiesischen Raum. Für den früheren Antero de Quental können Moral und Vernunft Grundlage der Entwicklung der Menschheit sein, und wenn kein gütiger Himmel den Menschen führt, so muß er mit einsamem und stolzem Willen die Geschichte nach der angestrebten Idee gestalten.[100] Nachdem Antero de Quental den Pessimismus und die Verzweiflung seiner zweiten Phase überwunden hat, sieht er im Universum eine Entwicklung von der Materie zum Geist: Die Höherentwicklung ist im Universum angelegt und vorgegeben, und ihre Krönung ist das Bewußtsein. Ähnlich spricht Rubén Darío im Gedicht *Los Huéspedes:*

> Mit einer dunkel gewollten Beständigkeit entwickelt
> sich der Wunsch der Wesen zum Menschen hin.
> . . .
> Und jedes (Wesen) vermehrt, durch die bloße Tatsache, daß es lebt,
> die Seele des Alls und das angestrebte Werk!
>
> Con una instancia obscuramente querida,
> hacia el hombre, el deseo de los seres evoluciona.
> . . .
> y cada uno aumenta, con el sólo hecho de vida,
> el alma del universo y la obra perseguida.[101]

Eine pessimistische Wendung bekommt diese Auffassung, daß die Entwicklung der Welt und der Menschheit im Bewußtsein gipfelt, bei Azorín in *Pueblo,* denn dieses Werk endet mit einem Traum, weil die Erde ihre Wärme-Vorräte und die Menschheit ihre Lebensenergie verliert und die Entwicklung in der Vereisung der Erdoberfläche und in der Aufzehrung des Volkes durch die Flamme der Intelligenz („la inteligencia – lo más aristocrático del mundo –") enden würde.[102]

Eine (in manchen Punkten an Lamennais vor dem Bruch mit Rom erinnernde) katholische Version der Sozialutopie deutet der Italiener Fogazzaro in *Piccolo mondo moderno* und *Il Santo* an.[103] Die pessimistische Note liegt darin, daß es keine Ausweitung der brüderlichen Gemeinschaft gibt, sondern diese im Verborgenen (und unter Verzicht auf Werbung, aber auch ohne Strahlkraft) wirken muß. Noch deutlicher ist das bei Pérez Galdós in den sich ergänzenden Romanen *Nazarín* und *Halma*, denn hier wird aus der zunächst – wenn auch nicht nach einem genauen Projekt – angestrebten Gründung einer Gemeinschaft, fast eines Ordens, eine christliche Ehe (also etwas Privates), wobei die Gatten über eine Schar von Schutzbedürftigen, die gleichsam Mitglieder der Familie sind, wachen sollen. Fogazzaro und Galdós geben damit die Hoffnung auf eine utopische Gesellschaft auf, an der (der nicht christliche) E. Zola in seinen späten Werken festhält (In G. Hauptmanns *Der Narr in Christo Emanuel Quint* sind Ansätze zu einer Brüdergemeinschaft von Anfang an zum Scheitern verurteilt – eine Veränderung der Gesellschaft durch die Nächstenliebe erfolgt nicht).

Wie es im 19. Jahrhundert ein Unbehagen in der Gesellschaft gibt, so breitet sich auch Mißtrauen und Ablehnung der Geschichte (die ja weitgehend eine Geschichte der Gesellschaft ist) aus. „Immer schlimmer / werden die Zeiten" („In peggio / Precipitano i tempi"), meint G. Leopardi.[104] In der *Storia del genere umano* lassen die Erkenntnis der Welt, der Wissensfortschritt und die Bewußtwerdung (wozu auch die Wissenschaft gehört) die Menschen unglücklich werden – die Erweiterung der Welt durch das neue Weltbild der Renaissance brachte darin nur einen Aufschub. Besonders die Wahrheit, die auf die Erde herabsteigt, betrübt die Menschen – nur die Illusionen der Liebe bringen Trost.[105] Leopardis Auffassung ist derjenigen der Mitarbeiter des Mailänder *Conciliatore* entgegengesetzt, die an eine Weiterentwicklung der Menschheit und der Kultur glaubten – aber auch Manzoni, der jenem Kreis nahestand, läßt in der Handlung und in den Chören seiner historischen Tragödien keine Aufwärtsentwicklung und keine Erlösung erkennen, denn es entsteht aus alter Schuld neue Schuld[106], und eine ungerechte Herrschaft wird durch neue Unterdrückung abgelöst.[107] Verga meint, daß der Fortschritt von fern betrachtet eindrucksvoll ist; in seinem unaufhaltsamen Strom („fiumana"), der auch die Egoismen und Laster einbeziehe, lasse er aber den einzelnen besiegt und gescheitert zurück. Und d'Annunzio sieht als Autor des *Piacere* in der modernen demokratischen (und egalitären) Gesellschaft keinen Platz für gebildete und feine Geister mehr.

In Frankreich behauptet Lamartine in *La chute d'un ange* die langsame Läuterung und schließlich die Erlösung der Menschheit, und V. Hugo schreibt in *Le Satyre:*

> L' avenir tel que les cieux le font,
> C'est l'élargissement dans l'infini sans fond,
> C'est l'esprit pénétrant de toutes parts la chose![108]

Vigny glaubt, daß die Geschichte, in der es keine Führung durch Gott gibt, doch vom Menschen gestaltet werden kann *(La bouteille à la mer, L'esprit pur).* Aber Baudelaire sieht einen Niedergang seit der Antike, in der der Mensch sich noch schön entwickelte. Angesichts der Gegenwart verspürt er „épouvantement":

> O pauvres corps tordus, maigres, ventrus, ou flasques,
> Que le dieu de l'Utile, implacable et serein,
> Enfants, emmaillota dans ses langes d'airain!
> Et vous, femmes, hélas! pâles comme des cierges,

Que ronge et que nourrit la débauche, et vous, vierges,
Du vice maternel traînant l'hérédité
Et toutes les hideurs de la fécondité!
Nous avons, il vrai, nations corrumpues,
Aux peuples anciens des beautés inconnues:
Des visages rongés par les chancres du cœur,
Et comme qui dirait des beautés de langueur;
. . .[109]

Leconte de Lisle schreibt in *Dies irae:*

Il est un jour, une heure, où dans le chemin rude,
Courbé sous le fardeau, des ans multipliés,
L'Esprit humain s'arrête, et, pris de lassitude,
Se retourne pensif vers les jours oubliés.
La vie a fatigué son attente inféconde;
. . .
Oui! le mal éternel est dans sa plénitude!
L'air du siècle est mauvais aux esprits ulcérés.
. . .
La route infructueuse a blessé nos pieds nus.[110]

Anathèmes endet mit den Versen:

Et toi, qui gis encore sur le fumier des âges,
Homme, héritier de l'homme et de ses maux accrus,
Avec ton globe mort et tes Dieux disparus,
Vole, poussière vile, au gré des vents sauvages![111]

Das Gedicht *Solvet Seclum* schildert das Ende der Erde durch den Zusammenstoß mit einem anderen Gestirn, das

Défoncera sa vieille et misérable écorce.[112]

Flaubert erläutert, warum er dem Fatalismus anhängt: „quant à l'humanité, on n'a qu'à lire l'histoire pour voir assez clairement qu'elle ne marche pas toujours comme elle le désirerait".[113] In seinen Romanen *Salammbô* und *L'éducation sentimentale* zeigt er, wie im Falle Karthagos und des Frankreichs der Revolution um 1848 die Hoffnungen der Gruppen enttäuscht werden und der Lauf der Geschichte nur Enttäuschung und Leid bringt.

Der Geschichtspessimismus tritt in Frankreich nach dieser Generation weniger deutlich hervor. Doch sieht Barrès als Wirkung der modernen Entwicklung nur seelenlose Technik, Glaubenslosigkeit und Entwurzelung und erwartet Rettung von der Rückkehr zur Tradition und zu den Mächten des Volkes und des Bodens. A. France läßt in *Les dieux ont soif* aussprechen, daß jede neue Weltanschauung, jede neue Herrschaft Grausamkeiten und Unfreiheit bringt und nur die lange etablierten „Religionen" relativ milde sind.[114]

Mit der modernen Entwicklung und ihrem Ergebnis, der Großstadtkultur, ist auch der Spanier Pereda nicht einverstanden. Im Roman *Peñas arriba* setzt er ihr die bewahrenden Kräfte der auf dem Lande lebenden Tradition entgegen. Der Fortschrittsoptimismus Zolas hat auch bei der Autorin, die die Spanier auf seine Kunstmittel aufmerksam macht, bei Emilia Pardo Bazán, kein Echo.

Die Veränderungen durch Technik und Industrie stoßen Eça de Queiroz's Fradique Mendes ab, den die Geschichte interessiert, weil man durch sie erkennen kann, daß die Menschen sich stets ähneln: „In seiner letzten Zeit beschäftigte ihn das Elend der Klassen, denn er fühlte, daß in diesen industriellen und materialistischen Demokratien, die sich wütend im egoistischen Kampf um das Brot engagiert hatten, die Seelen täglich härter und des Mitleids weniger fähig wurden" („Nos últimos tempos preocupava-o sobretudo a miséria das clases – por sentir que nestas democracias industriais e materialistas, furiosamente empenhadas na luta pelo pão egoísta, as almas cada dia se tornam mais secas e menos capazes de piedade"). Er meint, auch ein neuer Christus könnte, wenn er käme, nicht verhindern, daß es wieder Sklaven gäbe. Es bleibt nur übrig, daß man einen Revolver hat und den niederschießt, der an der Tür klopft.[115]

Pessimistisch ist auch Nietzsches Sicht der Gesellschaft, wenn er ausführt, daß „der Gang dieser Vergiftung (der Sklavenmoral der jüdisch-christlichen Religion), durch den ganzen Leib der Menschheit hindurch, . . . unaufhaltsam" scheint und die Rassen ihre Reinheit verlieren.[116] Richard Wagner gestaltet im *Ring des Nibelungen* seine Ablehnung der modernen industriellen Kultur und der Geschichte.[117] Industrialisierung, Erschütterung der alten Gesellschaftsordnung und der alten Kultureinheiten rufen allgemein ein Unbehagen hervor, das zum Erfolg von Ortega y Gassets *Aufstand der Massen* und O. Spenglers *Der Untergang des Abendlandes* beitrug. Eine ganz andere Variante des Geschichtspessimismus deutet sich bei Hofmannsthal an, der ausführt, daß seine Generation durch die Erbschaft hübscher Möbel und überfeiner Nerven von den Vorfahren gekennzeichnet sei – die moderne Zeit sei durch eine (Untätigkeit und Unfähigkeit zum echten Fühlen und zum starken Handeln bewirkende) Verfeinerung und Dekadenz geprägt.[118] Hofmannsthal führt dies in einem Artikel über d'Annunzio aus, und eine solche Sicht läßt sich auch aus des Italieners Darstellung Sperellis, des Helden von *Il Piacere*, herauslesen, noch mehr aber aus dessen Vorbild, Huysmans' *A rebours*. Natürlich kann man diese Verfeinerung positiv bewerten (das tun auch Hofmannsthal, d'Annunzio und Huysmans), aber jede Verteidigung der *Décadence* enthält doch auch eine gewisse Skepsis gegenüber der Geschichte, insofern zugegeben werden muß, daß es sich um etwas Spät- und Endzeitliches handelt und danach nichts mehr offensteht; die Dekadenten selbst leiden daran, daß „nichts zurückgeblieben (ist) als frierendes Leben, schale, öde Wirklichkeit, flügellahme Entsagung".[119] In der Betrachtung oder im Erleben der Geschichte finden diese *Décadents* ebenso wenig Trost und Freude wie Leopardi, Leconte de Lisle und Flaubert.

Da die Vernunft, die Betrachtung der Weltordnung und die Beschäftigung mit der Geschichte keinen Trost, keine Hoffnung bieten und die Aspirationen des Menschen immer wieder enttäuscht werden, könnte der Mensch des 19. Jahrhunderts sich in die Religion flüchten. Aber auch sie kann, wie das folgende Kapitel zeigen soll, ihn nicht glücklich machen und ihm keine Heimat geben.

Anmerkungen

1 Er fährt fort: „Je vais perdre ma fortune et ma réputation pour toi; je le prévois bien, je lis ma destinée dans tes beaux yeux . . ." Abbé Prévost: Histoire de Manon Lescaut. Paris 1898, S. 36. Es besteht übrigens auch eine Diskrepanz zwischen bewußter Aussage des Romans, der zum Schluß die Tugend rühmt und vom Leben der Helden als „désordres" spricht (S. 176), aber dieses Leben zur Identifikation anbietet und insofern positiv wertet. Fatalistisches und individualistisches Lebensgefühl und theologisches und moralisches Weltbild treten auseinander.

2 Francisco Martínez de la Rosa: Obras. Bd. 2. BAE 149. S. 368.
3 Hans Robert Jauß: Racines und Goethes Iphigenie. In: R. Warning (Hrsg.): Rezeptionsästhetik. München 1975. S. 371.
4 Goethes poetische Werke. Bd. 8. Autobiographische Schriften. Erster Teil. Stuttgart 1952. S. 911 f.
5 Grillparzers sämtliche Werke in zehn Bänden. 3. Ausgabe. Bd. 2. Suttgart 1879. S. 133. Vgl. auch: R. Bauer: „Das gemißhandelte Schicksal". In: Euphorion 58 (1964).
6 Über die tragische Kunst. In: F. Schiller: Sämtliche Werke. Bd. 5. München ^{2}1960. S. 379.
7 Fatalistisch sind in mancher Hinsicht die Opern Wagners (z. B. *Der Ring des Nibelungen* mit den Vorherbestimmungen), aber auch die Dramen Hugo von Hofmannsthals. Vielfach ist der Fatalismus unterschwellig, wie im *Bergwerk zu Falun* (vgl. den Anfang des 5. Aktes), doch schreibt Hofmannsthal auch ein Drama über das Ödipus-Thema *(Ödipus und die Sphinx)*.
8 Madame de Staël: Corinne ou l'Italie. Paris o. J. S. 284 f.
9 W. Krömer: Struktur und Wertung von Romanen der romantischen und realistischen Literatur Frankreichs. In: Romanische Forschungen 89 (1977). S. 51 ff.
10 Honoré de Balzac: Eugénie Grandet. Hrsg. v. M. Allem, Paris 1955. S. 256. Vgl. auch S. 226, 254.
11 A. de Lamartine: Œuvres complètes. Bd. 1. Paris 1860. S. 121.
12 Pierre-Georges Castex: Alfred de Vigny. Paris 1957. S. 62 ff.
13 Brief an Louise Colet vom 18. September 1846. In: G. Flaubert: Correspondance. Bd. 1. Paris 1973 (= Bibl. de la Pléiade. 244). S. 349.
14 Brief an L. Colet, Oktober 1851. In: G. Flaubert: Correspondance 1846–1851. Lettres à Louise Colet. Préface . . . de M. Nadeau. Lausanne 1964. S. 569.
15 Emile Zola: Les Rougon-Macquart. Bd. 4. Paris 1967 (= Bibl. de la Pléiade. 187.) S. 994. Vgl. auch Sully-Prudhomme: Œuvres. Paris o. J. S. 215 ff. Sully-Prudhomme erörtert die Möglichkeit freien Wirkens in *Les Destins.* Er sieht zwar die Welt als Schöpfung einer unheilvollen Macht („esprit du Mal") an, die Welt sei „le mieux combattu sans cesse par le pire", doch versucht der Autor, diesen Pessimismus wieder zu entkräften: Er wolle gemäß „nature" und „raison" leben, Resignation üben und sich des Urteils enthalten: „Ne mesurant jamais sur ma fortune infime / Ni le bien , ni le mal, dans mon étroit sentier / J'irai calme, et je voue, atome dans l'abîme, / Mon humble part de force à ton chef-d'œuvre entier."
16 Maurice Maeterlinck: Théâtre. Bd. 1. Paris 1929. S. VIII
17 Lanciotto tötet (in Verkennung der Wahrheit) Frau und Bruder, und diese sterben im Wissen, daß sie in die Hölle kommen, obwohl sie unschuldig sind. Paolo aber setzt dieser Vernichtung durch die höheren Mächte und der ewigen Verdammnis das Bekenntnis zur Liebe entgegen, die auch ewig dauern wird.
18 Foscolos Roman *Ultime lettere di Jacopo Ortis* enthält manche logische Widersprüche, etwa den zwischen dem Preis des Einsatzes für das Vaterland Italien und der Aussage, daß dieser Einsatz sinnlos ist und die Italiener ihn nicht verdienen. Die Aufzeichnungen aus der Nacht, in der Jacopo sein Verhältnis zu Gott klären will, bleiben sonderbar zweideutig: Bestraft Gott Jacopo, weil er Teresa und nicht Gott anbetet? Aber Gott erweist sich nicht als der Anbetung würdig, sondern als „unbegreifbar" („incomprensibile"), er entspricht nicht dem Begriff eines wahren und guten Gottes. U. Foscolo: Opere, a c. di G. Bezzola. Bd. 1. Milano ^{2}1966. S. 423 ff.
19 „È sulla terra un misero / fato che ne governa / . . ." La Scapigliatura. Un'avanguardia artistica nella società preindustriale. A c. di R. Tessari. Torino 1975. S. 87.
20 G. Verga: Una peccatrice. Storia di una capinera. Eva. Tigre reale. Mondadori 1973. S. 39, 441.
21 A. Fogazzaro: Malombra. Mondadori 1970. S. 436.
22 Gabriele d'Annunzio. Tragedie. Sogni e Misteri. Con un avvertimento di R. Simoni. Vol. 1. Mondadori ^{7}1959. S. 112.
23 Ebd. S. 703 ff.
24 W. Krömer: Zur Weltanschauung, Ästhetik und Poetik des Neoklassizismus und der Romantik in Spanien. Münster 1968. S. 209.
25 Cadalso: Noches lúgubres. Madrid 1961. S. 63 f.
26 Edipo tirano. Tragedia de Sofocles . . . con un discurso preliminar sobre la tragedia antigua y moderna. Madrid 1793. S. 35.
27 Martínez de la Rosa: Obras. Bd. 2. BAE 149. S. 368.
28 A. Lista y Aragón: Ensayos literarios y críticos. Sevilla 1844. Bd. 2. S. 34, 36 ff., 41 f., 71.
29 W. Krömer, a.a.O., S. 220.

30 Azorìn: Pueblo – Novela de los que trabajan y sufren. In: Obras completas. Bd. 5. Madrid, Aguilar 1960. S. 593 f.
31 Pío Baroja: Las inquietudes de Shanti Andía. In: Obras completas. Bd. 2. Madrid 1947. S. 1123.
32 Fernando Pessoa: Odes de Ricardo Reis. Obras completas de Fernando Pessoa. Bd. 4. Lisboa 1978. S. 19 f.
33 Ebd. S. 173.
34 Fernando Pessoa: Poemas ingleses. Obras completas. Bd. 11. Lisboa 1974. S. 188.
35 Mario Praz: La carne, la morte e il diavolo. Florenz 1930, ^{3}1948.
36 „Here it seems as if all failure and sorrow on earth, and all the cast-out things of the world – ruined bodies and souls diseased – made their appeal, in default of help, to Him in whom all sorrow and all failure were incarnate." The Complete Works. Bd. 13. Prose Works. Bd. 3. New York 1968. S. 426.
37 The Complete Works. Bd. 2. Poetical Works. Bd. 2. New York 1968. S. 151 f.
38 I. Kant: Kritik der reinen Vernunft. In: Kants Werke. Bd. 3. Berlin 1904. S. 55.
39 Prolegomena zu jeder künftigen Metaphysik . . . Ebd. S. 350.
40 Kritik der praktischen Vernunft. In: Kants Werke. Bd. 5. Berlin 1908. S. 122. Vgl. Schiller: *Die Worte des Wahns:* „Verscherzt ist dem Menschen des / Lebens Frucht, / Solang er die Schatten zu haschen sucht. / . . . / Solang er glaubt, daß dem irdischen Verstand / Die Wahrheit je wird erscheinen. / Ihren Schleier hebt keine sterbliche Hand, / Wir mögen nur raten und meinen." Sämtliche Werke. Bd. 1. München 1960. S. 215.
41 M. Barrès: Les Déracinés. Paris 1897. S. 187, 189.
42 Ebd. S. 190 f.
43 Paul Valéry: Œuvres. Bd. 1. (= Bibl. de la Pléiade. 127). Paris 1959. S. 674.
44 Hans-Joachim Müller: Der Roman des Realismus-Naturalismus in Frankreich. Eine erkenntnistheoretische Studie. Wiesbaden 1977. S. 61.
45 Ebd. S. 61.
46 Ebd. S. 62. Ein Monismus kann für Flaubert nur auf Intuition gegründet sein.
47 Vgl. z. B. *Ad Angelo Mai* oder *Storia del genere umano*. Tutte le opere di G. Leopardi. A c. di F. Flora. Le Poesie e le Prose. Bd. 1. S. 17 f., 811 ff.
48 Ebd. S. 1060.
49 Zibaldone di Pensieri. Bd. 1. Mondadori ^{5}1957. S. 911 f.
50 W. Krömer, a.a.O., S. 29 f.
51 Gustavo Adolfo Bécquer: Obras completas. Madrid, Aguilar 1969. S. 452.
52 Azorín: Pueblo – Novela de los que trabajan y sufren. In: Obras completas. Bd. 5. Madrid, Aguilar 1960. S. 594.
53 Poesías de Fernando Pessoa. Lisboa ^{9}1973. S. 253. Vgl. Chuva oblíqua. Ebd. S. 27 ff., hier vor allem 29 f.
54 Ebd. S. 252. Vgl.: Fernando Pessoa: Odes de Ricardo Reis. Obras completas de Fernando Pessoa. Bd. 4. Lisboa 1978. S. 173: „. . . Die Götter / geben Leben und nicht Wahrheit, und vielleicht / wissen sie selbst nicht, was Wahrheit ist." („. . . os deuses / Dão vida e não verdade, nem talvez / Saibam qual a verdade.")
55 Briefwechsel zwischen Wagner und Liszt. 2. Bd. S. 45/46. Zitiert nach Richard Wagner: Die Hauptschriften. Hrsg. v. E. Bücken. Stuttgart 1956. S. 197 f.
56 G. Leopardi: Le poesie e le prose. Bd. 1 (= Tutte le opere. Bd. 1). Mondadori ^{6}1958. S. 847.
57 Poeta (1868). In: La scapigliatura. Un'avanguardia artistica nella società preindustriale. A c. di R. Tessari. Torino 1975. S. 87.
58 G. Verga: I Malavoglia. Mondadori ^{20}1958. S. 10.
59 La Maison du Berger. Alfred de Vigny: Œuvres complètes. Bd. 1. Paris 1955 (= Bibl. de la Pléiade. 74). S. 182.
60 Ebd. S. 208.
61 Baudelaire: Œuvres complètes. Paris 1961 (= Bibl. de la Pléiade. 1 u. 7). S. 115.
62 Poèmes antiques. Paris 1946. S. 309.
63 Poèmes barbares. Paris 1943. S. 171.
64 Brief an L. Colet, Ende Oktober 1851.
65 Larra: Obras. Bd. 2. BAE 128. S. 279 ff.
66 José de Espronceda: Obras completas. Madrid 1954 (= BAE 72). S. 34.
67 Ebd. S. 86 f.
68 Las mil mejores poesías de la lengua castellana. Hrsg. v. J. Bergua. Madrid ^{19}1958. S. 429.
69 Antonio Machado: Poesías completas. Madrid 1941. S. 30 ff.

70 Ebd. S. 175.
71 Ramón de Valle-Inclán: Obras escogidas. Madrid, Aguilar 1961. S. 1247 f.
72 Advertência von 1853. Zitiert nach: Antologia literária comentada. Hrsg. v. Ema Tarracha Ferreira. Lisboa o. J. S. 11 f.
73 Eça de Queiroz: Lendas de Santos. Obras de Eça de Queiroz. Lisboa o. J. Vor allem S. 145.
74 A Correspondência de Fradique Mendes. Obras de Eça de Queiroz. Lisboa o. J. S. 91–93, vgl. S. 72.
75 Prosas bárbaras. Eça de Queiroz. Obras. Lisboa o. J. S. 329.
76 Camilo Pessanha: Clepsidra e outros poemas. Lisboa 1969. S. 257 f.
77 Cadalso: Noches lúgubres. Hrsg. v. N. Glendinning. Madrid 1961. S. 63.
78 Ebd. S. 10.
79 Ugo Foscolo: Opere, a c. di G. Bezzola. Bd. 1. Milano 1966. S. 451.
80 Ebd. S. 467.
81 Tutte le opere di Giacomo Leopardi. Bd. 1. Le poesie e le prose. Bd. 1. Mondadori ^{6}1958. S. 30.
82 I Malavoglia. Mondadori ^{20}1939. S. 8 f.
83 Il Piacere. In: G. d'Annunzio: I romanzi della rosa. Prose di romanzi. Bd. 1. Mondadori 1940. S. 56.
84 Obras completas. BAE 72. S. 27 f.
85 Poesías completas. Madrid 1954. S. 512 f.
86 Prosas bárbaras. Lisboa o. J. (Obras de Eça de Queiroz.) S. 278 ff.
87 A Correspondência de Fradique Mendes. Lisboa o. J. (Obras de Eça de Queiroz). S. 125 ff.
88 Théophile Gautier: Poésies complètes. Bd. 2. Paris 1970. S. 255.
89 „Âme aux songes obscurs, / Que le Réel étouffe entre ses quatres murs!" Sur le Tasse en prison, Œuvres complètes, a.a.O., S. 152.
90 Danse macabre. Ebd. S. 94.
91 Dies irae. In: Poèmes antiques. Leconte de Lisle: Œuvres. Paris 1943. S. 309 ff.
92 Aux modernes. In: Poèmes barbares. S. 356.
93 Brief an L. Colet, 14. August 1853. Vgl. zu Flauberts Einstellung zur Gesellschaft: U. Schulz-Buschhaus: Homais oder die Norm des fortschrittlichen Berufsbürgers. Zur Interpretation von Flauberts Madame Bovary. In: Romanistisches Jahrbuch 28 (1977). S. 126 ff.
94 Barbey d'Aurevilly gibt seine Verachtung für die Gesellschaft in der Begründung zu erkennen, die er für seine Bekehrung findet.
95 Friedrich Nietzsche: Werke in drei Bänden. Bd. 2. München 1955. S. 781. Auch Richard Wagner wendet sich gegen die moderne Zivilisation und ihre Grundlagen und lehnt den „Pöbel" ab. Das Kunstwerk der Zukunft (1849). In: Richard Wagner: Die Hauptschriften. Hrsg. v. E. Bücken. Stuttgart 1956. S. 125.
96 H. Koopmann: Gegen- und nichtnaturalistische Tendenzen in der deutschen Literatur zwischen 1880 und 1900. In: Jahrhundertende – Jahrhundertwende. I. Teil. Hrsg. v. H. Kreuzer. Neues Handbuch der Literaturwissenschaft. Bd. 18. Wiesbaden 1976. S. 207. Vgl. den ganzen Abschnitt „Thomas Mann, Heinrich Mann: Der Konflikt mit der Gesellschaft". S. 204 ff.
97 Der Dichter und diese Zeit. In: H. von Hofmannsthal: Reden und Aufsätze I. Gesammelte Werke. Frankfurt/M. 1979. S. 74 f.
98 Vgl. aber *Die Worte des Wahns:* „Verscherzt ist dem Menschen des Lebens Frucht, / . . . / Solang er glaubt an die Goldene Zeit, / Wo das Rechte, das Gute wird siegen, – / Das Rechte, das Gute führt ewig Streit, / Nie wird der Feind ihm erliegen, / . . ." Sämtliche Werke. Bd. 1. München ^{2}1960. S. 215. Vgl. auch Richard Wagner: Die Kunst und die Revolution. In: Die Hauptschriften. Hrsg. v. E. Bücken. Stuttgart 1956. S. 108.
99 Paul Bénichou: Le temps des prophètes. Paris 1977.
100 „Die Geschichte war nicht mehr das turbulente und blinde Voran-gehen oder die Bühne für die Helden, sie war (nun) das gerade Voranschreiten des Menschen von Schmerz zu Schmerz zur moralischen Übereinstimmung und zur Freiheit" („A História ja não era a marcha turbulenta e cega ou o teatro dos heróis, era o recto caminhar do homem, de dor en dor, para a unidade moral e para a libertade"). E. Tarracha Ferreira, a.a.O. S. 99.
101 Rubén Darío: Poesías completas. Madrid 1954. S. 1105 f.
102 Azorín: Obras completas. Bd. 5. Madrid 1960. S. 594.
103 H. Hinterhäuser: Doppelgänger Christi. In: Fin de siècle. München 1977. S. 26 f., 35 f.
104 Bruto minore. In: G. Leopardi: Poesie e prose I. Mondadori ^{6}1958. S. 30.
105 Ebd. S. 811 ff.
106 Chor des *Conte di Carmagnola.*

107 Erster Chor des *Adelchi.*
108 V. Hugo: La légende des siècles. Hrsg. v. J. Truchet. Paris 1962. S. 429.
109 Spleen et Idéal. V. Fleus du Mal. In: Œuvres complètes. Paris 1961. S. 12.
110 Poèmes antiques. In: Œurvres. Paris 1943. S. 309 ff.
111 Poèmes barbares. S. 355.
112 Ebd. S. 362.
113 Brief an L. Colet vom 18. September 1846.
114 A. France: Les Dieux ont soif. Paris o. J. S. 147.
115 A Correspondência de Fradique Mendes. Obras de Eça de Queiroz. Lisboa o. J. S. 73, 93 f.
116 F. Nietzsche: Werke in drei Bänden. Bd. 2. München 1955. S. 781.
117 Positiv hat Wagner vor der Bekanntschaft mit Schopenhauers Hauptwerk die Geschichte gesehen. Vgl.: Das Kunstwerk der Zukunft. In: R. Wagner. Die Hauptschriften. Stuttgart 1956. S. 116 ff.
118 H. v. Hofmannsthal: Gabriele d'Annunzio. In: Reden und Aufsätze I. Frankfurt/M. 1979. S. 174.
119 Ebd. S. 174. Aus den hübschen Möbeln „hebt es sich uns entgegen und ruft: ‚Wir hatten die stolze Liebe . . . ; wir hatten das heiße Leben; wir hatten die süßen Früchte und die Trunkenheit, die ihr nicht kennt'."

2. Rettung durch die Religion

Bedeutung des Glaubens

„Seigneur, prenez pitié du chrétien qui doute, de l'incrédule qui voudrait croire, du forçat de la vie qui s'embarque seul, dans la nuit, sous un firmament que n'éclairent plus les consolants fanaux du vieil espoir!"[1] – So schließt Huysmans seinen Roman *A rebours*, der die Versuche eines *décadent* darstellt, in der ästhetischen Haltung und in der Suche nach dem Ausgefallenen einen Trost für Enttäuschungen des normalen Lebens zu finden, in dem seine Nerven zerrüttet wurden. Die Religion blieb eine Möglichkeit der Zuflucht für die leidenden Seelen im 19. Jahrhundert – sofern man den nötigen Glauben aufbrachte. Aber vielfach hörte man nur die Worte der alten Verkündigung, konnte sie aber nicht akzeptieren.

An sich war das 19. Jahrhundert – wenigstens offiziell – christlich. In Frankreich wurde Baudelaire wegen eines Gedichts in den *Fleurs du Mal (Le reniement de Saint Pierre)* „pour outrages à la morale religieuse" angeklagt.[2] Carducci hat wohlweislich seinen Hymnus *A Satana* in Italien anonym veröffentlicht.[3] Die Kirche wachte über die Rechtsgläubigkeit und zwang Lamennais zum Austritt; Fogazzaro hingegen unterwarf sich ihr. Doch gab es auch eine Selbstzensur. In Italien führten religiös motivierte Skrupel Manzoni zur Verurteilung der von ihm vorher vertretenen Dichtungsarten; in Frankreich bemühten sich Lamartine und zunächst auch Vigny, nicht ins Unfromme und Blasphemische zu verfallen. Einen Beweis für die Bedeutung der Religion lieferte Spanien, wo Alberto Listas Hinweis auf den Gegensatz zwischen dem Geist der romantischen Dichtung und dem Christentum wesentlich dazu beitrug, die Literatur der Empörung zurückzudrängen. Die Bedeutung des Christentums als wirkende Kraft zeigen auch die mehr oder weniger spektakulären Bekehrungen von Friedrich Schlegel, Manzoni, Silvio Pellico, Barbey d'Aurevilly, Verlaine, Huysmans und Claudel, ferner zu Beginn des 20. Jahrhunderts der *Renouveau catholique.* Das Christentum vertraten bewußt Madame de Staël und Chateaubriand, Lamartine, Gil y Carrasco, Hartzenbusch, Pardo Bazán, Herculano. Einen indirekten Beweis für die Bedeutung des Christentums erbringen sogar die blasphemischen oder die Glaubensinhalte pervertierenden Elemente und Aussagen in Werken von Foscolo, Gautier, Baudelaire, Barbey d'Aurevilly, ferner die Verwendung des aus der Bibel stammenden oder an sie anklingenden Satzrhythmus bei Lamennais und Nietzsche *(Also sprach Zarathustra)* – all das setzt auch eine bestimmte Empfänglichkeit bei der Leserschaft voraus. Ohne den Hintergrund der Religion nicht denkbar sind die Hymnen und Litaneien an Satan von Leopardi, Baudelaire und Carducci, aber sie sind auch in unterschiedlicher Weise eine Absage an die Religion. Sie sprechen eine zum Teil schmerzhafte Auseinandersetzung mit den Verheißungen des Christentums aus, so daß Swinburne von Baudelaires *Litanies de Satan* schreiben konnte, daß sich die leidenden Wesen auf der Erde „in default of help" an den wandten, der das Leiden verkörperte.[4] Seine Sehnsucht nach der Religion sprach der ungläubige Flaubert in seinem Brief aus Jerusalem aus[5]; der insgesamt unchristliche Antero de Quental schrieb auf dem Höhepunkt seiner Krise Gedichte mit Anrufungen an die Jungfrau und an Gott. Unamuno stellt in *San Manuel Bueno*

Mártir dar, wie sehr der Mensch leidet, weil es religiöse Sicherheit und Erlösung nicht gibt.

Das 19. Jahrhundert hat, auch wenn die Religion wichtig bleibt, eine starke Erschütterung des christlichen Glaubens erlebt. Als Atheisten schreiben: Alfieri, Foscolo, Leopardi, Carducci; Nietzsche; Vigny, Zola, A. France, Gide; als bewußte Agnostiker und Zweifler oder als areligiöse Autoren Mérimée, Stendhal, Flaubert, Maupassant, Pío Baroja; zahlreich sind die Dichter, die sich, offenbar weil ihnen das Dogma nicht mehr genügt, eine Art von privatem Mythos schaffen oder sich einem unchristlichen Mythos nähern.

Erlösungssehnsucht

Die Befreiung vom Leiden der Welt und des Lebens suchen sehr viele Autoren; sie haben Sehnsucht nach der Seligkeit im Jenseits, wie das Christentum sie verspricht, oder nach einer vergleichbaren Erlösung.

Christlich ist die Sehnsucht nach Aufhören des Leidens und nach der Ruhe des Todes bei Novalis im Gedicht *Sehnsucht nach dem Tode* gefaßt:

> Gelobt sey uns die ewge Nacht,
> Gelobt der ewge Schlummer.
> Wohl hat der Tag uns warm gemacht,
> Und welk der lange Kummer.
> Die Lust der Fremde ging uns aus,
> Zum Vater wollen wir nach Haus.[6]

Diese Zuversicht, die hier allerdings eher mit der Sehnsucht nach der ewigen Ruhe als mit der nach dem ewigen Leben verbunden ist, findet man bei den christlichen Autoren, etwa bei Madame de Staël; auch bei dieser Autorin ist die Religiosität stark mit dem Gefühl des Leidens im Leben verbunden und hat eine mystisch-todessehnsüchtige Komponente, zu der auch der Gedanke der Einheit mit dem Universum gehört: „Le sentiment de l'infini" (das uns etwa im *beau idéal* aufscheint) bewirkt, daß „nous nous sentons comme dégagés, par l'admiration, des entraves de la destinée humaine, et il nous semble qu'on nous révèle des secrets merveilleux, pour affranchir l'âme à jamais de la langueur et du déclin. Quand nous contemplons le ciel étoilé, où des étincelles de lumière sont des univers comme le nôtre, où la poussière brillante de la voie lactée trace avec des mondes une route dans le firmament, notre pensée se perd dans l'infini, notre cœur bat pour l'inconnu, pour l'immense, et nous sentons que ce n'est qu'au-delà des expériences terrestres que notre véritable vie doit commencer."[7] – Lamartine führt in der *Sixième Méditation* aus:

> Mon cœur, lassé de tout, même de l'espérance,
> N'ira plus de ses vœux importuner le sort;
> . . .
> J'ai trop vu, trop senti, trop aimé dans ma vie;
> Je viens chercher vivant le calme du Léthé.

Die *Première Méditation* bekundet die Hoffnung:

> Mais peut-être au-delà des bornes de sa (= der Erde) sphère,
> . . .
> Ce que j'ai tant rêvé paraîtrait à mes yeux![8]

Diese Komponente der Sehnsucht nach Tod und Ruhe scheint mir auffällig bei Autoren, die als Christen auch aus der freudigen Erwartung des ewigen Lebens schreiben könnten. Bei Lamartine schränkt im letzten Zitat das „peut-être" die Zuversicht ein, auch Madame de Staël spricht (mit unbeabsichtigter Einschränkung) von Reflexionen, Bildern und Wünschen „qui dépassent les limites de l'expérience". Leicht kann dieser Glaube in eine bloße Todessehnsucht umschlagen, in der es noch Hoffnung auf Ruhe und Einklang mit dem Universum, aber keine andere Erlösung gibt.
Foscolo schreibt 1803 in einem Sonett an den Abend:

> Vielleicht weil du von der letzten Ruhe
> Das Bild bist, kommst du mir so lieb,
> O Abend! . . .
> Du läßt mich mit meinen Gedanken auf den Spuren gehen,
> Die zum ewigen Nichts führen; und inzwischen flieht
> Jene bedrückte Zeit und mit ihr die Schar
> Der Sorgen, mit denen sie mich bedrängt;
> Und während ich deinen Frieden schaue, schläft
> Jener kriegerische Geist, der mich innerlich bewegt.
>
> Forse perché della fatal quiete
> Tu sei l'immago a me si cara vieni
> O sera! . . .
>
> Vagar mi fai co'i miei pensieri su l'orme
> Che vanno al nulla eterno; e intanto fugge
> Questo reo tempo, e van con lui le torme
> Delle cure onde meco egli si strugge;
> E mentre io guardo la tua pace, dorme
> Quello spirito guerrier ch'entro mi rugge.[9]

Hier ist die Erlösungserwartung auf den Tod übertragen. Vielfach aber bleibt im 19. Jahrhundert ungeklärt, wie diese Hoffnung erfüllt werden soll, oder es bleibt zweifelhaft, ob das möglich ist.

Ein besonders gutes Beispiel für die beiden Möglichkeiten der Hoffnung auf Gott oder auf den Tod bietet Antero de Quental. Er drückt in der zweiten Phase, der des Zweifels, in Gedichten an Gott und an Maria die Hoffnung auf Erlösung aus (wobei aber der Text gewisse Einschränkungen enthält), und er läßt in *O que diz a Morte* den Tod, nicht Gott, als erlösend erscheinen, wobei aus der religiösen Sprache Wendungen gebracht werden (in der dritten Phase nimmt Antero wieder eine Welt ohne Transzendenz an, die „redenção" ist eine Entwicklung des Geistes, des Bewußtseins).

Die Erlösungssehnsucht und ihre Enttäuschung äußern sich besonders deutlich in Frankreich. Baudelaire scheint in *Élévation* Madame de Staël recht nahe; sein Geist erhebe sich „Par delà les confins des sphères étoilées" und solle sich so von den „miasmes morbides" der Erde befreien, denn glücklich sei „Qui plane sur la vie et comprend sans effort / Le langage des fleurs et des choses muettes"; am Schluß der *Fleurs du Mal* aber gibt nur der Tod noch Hoffnung: „O Mort, vieux capitaine, il est temps! levons l'ancre! / Ce pays nous ennuie, ô Mort! Appareillons!"[10] Baudelaire formuliert, daß der Tod „Neues“ bringen möge. Anders stellt Gautier in *La caravane* die Ruhe des Todes als erlösend dar:

> Dieu, pour vous reposer, dans le désert du temps,
> Comme des oasis, a mis les cimetières:
> Chouchez-vous et dormez, voyageurs haletants.[11]

Rimbaud läßt das trunkene Schiff *(Bateau ivre)* die weite Welt erleben und, von der Menge der Eindrücke, Erlebnisse und Gefahren erschöpft, sich nach dem Tode und der Ruhe sehnen:

> Mais, vrai, j'ai trop pleuré! Les Aubes sont navrantes.
> Toute lune est atroce et tout soleil amer:
> L'âcre amour m'a gonflé de torpeurs enivrantes.
> Oh, que ma quille éclate! O que j'aille à la mer!

Die Erlösung wird wie bei Gautier als die des Todes aufgefaßt.[12]

Flaubert, der am Grabe Christi bedauerte, keine religiösen Gefühle und keine Tröstung zu verspüren, gestaltete das Motiv der Erlösung in seinen Werken immer wieder. In *Madame Bovary* meint die Heldin, die in einer schweren Krankheit die letzte Ölung empfangen hat, die Aufnahme in den Himmel zu erleben; am Ende des Romans stirbt sie aber mit einem „rire atroce, frénétique, désespéré“, da sie „dans les ténèbres éternelles comme un épouvantement“ das Gesicht des Blinden zu sehen glaubt, der zum Symbol ihres Lebens geworden zu sein scheint. Hier ist der Tod nicht Erlösung, doch wird der Heilige Julian in der *Légende* durch Christus in den Himmel aufgenommen, und die sterbende Felicité glaubt in *Un Cœur simple*, den Heiligen Geist zu sehen. In allen Fällen aber stellt Flaubert auf verschiedene Weise die Wahrheit dieser Erscheinungen Gottes in Frage, es liegt vor allem im Falle von *Un Cœur simple* nahe, eine Halluzination der Sterbenden anzunehmen, zu der auch die Frustrationen in ihrem Leben beitragen. Das Sterben ist aber Aufhören des Leidens, das auch im Bewußtsein besteht, ist Erfüllung des Wunsches, den der Heilige Antonius in der *Tentation* als „être la matière“ formuliert.[13]

Flaubert ist nicht der einzige, der Erlösung nicht im Sinne der christlichen Religion als individuelles Glück, als persönliche Seligkeit auffaßt, sondern als Verzicht auf die ich-bezogenen Aspirationen und als Aufgaben in einem größeren Ganzen, d. h. eben als Ausgelöschtwerden – diese Auffassung ist eine Variante der Hoffnung auf Erlösung durch den Tod. Schopenhauer denkt ähnlich wie Flaubert – er erwartet das Aufhören des Leidens von der Aufgabe des Willens und vom Schwinden der Individualität, und die Kunst kann diese Erlösung wenigstens auf kurze Zeit bewirken.[14] Eça de Queiroz' Auffassung erinnert an die Flauberts: In den *Memorias de uma Forca* spürt das Holz, das Baum und dann Galgen war, die Erlösung im Vergehen, im Verschwinden in der gesamten Natur, deutbar als pantheistisch aufgefaßtes „être la matière“, und auch in den *Heiligenlegenden (Lendas de Santos)* besteht die Erlösung im Sich-selbst-Entäußern. An eine Seligkeit des Individuums scheint Eça nicht zu glauben, und er läßt Fradique Mendes Buddha mehr schätzen als Jesus, weil dieser die Belohnung des einzelnen, jener die Besserung der Menschheit versprochen hat.[15]

Die Auflösung des einzelnen als Rückkehr ins Ganze ist auch das Ziel des Helden von Walter Paters *Sebastian van Storck*. Es gibt nach seiner Meinung kein Eingehen des Individuums in Gott. Er begeistert sich für ein Wort Spinozas: „That whoso loveth God truly must not expect to be loved by him in return.“ – „. . . Sebastian had come to think all definite forms of being, the warm pressure of life, the cry of nature itself, no more than a troublesome irritation of the surface of the one absolute mind, a passing vexation thought or uneasy dream there at its height of petulant importunity in the eager, human creature.“ Das Gleichgewicht der Substanz müßten wir wiederherstellen durch die Auslöschung unser selbst, der „finite illusion“.[16]

Hauptmann stellt in *Der Narr in Christo Emanuel Quint* die Erwartung der Jünger Emanuels als irrig dar; doch ist ihr sektiererisches Hoffen auf die Begegnung mit einem sie als Individuen beglückenden persönlichen Gott, Christus, verständlich: „Das bewußte Geistesleben dieser Leute wurde beherrscht von Lebensgier und einem jahrzehntelangen Harren und Hoffen in einer unsäglichen Alltagsmonotonie. Auf eine endliche Erfüllung aller zurückgestellten, leidenschaftlichen Wünsche, Neigungen und Bedürfnisse zu warten, mangelte plötzlich die Geduld.“[17] Aber diese Haltung, an der das Erlösungsbedürfnis verständlich sein mag, ist falsch. Emanuel selbst erlebt nicht nur die Verschmelzung mit Christus (dem sich opfernden Menschensohn, nicht Gott)[18], sondern empfindet auch mehr und mehr, daß Gott uns nicht als Person gegenübersteht und uns nicht persönlich erlöst; er sieht die Natur als Bild und Teil Gottes, erfährt in der Natur „immer wieder das göttliche Sterben und das göttliche Auferstehen“[19]; er ist einer pantheistischen Naturfrömmigkeit nahe.[20] Er billigt auch die Selbstauflösungs- oder Selbstvernichtungsabsichten Dominiks, der sich dann tötet und der gesagt hat, „Selbsttötung sei der reale Anfang aller Philosophie, und nur dieser Akt habe alle Merkmale der transzendenten Handlung“, und der sich auf Novalis beruft.[21] Im übrigen kann Emanuel nichts für das Glück oder die Erlösung der anderen tun: „Mein Leben in dieser Welt ist unnütz . . . mich jammert derer, die ich liebhabe und die ich im Ungewissen lasse.“[22] Es geht ihm also wie dem Christus in Vignys *Mont des Oliviers*, der die Menschen auch nicht erlösen (oder ihnen Gewißheit geben) kann. Aber anders als Vigny nimmt Hauptmann von seinem Helden durch Ironie und Doppeldeutigkeit Abstand: Das hat u. a. die Wirkung, daß das Religiöse zweifelhaft erscheint, die Nähe zu Gott als bloße Einbildung Emanuels aufgefaßt werden kann.

Hauptmann stellt nicht als einziger Autor einen Menschen dar, der die Erlösungsbedürftigkeit und das Unglück der Menschen verspürt. Bei Unamuno stärkt in *San Manuel Bueno, Mártir* der Geistliche eines Ortes seine Gemeindemitglieder im Glauben und Vertrauen auf Gott und das Jenseits, obwohl er selbst nicht an die Erlösung glaubt, und er läßt sogar für Jesus selbst beten, weil dieser wie andere Menschen und wohl ohne Trost gestorben ist, also keine Erlösung gefunden hat. Wenn Emanuel keine Gewißheit hat bringen können, so läßt Manuel eine tröstliche, aber falsche Gewißheit bestehen.

Unamuno deutet damit an, daß ein Glaube Trost bringen kann, aber auch, daß die christliche Auffassung nicht mehr allen Menschen sicher scheint. Im 19. Jahrhundert finden sich nach der Erschütterung der christlichen und kirchlichen Überzeugungen zwei Haltungen relativ häufig, mit denen wir uns im folgenden beschäftigen werden: Ohne den Glauben an die Existenz Gottes ganz aufzugeben, empört man sich vielfach gegen ihn, da er die Menschen nicht glücklich macht und nicht erlöst; oder man versucht einen neuen, besseren und richtigeren Glauben an die Stelle des alten zu setzen, entwickelt also neue Mythen. Bei der Empörung ist die Enttäuschung der Erlösungshoffnung stärker, bei der Mythenschöpfung wiegt die Hoffnung auf Erklärung und Erlösung vor, obwohl sie innerhalb des alten Glaubens enttäuscht wurde.

Empörung

Auch in der Empörung kann man vielfach eine Tendenz zur Bildung neuer Mythen beobachten, da häufig ein neuer Gott (Satan) an die Stelle des alten gesetzt wird. Aber der Satanskult ist vor allem die letzte und nicht notwendige Steigerung der Revolte.

Nur an der Schwelle zur Empörung steht der Held von Foscolos *Ultime lettere di Jacopo Ortis;* für ihn wird Gott nur „unverständlich" („incomprensibile"), weil er nicht duldet, daß Jacopo Teresa mehr verehrt als ihn.[23] Weiter gegangen waren schon vorher Voltaire und Alfieri: Bei Voltaire protestiert ja etwa Jocaste gegen die Götter, die sie mit ihrem Selbstmord zum Erröten bringt, da die begangenen Verbrechen nicht die der Heldin, sondern der Götter sind; bei Alfieri stehen die Menschen dem wahnsinnigen Orest gegen das unsinnige Gesetz des schrecklichen Schicksals bei. Zu einer Haltung der bloßen, aber bewußten und starken Revolte fordert Vigny *(La Maison du berger, Le Mont des Oliviers)* auf, da man die gleichgültige Erde nicht verehren und der Stille des Himmels das Schweigen des Menschen entgegensetzen soll.

Den Übergang von der Empörung zum Satanismus zeigt Baudelaire sehr gut. Am Anfang der aus drei Geschichten bestehenden Gruppe „Révolte" der *Fleurs du Mal* heißt es, daß Petrus zu Recht Jesus „verleugnet" oder ihm „abgeschworen" („renié") hat, weil er der Herr einer Welt ist, in der die Träume des Menschen nicht erfüllt werden. Das zweite Gedicht, *Abel et Caïn,* zeigt, wie ungleichartig Gott die Menschen, die Rasse Abels und die Kains, behandelt, und fordert zuletzt die Rasse Kains auf, ihre Tat zu vollenden:

> Race de Caïn, au ciel monte
> Et sur la terre jette Dieu!

Das dritte Gedicht, *Les Litanies de Satan,* wendet sich, in einer Verkehrung der christlichen Anbetungsformen, an Satan –

> Bâton des exilés, lampe des inventeurs,
> Confesseur des pendus et des conspirateurs,
> . . .
> Père adoptif de ceux qu'en sa noire colère
> Du paradis terrestre a chassé Dieu le Père –

mit der Bitte, sich des langen Elends des Anrufenden zu erbarmen. Das Gedicht schließt mit der Hoffnung auf Ruhe und Gewißheit:

> Fais que mon âme un jour, sous l'Arbre de Science,
> Près de toi repose, à l'heure où sur ton front
> Comme un Temple nouveau ses rameaux s'épandront![24]

In der scharzen Messe, die Huysmans in *Là-bas* darstellt, zeigt sich als Motiv für den Satanskult die Enttäuschung über Gottes nicht gehaltene Versprechen. Der Priester beleidigt Christus u. a. mit folgenden Worten: „Depuis le jour où tu sortis des entrailles ambassadrices d'une Vierge, tu as failli à tes engagements, menti à tes promesses; des siècles ont sangloté, en t'attendant, Dieu fuyard, Dieu muet! Tu devais rédimer les hommes et tu n'as rien racheté; tu devais apparaître dans ta gloire et tu t'endors!"[25]

Eine Verwandtschaft von Empörung und Satanskult kann man auch (obwohl weniger deutlich als bei Baudelaire) bei Leopardi erkennen. *Bruto minore* enthält am Schluß eine Absage des Helden an Götter, Erde und Menschen oder Nachwelt; Brutus stirbt in einer stoischen Haltung, zu der die Verweigerung einer Wendung an irgendwelche Mächte gehört.[26] Der Gedichtentwurf *Ad Arimane* stellt in der Form der Anrufung Satans, der zugleich als einziger Gott und höchstes Prinzip bezeichnet wird, eine Ablehnung Gottes und der Schöpfung dar. Anders als bei Baudelaire verschmelzen Gott und Teufel: „Die Wilden und die primitiven Stämme kennen, unter verschiedenen Formen, nur dich. Aber die entwickelten Völker usw. (. . .) Die Menge nennt dich mit verschiedenen Namen Schicksal, Natur und Gott. Aber du bist Arimane; der usw. (. . .)" – („I selvaggi e le tribù primitive, sotto diverse forme, non riconoscono che te. Ma i popoli civili ec. te con diversi nomi il volgo appella Fato, natura e Dio. Ma tu sei Arimane, tu quello che ec. . .") Dieses höchste Wesen schafft das Ungerechte: „Dein Werk bleibt unveränderbar . . . Das Glück wird der Würdigkeit feindlich sein, und das Verdienst wird sich nicht durchsetzen können, und der Gerechte und Schwache wird unterdrückt werden usw. usw." – („. . . l'opra tua rimane immutabile . . . la fortuna sarà nemica al valore, e il merito non sarà buono a farsi largo, e il giusto e il debole sarà oppresso ec. ec.") Das lyrische Ich verweigert Anbetung: „Dein Lobpreis wird das Weinen sein, Zeugnis unseres Leidens. Weinen wirst Du von mir sicher nicht erhalten, wohl tausend Male wird von meinen Lippen Dein Name verflucht werden usw. / Ich werde mich nie abfinden, usw." – („Tua lode sarà il pianto, testimonio del nostro patire. Pianto da me per certo Tu non avrai: ben mille volte dal mio labbro il tuo nome maledetto sarà ec. / Mai io non mi rassegnerò ec.") Doch sollte das Gedicht dann die Bitte um den frühen Tod enthalten, wobei das lyrische Ich sich darauf berufen hätte, „dein größter Prediger usw., der Apostel deiner Religion" („il tuo maggior predicatore ec. l'apostolo della tua religione") zu sein.[27] Letztlich liegt bei Leopardi nur der Anschein einer Satansverehrung vor, die aber aus der Empörung gegen Gott und Weltordnung kommt.

Eine echte Satansanrufung findet man dann bei Carducci, der Satan als das wahre und gute göttliche Prinzip begreift. Als Einheit von Materie und Geist, Vernunft und Sinn ist Satan das Gegenteil des in der Auffassung Carduccis weltfernen rein transzendenten Gottes der christlichen Auffassung, Jehova („Geova"). Satan steht für Liebe, Verbundenheit und Einklang mit der Natur, Brüderlichkeit, Fortschritt.[28] Da der kirchenfeindliche Republikaner Carducci diesen Hymnus zur Zeit des Ersten Vatikanischen Konzils schreibt, dient die Verherrlichung des die Geschichte des Menschen zur Freiheit, zur Erkenntnis und zur Einheit führenden Prinzips dem Angriff auf Thron und Altar, die der Autor als verbündet ansieht. Dieser Satan ist dem Gott des Schillerschen *Lieds an die Freude* (und dessen Vertonung durch Beethoven) verwandt, von dem das lyrische Ich meint, daß er als gütiger Vater der Einheit der Menschen und ihrem Glück günstig sein muß und aus dem Gefühl der Freude erkannt werden kann. Die Revolte, d. h. die Anrufung an das Prinzip der „Empörung, . . . der rächenden Kraft / der Vernunft" („ribellione, . . . forza vindice / de la ragione") ergibt sich hier aus einer positiven, optimistischen Sicht der Welt und der Geschichte und ist vor allem politisch; sie kommt nicht aus der Verzweiflung und der Ablehnung der Welt.

Die republikanischen und antikirchlichen Tendenzen hatten Einfluß auf Swinburne, der unter anderem Mazzini verehrt; auch er wendet sich gegen den Geist des Ersten Vatikanischen Konzils. Das erklärt nicht nur sein Drama *The Duke of Gandia*, sondern beleuchtet auch die Anrede an den Gekreuzigten in *Before a Crucifix*, den er auffordert „be no more", da er, Gott, nicht das Leiden der Menschheit erleichtert[29]; in *Tenebrae* treten in einem Gebet der Völker der Geist des Menschen und die Freiheit an die Stelle der höchsten Mächte und erhalten ihre Attribute, obwohl Christi Name zusammen mit dem Brutus' genannt wird, als Name „that exalt und transmute us".

There all chains are undone,
  Day there seems but as night;
Spirit and sense are as one
In the light not of star nor of sun;
  Liberty there is the light.

She, sole mother and maker,
  Stronger than sorrow, than strife;
Deathless, though death overtake her;
Faithful, though faith should forsake her;
  Spirit, and saviour, and life.[30]

Wie bei Carducci handelt es sich hier vor allem um den Ersatz der alten Gottesvorstellung durch die von einer anderen göttlichen Macht; diese „Liberty" ist freilich ein personifiziertes und vergöttlichtes Abstraktum, aber dies ist bis zum gewissen Grad auch Carduccis Satan, die „Macht . . . der Vernunft", ja selbst die Empörung hat zwar eine metaphysische und religiöse Komponente, aber vor allem ist sie politisch gerichtet.[31]

Anders ist es bei dem spanischen Romantiker Espronceda. Im *Diablo Mundo* zeigt er, wie durch die Weltordnung der Mensch unglücklich wird, und er äußert vor allem am Anfang des unvollendeten Werkes Zweifel an der Vorstellung von einem gütigen und sorgenden Gott. Die Empörung stellt er aber – ohne die philosophischen und religiösen Gründe für sie klarzumachen – im *El estudiante de Salamanca* dar. In den ersten Teilen dieser Verserzählung ist der Held, Félix de Montemar, ein unbekümmerter und sogar unbedenklicher Don Juan; als er einer Dame folgen will und von ihr vor den Folgen der niedrigen Lust gewarnt wird, antwortet er: „Genug der Predigt / . . . / Das Leben ist das Leben; wenn es zuendegeht, / geht mit ihm die Freude zuende. / Warum sollte ich es unsicheren Besorgnissen unterwerfen? / Für mich gibt es weder morgen noch gestern." – („Basta de sermón, / . . . / La vida es la vida; cuando ella se acaba, / Acaba con ella también el placer. / ?De incertos pesares por qué hacerla esclava? / Para mí no hay mañana ni ayer.") Der Weg, auf dem er ihr nachgeht, wird immer unheimlicher und geht schließlich durch Regionen der Unterwelt. Hier bekommt Montemar die Größe Satans: „Zweiter Lucifer, der sich erhebt, / vom rächenden Strahl die Stirn getroffen, / aufständische Seele, die die Angst nicht verschreckt, / geknechtet wohl, aber niemals besiegt: / Mensch eben, der in seinem Bemühen / die Schranken des Lebensgefängnisses zerbricht / und Gott vor sich zur Rechenschaft ruft / und seine Unermeßlichkeit zu entdecken versucht." – („Segundo Lucifer que se levanta / Del rayo vengador la frende herida, / Alma rebelde que el temor no espanta, / Hollada sí, pero jamás vencida: / El hombre, en fin, que en su ansiedad quebranta / Su límite a la carcel de la vida / Y a Dios llama ante él a darle cuenta, / Y descubrir su inmensidad intenta.")[32]

Satan und der ihm ähnliche Montemar sind hier erhabene Gestalten, deren Aufstand zwar von Gott bestraft wird, aber nicht unterdrückt werden kann und durch die von Gott auferlegten Grenzen der Erkenntnis und durch das von ihm kommende Leiden gerechtfertigt ist.

Sehr viel weniger auffällig als der Aufstand Lucifers und der satanischen Menschen gegen Gott ist die Loslösung der Heiligen von Gott bei Eça de Queiroz, Péguy und Bernanos. Bei dem Portugiesen wird ein Gedanke vertieft, den auch Flaubert andeutet, wenn er immer wieder Erlösung oder Aufhören des Leidens mit dem Verzicht auf persönliche Befriedigung und auf individuelles Glück verbindet. In *Santo Onofre,* einer der *Lendas de Santos,* erkennt der Held, daß er nicht durch das ich-bezogene Heiligenleben eines Eremiten in der Wüste, woraus Stolz und Überheblichkeit entstehen, heilig werden kann, sondern durch Güte und Demut in der Welt. Dort aber findet er ein krankes und sterbendes Kind, und sein Stolz sagt ihm, er solle ein Wunder geschehen lassen. Da er die Versuchung des Stolzes sieht, will er darauf verzichten, tut aber dann doch das Wunder: „Wohlan, es ist gleich! Möge meine Seele im Stolz und im Bösen zugrundegehen!" – („pois bem, que importa! Que a minha alma se abisme no orgulho e no mal!") Er bittet Gott, als Lohn für sein Heiligenleben das Kind zu retten: „Danach, wenn du willst, gibt meine Seele auf!" („Depois, se quisieres, abandona a minha alma!")[33] Die Hilfe für den Nächsten scheint ihm wichtiger als die Erlösung und die Gottesnähe, für das Erbarmen verzichtet er auf die Heiligkeit. – Der Held ist dann von Stolz erfüllt und fühlt sich verdammt, wird aber von Christus gerufen und in den Himmel geführt. Der Heilige wendet sich dem leidenden Menschen zu, nicht Gott.

Bei Charles Péguy reift der Entschluß Jeannettes, der zukünftigen Heiligen Johanna, in das Geschehen der Welt einzugreifen; so u. a. in einem Gespräch mit Madame Gervaise, die bei der Annahme, daß die Seele eines Mitmenschen verloren ginge und der Verdammnis anheimfalle, sich in den Willen Gottes schicken will: „Ma sœur, quand je crois bien qu'une âme s'est damnée, je suis malheureuse et je donne à Dieu la souffrance nouvelle où mon âme est enclose à supposer damnée une âme encore ici." Jeannette will sich nicht mit dem Mitleid und mit der vorbehaltlosen Resignation in den Willen Gottes begnügen, sie zieht aus, um die seelische Not der Menschen zu bekämpfen, da sie sich mit den Versprechungen Gottes nicht zufriedengibt.[34]

In *Sous le soleil de Satan* von Bernanos begegnet der Pfarrer von Lumbres, den der Autor häufig als den Heiligen von Lumbres bezeichnet, dem Teufel immer wieder. Er glaubt bei einem toten Kinde den Anruf Gottes zu verspüren, es wieder auferstehen zu lassen, kommt diesem Befehl aber zunächst nicht nach. Er kehrt dann zum Toten zurück, und allein mit der Leiche erkennt er die Gegenwart des Bösen, der mächtig wie ein Gott ist. Er denkt: „Comme un Dieu! Ah! qu'importe l'enfer et sa flamme, pourvu que soit écrasée, une fois, rien qu'une fois, la monstrueuse malice! . . ." Er versucht nun, das Wunder zu tun: „Il élève le petit garçon comme une hostie, il jette au ciel un regard farouche. Comment espérer reproduire le cri de détresse, la malédiction du héros, qui ne demande ni pitié ni pardon, mais justice! Non, non! il n'implore pas ce miracle, il l'exige . . . Et ce signe ne lui sera pas refusé, car la foi qui transporte des montagnes peut bien ressusciter un mort . . . Mais Dieu ne se donne qu'à l'amour."[35] Hier wird das Gefühl, daß der Teufel stark ist wie Gott und für den Menschen immer wieder Gottes Stelle einnimmt, zur Empörung, die freilich den Bösen auch wieder statt Gottes mächtig sein läßt. Die Erkenntnis des Leidens der Menschen und des Übels in der Welt führt also bei allen drei Schriftstellern, auch bei den christlichen, den Heiligen bis zur Absage an Gott.

Neue Varianten der Religion und pantheistischen Mystik

Die Dichtungen mit dem Thema der Empörung zeigen, daß die christliche Lehre, man müsse den Willen Gottes annehmen, nicht mehr befriedigt. Gott, der das Böse, das Leid und den Untergang des Menschen zuläßt oder gar bringt, wird von den Menschen, die eben dadurch ihre Größe beweisen, abgelehnt und durch andere zu verehrende Mächte ersetzt.

Die Neigung, die von der überlieferten Religion nicht gelösten Fragen anders, auch durch eine neue Bestimmung des Göttlichen, zu lösen, zeigt sich in der Schöpfung neuer Mythen und in der Tendenz zu einer pantheistischen Mystik.[36]

Die Suche nach einer Lösung der großen Probleme des Menschen durch die Zuwendung zu verschiedenen Mythologien und Weltanschauungen wird zum Thema mancher Dichtungen. Flaubert konfrontiert den Heiligen Antonius in der *Tentation de Saint Antoine* mit den verschiedenen religiösen Überzeugungen – und alle erweisen sich als unbefriedigend, bis vielleicht auf einen nicht genau bestimmten pantheistischen Mystizismus, der ihn zuletzt den Wunsch formulieren läßt: „être la matière". Bei Walter Pater macht der Held von *Marius the Epicurean* einen Weg durch die Weltanschauungen der späteren Antike, um sich schließlich dem Christentum zu nähern. Und Hauptmanns Emanuel Quint entwickelt, vom Christentum ausgehend, Varianten des Glaubens, während der Priester in *Der Ketzer von Soana* zum Verehrer der zeugenden Natur wird. Thomas Mann läßt im *Zauberberg* unterschiedliche, vielfach mystisch gefärbte oder religiöse Auffassungen anklingen.

Ein wichtiges Problem ist dabei immer wieder das der Rechtfertigung des Leidens, der Beschränktheit der Erkenntnismöglichkeiten und des Glückes für die einzelnen Lebewesen; die damit gestellten Fragen können viele Ersatz-Mythologien und Mystizismen des 19. Jahrhunderts nicht oder höchstens mit der erlösenden Macht des Todes und des Vergehens (auf unbefriedigende Weise) beantworten. Dieses Problem wird von Walter Pater im Kapitel „Sunt lacrimae rerum" seines Romans *Marius the Epicurean* behandelt: „For there is a certain grief in things as they are, in man as he has come to be, as he certainly is, over and above those griefs of circumstance which are in a measure removable – some inexplicable shortcoming, or misadventure on the part of nature itself – ... Given faultless men and women, given a perfect state of society, which should have no need to practice on men's susceptibilities for its own selfish ends, ... there would still be this evil in the world, of a certain necessary sorrow and desolation, felt just in proportion to the moral, or nervous perfection men have atteined to."[37]

Eine der möglichen Lösungen für das Problem des Leidens und Sterbens, das mit allem Leben und allem Sein verbunden war, schien, das Unglück und den Tod zwar als mit dem Seienden gegeben anzusehen, aber nur insofern, als die Welt noch nicht die ihr innewohnenden und für sie vorgesehenen Möglichkeiten voll entwickelt hätte: Am Ende der Entwicklung der Welt würde die Aufhebung des inneren Gegensatzes und die Versöhnung der Gegensätze und damit auch das Aufhören des Leidens und der Unvollkommenheit stehen. Diese Auffassung ist im Grunde die des Christen und Katholiken Lamartine *(La Chute d'un Ange, Jocelyn)* und – wenn auch ganz säkularisiert – die der Vertreter der „utopie scientifique", also der Sozialisten.[38] Eine Reihe von Dichtern und Theoretikern stehen zwischen diesen Extremen. Die Rückkehr Satans oder des Engels, durch dessen Abfall die Entzweiung der Welt stattgefunden hat, zu Gott oder die Aufhebung der leidvollen Entzweiung in Gott wird nicht nur von Lamartine besungen, sondern etwa von Alexandre Soumet, dem Autor der *Divine épopée* (1840): „C'est un poème en douze chants où est racontée la fin du monde, avec des luttes et la défaite de l'antéchrist, son rachat final et celui de Satan, et l'abolition de l'enfer et du mal ... le poème de Soumet relève moins de la foi chrétienne que de ce qu'on peut appeler l'hérésie romantique. Rédemption de Satan et disparition du mal sont l'article fondamental de cette hérésie ..."[39]

Nicht mehr katholisch ist V. Hugos Aussage in *Le Satyre:* In freilich recht dunklen Worten läßt der Dichter von Pan die Entwicklung der Welt verkünden, die zur Auflösung der Gegensätze führt, so daß Materie und Geist eins sein müssen:

Place à l'atome saint qui brûle ou qui ruisselle!
Place au rayonnement de l'âme universelle!
. . .
Amour! tout s'entendra, tout étant l'harmonie!

La Fin de Satan, Teil des dreiteiligen Gesamtwerkes, „où se réverbère le problème unique, l'Etre, sous sa triple face: l'Humanité, le Mal, l'Infini"[40], sollte die Rückkehr des Teufels zu Gott darstellen. Das „Mal" wäre hier Teil des „Etre" und der Geschichte und zugleich darin aufgehoben. Flaubert äußert in der *Tentation de Saint Antoine* (die oberflächlich betrachtet noch einen christlichen Inhalt hat) den Gedanken, daß das Leid und das Übel (wie ihre Gegenteile) im Gesamt der Welt schon aufgehoben sind oder gar nicht bestehen: „ . . . le mal et le bien ne concernent que toi – comme le jour et la nuit, le plaisir et la peine, la mort et la naissance, qui sont relatifs à un coin de l'étendue, à un milieu spécial, à un intérêt particulier. Puisque l'infini seul est permanent il y a l'Infini – et c'est tout!"[41] Flaubert steht mit seiner Auffassung von der Aufhebung des „Mal" im Sein oder im „Infini" schon nicht mehr auf der Grundlage des Christentums. Er darf eher als Pantheist angesehen werden; dieser Pantheismus, den man auch sonst in Europa feststellen kann, nähert sich bei ihm und bei anderen Autoren fernöstlichen und buddhistischen religiösen Auffassungen.[42]

Flaubert wollte mit dem Schluß von *Un cœur simple* etwas „Indisches" und „Brahmanisches" darstellen.[43] Eça de Queiroz, der in den *Memorias de uma forca* die Auflösung dargestellt hat, läßt Fradique Mendes nicht nur Mitleid mit allem Seienden haben, sondern auch die Lehre Buddhas derjenigen Christi vorziehen. Hofmannsthal bespricht als besonders wichtig „K. E. Neumanns Übertragung der Buddhistischen Heiligen Schriften". Der Wiener sieht diese Übersetzung als notwendig und wie von einer höheren Macht geleitet an: „Es hat dieses Werk nicht vordem in seiner ganzen Reinheit, die ja erst die Offenbarung seiner Gestalt ist, in das europäische Geistesleben hereindringen sollen, als bis dieses selber in einer Krise stand auf Leben und Tod; und es hat nicht anders hereindringen sollen als durch einen Deutschen. Das Individuum, das zu einem solchen Werk taugt, wird auf unerkennbare Weise herbeigerufen und im stillen, aber sichtbar, aufgeopfert."[44]

Wenn man aber durch die Aufnahme nicht-christlicher Mythen die Welt deuten wollte, so lag es dem Europäer nahe, sich nicht östlichen Religionen, sondern derjenigen der klassischen Antike zuzuwenden. Das tut Hugo, wenn er Pan in *Le satyre* als „Tout" auftreten läßt. Häufig trifft man in der Dichtung wie in der bildenden Kunst die Sphinx. Eine Synthese von antiken und christlichen Vorstellungen findet sich in Gustave Moreaus Gemälde „Jupiter und Semele". Der Künstler erklärt das Bild selbst wie folgt: „(Es) erscheint der so oft angerufene Gott in seiner noch verschleierten Pracht. Von den göttlichen Ausströmungen durchdrungen, durch die Weihe erneuert und gereinigt, stirbt Semele zerschmettert . . . Unter der Wirkung dieser Beschwörung und dieses heiligen Exorzismus verwandelt sich dann alles, wird rein, wird ideal; die Unsterblichkeit hebt an, das Göttliche breitet sich in allem aus, und alle noch gestaltlosen Wesen streben nach dem wahren Licht. Satyrn, Faune, Dryaden, Hamadryaden, Bewohner der Gewässer und der Wälder, alle werden erfaßt . . . Atome, Bruchstücke des Christentums tauchen in dieser Komposition auf: der Tod der Sinne, die Vernichtung des materiellen Seins, um die Unsterblichkeit zu erlangen. Die Fröhlichkeit der Geschöpfe beim Erscheinen des göttlichen Lichts, bei der Begegnung mit dem göttlichen Ideal, dies alles ist von christlicher Prägung. Durch eine Umkehrung, eine andere Ausrichtung seiner Symbolik wird das Heidentum in seinem Kern gebrandmarkt."[45]

Das Göttliche und Ewige versucht d'Annunzio in *Alcyone* (hier in *Il Gombo*) durch die Evozierung der antiken Mythen greifbar zu machen, die als in der Natur wirkend und vom Dichter in ihrer dauernden Geltung erfaßt werden müssen:

Die Unermeßlichkeit des Schmerzes,
der unbehebbaren Trauer ohne
Ende, irdisch geworden
wie Niobe im feuchten Felsen,
scheint hier zu wohnen
im verlassenen Gestade, im steilen
Berg, im Wald
der seine duftende Klage klagt.
. . .
Jener, der noch das Leben raubt
und es für immer der Täuschung
der Zeit nimmt
und es nackt zwischen Schatten
und Licht emporhebt und ihm
im Rhythmus den neuen Atem gibt:
Da ist er, der Tod, und die Kunst,
die mir eins im schicksalshaften Kreis erschienen.

L'IMMENSITÀ del duolo,
del lutto immedicabile senza
fine, terrestre fatta
qual Niobe nell'umido rupo,
quivi abitare sembra
nel lito deserto, nell'alpe
ardua, nella selva
che piange il suo pianto aromale.
. . .
Quella che anco rapisce
La vita e la toglie per sempre
all'inganno del Tempo
e nuda l'inalza tra l'Ombra
e la Luce, e le dona
nel ritmo il novello respiro:
ecco la Morte e l'arte
apparsemi nel cerchio fatale.[46]

Immer wieder begegnet man in der Literatur einem nicht an eine bestimmte Religion gebundenen, aber religiös gefärbten Glauben an das Göttliche in der Welt, wobei sicher häufig die Grenzen zur Häresie oder zur Blasphemie überschritten werden. Alle diese Elemente findet man in Eça de Queiroz' Fradique Mendes:

Ich liebe die Natur für sich, ganz und im Einzelnen, in der Anmut und in der Häßlichkeit jeder der unzähligen Formen, die sich erfüllen; und ich liebe sie auch als greifbare und vielfältige Manifestation der höchsten Einheit, der ungreifbaren Wirklichkeit, der jede Religion und jede Philosophie einen anderen Namen gaben und die ich verehre unter dem Namen des *Lebens* . . . Meine Religion ist im Athanasischen Glaubensbekenntnis mit einer kleinen Änderung ausgedrückt: Ich glaube an das allmächtige *Leben*, Schöpfer des Himmels und der Erde . . .

Amo a Naturaleza (. . .) por si mesma, toda e individualmente, na graça e na fealdade de cada uma das formas inumeráveis que a enchem: e amo-a ainda como manifestação tangível e múltipla da suprema unidade, da realidade intangível, a que cada religião e cada filosofia deram um nome diverso e que eu presto culto sob o nome de *Vida* . . . E a minha religião está toda no credo de Atanásio, com uma pequena variante: – Creio na *Vida* todo-poderosa, criadora do Céu e da Terra . . .[47]

Der Südamerikaner Rubén Darío, der von „der Harmonie des großen All", „la harmonía del gran Todo", sprechen kann, schreibt:

Leben, Licht und Wahrheit, solche dreifache Flamme
bringt die unendliche innere Flamme hervor;
Die reine Kunst ruft wie Christus:
Ego sum lux et veritas et vita!

Vida, luz y verdad, tal triple llama
produce la interior llama infinita;
el Arte puro como Cristo exclama:
Ego sum lux et veritas et vita![48]

Rilke redet Gott an:

Gott, wie begreif ich deine Stunde,
als du, daß sie im Raum sich runde,
die Stimme vor dich hingestellt;
dir war das Nichts wie eine Wunde,
da kühltest du sie mit der Welt.[49]

G. Hauptmann stattet die Liebe, die Frau und die Zeugung mit göttlichen Attributen in *Der Ketzer von Soana* aus und nimmt dabei christliche Vorstellungen und Bilder auf. Der Held empfindet wie folgt: „Das war sie, die Paradiesesfrucht, von dem Baume, der mitten im Garten stand. Er hielt sie mit ganzem Leibe umschlungen. Es war die Frucht von dem Baume des Lebens . . . jene, deren Genuß Gott gleichmachte." – Der Erzähler trifft zuletzt die Frau, deretwegen Ludovico aufgehört hat, Priester zu sein: „Es gab keinen Schutz, keine Waffe gegen den Anspruch dieses Nackens, dieser Schultern und dieser vom Lebenshauche beseligten und bewegten Brust. Sie stieg aus der Tiefe der Welt empor und stieg an dem Staunenden vorbei – und sie steigt und steigt in Ewigkeit, als die, in deren gnadenlose Hände Himmel und Hölle überantwortet sind."[50]

Schon vorher hatte Zola, freilich ohne den stark herausgestellten Bezug auf die Religion, aber mit den Bildern des Paradiesgartens („Paradou") die allumfassende (irdische und geschlechtliche) Liebe, die ein Priester erlebt und deretwegen er fast das Priestertum vergessen hätte, in *La faute de l'abbé Mouret* gestaltet. Huysmans schreibt dazu: „. . . il avait songé à de fantastiques ruts de ciel, à de longues pâmoisons de terre, à de fécondantes pluies de pollen tombant dans les organes haletants des fleurs: il avait abouti à un panthéisme gigantesque, avait, à son insu peut-être, créé, avec ce milieu édénique où il plaçait son Adam et son Eve, un prodigieux poème hindou, célébrant en un style dont les larges teintes, plaquées à cru, avaient comme un bizarre éclat de peinture indienne, l'hymne de la chair, la matière . . ."[51]

Es können hier nicht alle Autoren genannt werden, die versucht haben, durch aus dem Christentum oder aus anderen Religionen stammende Bilder und Vorstellungen die Welt zu erfassen oder die großen Probleme und Rätsel der Welt und des Menschen zu lösen. Ebenso wie der vorher behandelte Satanismus zeigen diese Versuche, daß die traditionelle Religion als den Menschen nicht befriedigend empfunden wird. Sie kann seine Aspirationen nicht mehr erfüllen, ihm nicht mehr Erkenntnis und Glück geben und kein Refugium bieten. Auch die von der Tradition abweichenden, von den Grüblern und Unzufriedenen entworfenen Varianten der Religion führen nicht weiter: So wird Fradique Mendes durch seinen Glauben an das Leben doch nicht vom Leid (und von der Notwendigkeit, mit allem Existierenden Mitleid zu haben) erlöst, Zolas Pantheismus steht im Widerspruch zu seinem wissenschaftsgläubigen Rationalismus, Hauptmann spielt außer dem Ketzertum (in der eben genannten Novelle) ein Pseudochristentum in *Der Narr in Christo Emanuel Quint* durch. So erklärt sich die Tendenz, Evasion oder auch Rettung (Erklärung der Welt, Zugang zum Höheren, Glück) in den Künsten und besonders in der Dichtung zu suchen.

Anmerkungen

1 J.-K. Huysmans: A rebours. Paris 1955. S. 269.
2 Baudelaire: Les Fleurs du Mal. Paris 1958. S. 312. Vgl.: K. Heitmann: Der Immoralismus-Prozeß gegen die französische Literatur im 19. Jahrhundert. Berlin u. Zürich 1970.
3 Hauptmann läßt seinen Narren in Christo (Emanuel Quint) wegen des unorthodoxen Inhalts seiner Lehre Schwierigkeiten in der religiös bestimmten Gesellschaft Schlesiens bzw. Deutschlands haben, und Pérez Galdós' Held von *Nazarín* erweckt ähnlich Anstoß in Spanien.
4 Swinburne: The Complete Works. Bd. 13. Prose Works. Bd. 3. S. 426.
5 Brief an L. Bouilhet vom 20. August 1850.
6 Novalis' Schriften. Bd. I. Darmstadt 1977. S. 153.
7 Madame de Staël: De l'Allemagne. Hrsg. Comtesse Jean de Pange. Bd. 5. Paris 1960. S. 12 f.
8 Lamartine: Œuvres complètes. Bd. 1. Paris 1860. S. 71 ff., 109 ff.
9 Ugo Foscolo. Poesie. A c. di G. Bezzola. Milano 1976. S. 58 f.
10 Baudelaire: Œuvres complètes. Paris 1961 (= Bibl. de la Pléiade. 1 u. 7). S. 10, 127.
11 Théophile Gautier: Poésies complètes. Bd. 2. Paris 1970. S. 145.
12 Arthur Rimbaud: Œuvres complètes. Paris 1960 (= Bibl. de la Pléiade. 68). S. 103. – Verlaine hingegen faßt die Erlösung im Sinne des Christentums auf, sie erfolgt durch Christus; aber als Sünder läuft der Dichter (der ganz mit dem lyrischen Ich identisch scheint) Gefahr, Gott zu verfehlen. – „C'est vrai que je vous cherche et ne vous trouve pas" (Sagesse. In: Verlaine: Œuvres poétiques complètes. Paris 1959. S. 172). Verlaine ist einer der wenigen repräsentativen Dichter Frankreichs, die Tröstung in der Religion finden. Gott hat im Sonettzyklus, aus dem dieses Zitat stammt, das letzte Wort, wenn er sich der armen Seele erbarmend zuwendet und so den Zweifel durch Zuversicht vertreibt.
13 Flaubert: Œuvres. Bd. 1. Paris 1966 (= Bibl. de la Pléiade. 36). S. 164, 589. Vgl. W. Krömer: Flaubert. Darmstadt 1980. S. 58 ff.
14 Arthur Schopenhauer: Die Welt als Wille und Vorstellung. Bd. 1. Zürich 1977. S. 219 ff. (= I, III).
15 A Correspondência de Fradique Mendes. (= Obras de Eça de Queiroz). Lisboa o. J. S. 227. Fradique glaubt nicht an den persönlichen Gott, sondern an das Leben als schöpferisches Prinzip (S. 72).
16 Walter Pater: Imaginary Portraits. In: Walter Pater: Imaginary Portraits and Gaston de Latour. London 1900 (= The Works in Eight Volumes. Bd. 4). S. 103 f., 106 f.
17 Gerhart Hauptmann: Der Narr in Christo Emanuel Quint. In: Sämtliche Werke. Bd. 5. Romane. Berlin 1962. S. 199 f.
18 Ebd. S. 131 f.
19 Ebd. S. 275.
20 „Spürt ihr nicht überall in der Natur das Wartende? Wenn ihr lauscht, wenn ihr euch vertieft, wird es euch nicht unter schmerzlichen Schauern des Glückes deutlich, wie alles dieses, was euch umgibt, wartend, nur vorläufig und nicht endgültig ist? Ist euch niemals der Wunsch gekommen, dort zu sein, wo die von euch strömenden Wellen eures Geistes, – und eure Sinne sind Geist – zu Ende sind?" Ebd. S. 357.

21 Ebd. S. 357, 361. Vgl.: Novalis: Heinrich von Ofterdingen. In: Novalis: Schriften. Bd. 1. Darmstadt 1977. S. 324 f.
22 Ebd. S. 394 f.
23 Foscolo: Opere. A c. di G. Bezzola. Bd. 1. Milano [2]1966. S. 425.
24 Zur Anziehungskraft des Satanismus vgl. Huysmans: A rebours. Paris 1955. S. 200 ff.
25 J.-K. Huysmans: Là-bas. Paris 1908. S. 261.
26 Bei der Gestalt des Brutus in der Empörerliteratur ist zu bedenken, daß er bei Dante zusammen mit Judas und Cassius die schwerste Höllenstrafe erleidet. Er gehört zu den drei größten Sündern, die in je einem Mund des weinenden und leidenden Lucifer stecken.
27 Leopardi: Le poesie e le prose I. Mondadori [6]1958. S. 434 f.
28 A Satana. In: Poesie di Giosué Carducci. Bologna 1924. S. 375 ff.
29 Swinburne: The Complete Works. Bd. 2. Poetical Works. Bd. 2. New York 1968. S. 152.
30 Ebd. S. 157. Vgl. S. 156: „O spirit of man, most holy, / The measure of things and the root, / . . ."
31 Zur Zeit des Ersten Vatikanischen Konzils dichtete Swinburne das Gedicht *Hymn of Man*, dessen Ende lautet: "Glory to Man in the highest! for Man is the Master of things." (S. 158 ff.).
32 José de Espronceda: Obras completas. Madrid 1954. BAE 72. S. 71, 74.
33 Lendas de Santos. Obras de Eça de Queiroz. Lisboa o. J. S. 227.
34 Péguy: Œuvres poétiques complètes. Paris 1962 (= Bibl. de la Pléiade. 60). S. 521 ff.
35 Georges Bernanos: Œuvres romanesques. Paris 1963 (= Bibl. de la Pléiade. 155). S. 264 ff.
36 Vgl. das Kapitel „Ersatzreligionen" in der Einleitung zu Jens Malte Fischer: Fin de siècle. Kommentar zu einer Epoche. München 1978. S. 65 ff.
37 Walter Pater: The Works. Bd. 3 London 1900. S. 182.
38 Paul Bénichou: Le temps des prophètes. Paris 1977.
39 Ebd. S. 206 f.
40 V. Hugo: La légende des siècles. Paris 1962 (= Bibl. de la Pléiade. 82). S. 6.
41 Flaubert: Œuvres. Bd. 1. Paris 1966 (= Bibl. de la Pléiade. 37). S. 147.
42 Vgl. Jens Malte Fischer, a.a.O., S. 66.
43 George A. Willenbrink: The Dossier of Flaubert's „Un cœur simple". Amsterdam 1976. S. 229.
44 Hugo von Hofmannsthal: Reden und Aufsätze II. Frankfurt/M. o. J. S. 154. Vgl. auch den Schluß von Pío Baroja: Memorias de un hombre de acción. Obras completas. Bd. 5. Madrid 1948. S. 1176 f.
45 Zitiert nach: Hans H. Hofstätter: Gustave Moreau. Leben und Werk. Köln 1978. S. 142, 144.
46 G. d'Annunzio: Versi d'Amore e di Gloria. Mondadori [3]1959. Bd. 2. S. 654 ff.
47 Eça de Queiroz: A Correspondência de Fradique Mendes. Lisboa o. J. S. 72.
48 Rubén Darío: Poesías completas. Madrid 1954. S. 708.
49 Gedichte. Frankfurt/M. 1957. S. 32.
50 G. Hauptmann: Sämtliche Werke. Bd. 6. Berlin 1963. S. 163, 169.
51 J.-K. Huysmans: A rebours. Paris 1955. S. 227.

II. EVASION UND RETTUNG DURCH DIE DICHTUNG

1. Kunst und Kult der Kunst

Ästhetisches Erleben als Refugium

Kant legt dar, daß das ästhetische Erleben Genuß bereitet, auch wo dem Menschen das Angenehme und ihm Glück Bereitende nicht gegeben wird, denn das Schöne ist als ein „Gegenstand (. . .) des Wohlgefallens ohne alles Interesse" aufzufassen.[1] Wenn aber das Fehlen der Annehmlichkeit und des Guten nicht den Genuß des Schönen hindert, so wird beim Erhabenen sogar die Nichterfüllung einer Aspiration (vor allem des Erkenntnisinteresses) zum Anlaß der Freude: „. . . dieses (das Schöne) (führt) directe ein Gefühl der Beförderung des Lebens bei sich . . . und (ist) daher mit Reizen und einer spielenden Einbildungskraft vereinbar . . .; jenes aber (das Gefühl des Erhabenen) (ist) eine Lust . . ., welche nur indirecte entspringt, nämlich so daß sie durch das Gefühl einer augenblicklichen Hemmung der Lebenskräfte und darauf sogleich folgenden desto stärkeren Ergießung derselben erzeugt wird, mithin als Rührung kein Spiel, sondern Ernst in der Beschäftigung der Einbildungskraft zu sein scheint. Daher es auch mit Reizen unvereinbar ist, und, indem das Gemüth von dem Gegenstande nicht bloß angezogen, sondern wechselweise auch immer wieder abgestoßen wird, das Wohlgefallen am Erhabenen nicht sowohl positive Lust als vielmehr Bewunderung oder Achtung enthält, d. h. negative Lust genannt zu werden verdient."[2]

Daß tragische Gegenstände nicht Lust bereiten, ist eine Binsenwahrheit; wenn Schiller „Über den Grund des Vergnügens an tragischen Gegenständen" schreibt, nimmt er eine alte Diskussion auf. Im Anschluß an Kant trennt der reife Schiller das ästhetische vom moralischen Vermögen und das Wohlgefallen am Schönen (auch im Kunstwerk) vom Interesse am Angenehmen, obwohl Schiller wie Kant eine Analogie zwischen dem Schönen und dem Guten durchaus sieht. Dabei ist auch die Möglichkeit gegeben, das Leidvolle zu genießen: „Darstellung des Leidens – als bloßes Leiden – ist niemals Zweck der Kunst, aber als Mittel zu ihrem Zweck ist sie derselben äußerst wichtig. Der letzte Zweck der Kunst ist die Darstellung des Übersinnlichen, und die tragische Kunst insbesondere bewerkstelligt dieses dadurch, daß sie uns die moralische Independenz von Naturgesetzen im Zustand des Affekts versinnlicht . . . Das *Sinnenwesen* muß tief und heftig *leiden*; Pathos muß da sein, damit das Vernunftwesen seine Unabhängigkeit kundtun und sich *handelnd* darstellen könne." Aber es bleibt bei Schiller, wie auch dieses Zitat zeigt, doch in der Kunst der Bezug auf das Übersinnliche wichtig; Schiller stellt einen Zusammenhang zwischen Kunst (Dichtung) und moralischem Vermögen des Menschen her. In der tragischen Kunst muß daher auch die „Darstellung des moralischen Widerstandes gegen das Leiden" zu finden sein.[3] Und allgemeiner ist die Freiheit, die sich im ästhetischen Schaffen und Genießen äußert, der moralischen Freiheit verwandt (die wie jene eine Freiheit von der Bestimmung durch die Sinnlichkeit ist) und führt daher zu ihr hin. Somit kann Schiller die ästhetische Erziehung des Menschen auch als Vorbereitung auf das sittliche und politische Handeln begreifen – er sieht aber nicht die ästhetische Freude bloß als einen Ersatz für die Befriedigung durch Handeln und tätiges Erleben an, sondern gibt dem Vermögen, das Schöne zu erleben und Kunstwerke zu schaffen, eigenen Wert.

A. W. Schlegel definiert die Kunst als „die durch das Medium eines vollendeten Geistes hindurchgegangene, für unsere Betrachtung verklärte und konzentrierte Natur".[4] Sein Bruder Friedrich betonte noch mehr die Ahnung vom Höheren.[5] Tieck erklärt, die Kunst sei eine Möglichkeit, aus der Zeitlichkeit, in der immer Tod sei, durch die Fülle des ästhetischen Erlebens zu entkommen: „Wir vergessen, daß die Gegenwart ebenso gut ewig zu nennen sei, daß die Ewigkeit sich in den Umfang einer Handlung, eines Kunstwerks zurückziehn könne, ... weil jene groß, weil dieses vollendet ist. ... In der Vollendung der Kunst sehen wir am reinsten und schönsten das geträumte Bild eines Paradieses, einer unvermischten Seligkeit."[6] Die von den deutschen Romantikern vertretene Theorie ließ die Dichtung als Erhobenwerden über das Leben und Glück auffassen. Dann aber kann man die Poesie als den Eintritt in eine schönere, befriedigendere Welt, in eine vollere Existenz ansehen. Es besteht sogar die Gefahr, von der Poesie Ersatzbefriedigung zu erwarten.

Bei Madame de Staël finden wir ein Echo der deutschen romantischen Theorie: Die Dichtung scheint für sie eine beseligende Entrücktheit und gleichsam eine vollere Existenz, die mit dem niederen Leben und seinen Unvollkommenheiten nichts zu tun hat: „Le véritable poëte conçoit pour ainsi dire tout son poëme à la fois au fond de son âme: sans les difficultés du langage, il improviseroit, comme la sibylle et les prophètes, les hymnes saints du génie. Il est ébranlé par ses conceptions comme par un événement de sa vie. Un monde nouveau s'offre à lui; l'image sublime de chaque situation, de chaque caractère, de chaque beauté de la nature frappe ses regards, et son cœur bat pour un bonheur céleste qui traverse comme un éclair l'obscurité du sort (eine erste Version des Textes lautet: obscurité de ce monde, la terre, la vie). La poésie est une possession momentanée de tout ce que notre âme souhaite; le talent fait disparaître les bornes de l'existence et change en images brillantes le vague espoir des mortels."[7]

Es paßt zu den dargestellten Dichtungsauffassungen, daß in Deutschland die Kunst allgemein hochgeschätzt und keinen anderen Zwecken mehr untergeordnet wird. Kant schon vertritt diese Meinung. Für Kuno Fischer (1849) ist die Kunst, hier die Dichtung, Werk der Phantasie, die „von dem Göttlichen beseelt" ist: „Von der Idee der Welt, im Innersten erfaßt, schafft die Phantasie ihre Welt von neuem, indem sie dieselbe dichtet". Die Kunst und Schönheit haben Wert an sich, und daher geschieht es, daß „sie der Geist endeckt und zur freien Königin eines freien Reiches erhebt".[8]

Auch für Hegel ist die Kunst – wenigstens solange sie nicht durch Religion und Philosophie, d. h. höhere Weisen, abgelöst ist, in welchen „die Wahrheit sich Existenz verschafft" – Ausdruck der Wahrheit, „höchstes Interesse des Geistes", und ihrem Wesen nach auch keiner anderen Manifestation des Geistes untergeordnet. Es ist der Kunst abträglich, wenn sie „ihrem Begriff zuwider, nur als ein Mittel verbraucht und damit zur Zweckdienlichkeit herabgesetzt" wird.[9]

Die Lehre, die man als *L'art pour l'art* bezeichnet, ist also in Deutschland diskutiert worden. Sehr früh wurden auch schon Einwände erhoben. Tieck formuliert einerseits: „Es ist ein so göttliches Streben des Menschen, zu schaffen, was von keinem gemeinen *Zweck* und *Nutzen* verschlungen wird, was unabhängig von der Welt in eignem Glanze ewig prangt ..." In dem Text, wo wir diesen Satz finden, bespricht Tieck aber andererseits die in der Kunst und im Schönheitsgenuß angelegte Gefahr, daß die Schönheit von der Welt, von der Menschheit, von Gott entfremdet; insofern sei das Kunststreben ein „Kerker".[10]

Schopenhauer stellt heraus, daß die Kunst vom Leiden erlöst. In ihr wirkt „Genialität", und diese ist „die Fähigkeit, sich rein anschauend zu verhalten, sich in die Anschauung zu verlieren und die Erkenntniß, welche ursprünglich nur zum Dienste des Willens daist, diesem Dienste zu entziehn, d. h. sein Interesse, sein Wollen, seine Zwecke ganz aus den Augen zu lassen, sonach seiner Persönlichkeit sich auf eine Zeit völlig zu entäußern, nur als rein erkennendes Subjekt, klares Weltauge, übrig zu bleiben: ... Es ist als ob, damit der Genius in einem Individuo hervortrete, diesem ein Maaß der Erkenntnißkraft zugefallen seyn müsse, welche das zum Dienste eines individuellen Willens erforderliche weit übersteigt, welcher frei gewordene Überschuß der Erkenntniß, jetzt zum willensreinen Subjekt, zum hellen Spiegel des Wesens der Welt wird."[11] Die Befreiung vom Willen ist aber für Schopenhauer auch Befreiung vom Leiden, so daß zur Erkenntnis das Erhobenwerden über das zum Leben gehörende Unglück gehört. So kann er auch die Schönheit mit dem Licht, das „das Erfreulichste der Dinge" ist, verdeutlichen.[12] Das Trauerspiel ist für Schopenhauer „der Gipfel der Dichtkunst"[13], im Leiden wird hier „der Widerstreit des Willens mit sich selbst" dargestellt, bis zuletzt der Schleier der Maja die Erkenntnis „nicht mehr täuscht, die Form der Erscheinung, des *principium individuationis*, von ihr durchschaut wird, der auf diesem beruhende Egoismus eben damit erstirbt, wodurch nunmehr die vorher so gewaltigen Motive ihre Macht verlieren, und statt ihrer die vollkommene Erkenntniß des Wesens der Welt, als *Quietiv* des Willens wirkend, die Resignation herbeiführt, das Aufgeben, nicht bloß des Lebens, sondern des ganzen Willens zum Leben selbst."[14]

Mit dem Kult der Schönheit und der Kunst als von der Realität und vom Leben erlösend hat sich Nietzsche auseinandergesetzt. Bei Schopenhauer diagnostiziert er das Bedürfnis nach Erlösung: „Schopenhauer spricht von der *Schönheit* mit einer schwermütigen Glut ... Weil er in ihr eine *Brücke* sieht, auf der man weitergelangt, oder Durst bekommt, weiterzugelangen ... Sie ist ihm die Erlösung vom ‚Willen' auf Augenblicke – sie lockt zur Erlösung auf immer ..." Nietzsche widerspricht aber, denn die Kultur und Kunst suche die Steigerung des Daseins. In einem das *l'art pour l'art* behandelnden Absatz geht er auf Schopenhauer noch einmal ein und auf dessen Auffassung, die Tragödie solle „zur Resignation stimmen": *"Was teilt der tragische Künstler von sich mit?* Ist es nicht gerade der Zustand *ohne* Furcht vor dem Furchtbaren und Fragwürdigen, das er zeigt? Dieser Zustand selbst ist eine hohe Wünschbarkeit; wer ihn kennt, ehrt ihn mit den höchsten Ehren ... Vor der Tragödie feiert das Kriegerische in unsrer Seele seine Saturnalien; wer Leid gewohnt ist, wer Leid aufsucht, der *heroische* Mensch preist mit der Tragödie sein Dasein – ihm allein kredenzt der Tragiker den Trunk dieser süßesten Grausamkeit."[15] In diesem Widerspruch gegen *l'art pour l'art* („ein Wurm, der sich in den Schwanz beißt") interessiert hier, daß auch für Nietzsche das Leiden ein Grund der Dichtung ist oder sein kann und diese dann ein Sich-Erheben über das Leiden ist; eine ästhetische Sublimierung scheint die Dichtung auch noch bei Nietzsche, ein Sich-Überheben über das, was Leid bereitet, oder ein Mittel dazu, und der Künstler wird als nicht-gemeiner Mensch gefeiert. Freilich betont Nietzsche auch, daß der Künstler sich dem Leben stellen, es nicht zurückweisen soll, daß er die Erfüllung durch das Sich-Behaupten und Sich-Bewähren im Leben findet, nicht im Rückzug, und daß im *l'art pour l'art* etwas Krankhaftes schon von der Zielsetzung her liegt.

Ob die ästhetische Haltung die Häßlichkeit des Lebens kompensieren kann und ob das Streben nach Schönheit eine Steigerung des Lebens darstellt, läß Hugo von Hofmannsthal im Dramenfragment *Ascanio und Gioconda* diskutieren. Die junge Gioconda sagt:

Wie häßlich ist das Leben und wie traurig!
. . . .
Wie arm an Glück ist jede Gegenwart,
Und wie verklärt nur die Entbehrung alles!
(Wie sind doch einzig nur die Schmerzen wahr
Und Schall und Schatten jedes andre Ding . . .)

Sie spricht daher zu Ascanio von Rückzug aus dem Leben und Überwindung des Lebens:

Mich dünkt, du mußt nicht in dem Leben stehen,
Mich dünkt, darüber, als ein Überwinder:
Du weißt viel mehr als ich und lächelst schon.

Ascanio läßt erkennen, daß er beides in der ästhetischen Haltung findet:

Gioconda, auch in Schönheit läßt sichs leben,
In selbstgeschaffener
GIOCONDA Ein künstlich Dasein!
ASCANIO
Nenns immer künstlich. Hat uns nicht die Kunst
Die Seele dieses dumpfen Seins erschlossen,
Und gibt es höhere Kunst als Kunst zu leben?
Und sind nicht alle Dinge da, zu dienen?
Mit Duft und Klang, mit vieler Formen Prunk;
. . . .
Und ist das Leben nicht sein eignes Ziel?
Gegeben, daß man lebe, lebe, lebe![16]

Abstand vom Leben, ästhetische Gestaltung des Lebens, ästhetisch genießende Haltung und damit Steigerung und gleichzeitig Überwindung des Lebens, das ergibt sich als Ziel Ascanios. Er denkt ähnlich wie Nietzsche. Dabei sollte die Handlung dieser Fragment gebliebenen Tragödie sicher auch zeigen, daß damit nicht alle Probleme gelöst sind.

In der Tat kann eine Aufhebung des Leidens, das das Leben und die Realität bereiten, nicht immer gelingen, wenn man sich vom Leben nicht zurückziehen will, sondern das Erleben nur durch eine ästhetische Sublimierung desselben, durch eine zweite Ebene des Erlebens ergänzen will. Im Grunde bleibt die Häßlichkeit und Traurigkeit des Lebens, nur kann der Mensch durch sein ästhetisches Bewußtsein (durch den bewußt gewählten Abstand und durch die Bewertung beim Erleben) sich selbst bestätigen und sein Ich genießen. Zu diesem Bewußtsein gehört aber auch, daß man sich der Nicht-Übereinstimmung von Leben (Realität) und Ideal (*idéal* oder *rêve* in der Ausdrucksweise Mallarmés) schmerzlich bewußt ist.

Von der deutschen Theorie wirkt in Frankreich die schon von Kant vollzogene Trennung von Moral und Kunst fort. Es entsteht hier das Schlagwort vom *l'art pour l'art*. V. Cousin, der die Theorien Lessings, Kants und Schillers in Deutschland kennengelernt hat, schreibt 1818: „Je prétends que la forme du beau est distincte de la forme du bien; et que si l'art produit le perfectionnement moral, il ne le cherche pas . . . L'art n'est pas plus au service de la religion et de la morale qu'au service de l'agréable et de l'utile; l'art n'est pas un instrument, il est sa propre fin à lui-même . . . Il faut de la religion pour la religion, de la morale pour la morale, comme de l'art pour l'art."[17] Damit weicht Cousin von der Meinung F. Schlegels[18] und der Madame de Staëls ab, bei der Religion und Kunst vielfach geradezu austauschbar scheinen. Er bereitet aber auch die Auffassung von Sainte-Beuve und Théophile Gautier vor. Sainte-Beuve kritisiert in *Vie, poésie et pensées de Joseph Delorme* Madame de Staël und ihre Anhänger, weil sie „débite(nt) toujours et partout leurs doctrines". Als Gegengewicht dazu sei die Haltung der wahren Liebhaber der Form nötig, der Anhänger der Schule von André Chénier. Diese aber haben sich aus der Gesellschaft und ihren Unannehmlichkeiten zurückgezogen und genießen in der selbstgewählten Isolierung die Beschäftigung mit der Kunst und dem Schönen: „. . . les successeurs d'André Chénier, isolés à l'origine par des circonstances particulières de naissance, de condition sociale, et si l'on veut, de préjugés, nourris et vivant au sein d'idées, étroites peut-être, mais hautes et fortes, se sont retirés de bonne heure des discussions et des tracasseries politiques, où une première fougue chevaleresque les avait lancés; ils se sont fait, à part, et dans une atmosphère sereine une vie de calme et de loisir; laissant à d'autres les théories et la polémique, ils ont abordé l'art en artistes, et se sont mis amoureusement à créer. Mais, tout isolés qu'ils étaient du tourbillon, l'air du siècle montait jusqu'à eux, et ils le respiraient avec bonheur."[19]

Théophile Gautier polemisiert in der *Préface de Mademoiselle de Maupin* heftig gegen die Forderung, die Kunst müsse nützlich sein, und so unterscheidet er das Schöne vom Notwendigen: „Rien de ce qui est beau n'est indispensable à la vie." Der Zweck sollte aber nicht die Erhaltung des Lebens, das Nützliche, sein, sondern der Genuß: „. . . la jouissance me paraît le but de la vie." Bei der Verteidigung des Schönen als Zweck aber nähert er die Kunst den genußbereitenden Dingen an: „Les femmes, les parfums, la lumière, les belles fleurs, les bons vins, les chevaux fringants, les levrettes et les chats angoras".[20]

Zu den Verteidigern des *l'art pour l'art* gehört dann G. Flaubert; er leidet an der Realität und der Gesellschaft und zieht sich zurück: „Oui, l'humanité tourne au bête . . . Aux époques où tout lien commun est brisé, et où la Société n'est qu'un vaste banditisme (. . .) plus ou moins bien organisé, . . . il faut donc comme tout le monde se faire un égoïsme (plus beau seulement) et vivre dans sa tanière".[21] Daß eine der Möglichkeiten des Egoismus die Vereinigung und Seelengemeinschaft mit anderen Künstlern ist, besagt ein eben ausgelassener Satz: „Aimons-nous donc *en l'Art*, comme les mystiques s'aiment *en Dieu*". Kunst und Entwicklung der Gesellschaft stehen im Gegensatz, und der Künstler leidet immer mehr: „Je crois que les souffrances de l'artiste moderne sont, à celles de l'artiste des autres temps, ce que l'industrie est à la mécanique manuelle. Elles se compliquent maintenant de vapeurs condensées, de vers, de rouages. Patience, quand le socialisme sera établi, on arrivera en ce genre au sublime. Dans le règne de l'égalité, et il approche, en écorchera vif tout ce qui ne sera pas couvert de verrues. Qu'est-ce que ça fout à la masse, l'Art, la poésie, le style?[22] Er möchte der Dichterin Louise Colet „La tour d'ivoire"[23] empfehlen (weiß aber, daß ihr, da sie ärmer ist, dieser Rückzug weniger leicht fällt als ihm). Er selbst findet die gesuchte Tröstung in der Arbeit am Kunstwerk: „. . . l'Art est une si bonne chose, cela vous remet si bien d'aplomb, le travail, que ce soir je suis tout rassèné (*sic*), calmé, purgé."[24] So bedeutet für Flaubert die Formel: „. . . le but de l'art (est) . . . le Beau avant tout"[25] auch die in der Kunst enthaltene Möglichkeit, außerhalb der Gesellschaft und der Realität und unabhängig von den Leiden, die sie bereiten, Genüsse und Freuden zu finden.

Daß die Kunst nicht ohne Leiden ist, wissen Flaubert und seine Zeitgenossen. Flaubert selbst beschreibt immer wieder die Qualen der erschöpfenden Arbeit am Kunstwerk. Gautier läßt in *Le Pin des Landes* verstehen, daß die Dichtung aus dem Schmerz kommt, wie es auch die *Nuits* von Musset besagen. Häufiger aber wird das Bedrohliche und Vernichtende, das in der Schönheit oder in der Suche nach ihr liegt, herausgestellt.

Gautier stellt in *Omphale* einerseits das Glück dar, das die Liebe zur schimärischen Frau, zu der aus einer Tapisserie herabgestiegenen unwirklichen Idealgestalt, bereitet; andererseits zeigt er in *Une nuit de Cléopâtre*, daß die Annäherung an die ideale Frau, die zugleich die Schönheit verkörpert, tödlich ist, auch wenn sie die höchste Beglükkung bringt. Leconte de Lisle, der in *Vénus de Milo* die Schönheit besingt, erkennt ihr höchste Anziehungskraft zu, gesteht aber auch ein, daß sie nichts mit den Freuden des Lebens, der Liebe, dem Genuß gemein hat und unerreichbar bleibt:

Marbre sacré, vêtu de force et de génie,
Déesse irrésistible au port victorieux,
Pure comme un éclair et comme une harmonie,
O Vénus, ô beauté, blanche mêre des Dieux!
. . . .
Non! les Rires, les Jeux, les Grâces enlacées,
Rougissantes d'amour, ne t'accompagnent pas.
. . . .
Du bonheur impossible ô symbole adorable,
Calme comme la mer en sa sérénité,
Nul sanglot n'a brisé ton sein inaltérable,
Jamais les pleurs humains n'ont terni ta beauté.[26]

Das als schön Erlebte und Besungene ist gefährlich und vernichtend auch in *Midi:*

Midi, roi des étés, étendu sur la plaine,
Tombe en nappes d'argent des hauteurs du ciel bleu.
. . . .
Homme . . .
Fuis! la Nature est vide et le Soleil consume:
Rien n'est vivant ici, rien n'est triste ou joyeux.[27]

Diese Welt kann nur Zuflucht für jemanden sein, der „désabusé des larmes et du rire" ist, also die Nichtigkeit des normalen Lebens erkannt hat und aus dem Leben fliehen will; ihm gibt der „midi" das „Néant divin".

Gefährlich und vernichtend ist auch für Baudelaire die Schönheit, die aus dem Leben führt, aber auch alles verklärt und über die Realität hinauszukommen verspricht: In *La beauté* spricht die Schönheit:

Je suis belle, ô mortels! comme un rêve de pierre,
Et mon sein, où chacun s'est meurtri tour à tour,
Est fait pour inspirer au poète un amour
Eternel et muet ainsi que la matière.
. . . .
Et jamais je ne pleure et jamais je ne ris.
. . . .
Car j'ai, pour fasciner ces dociles amants,
De purs miroirs qui font toutes choses plus belles:
Mes yeux, mes larges yeux aux clartés éternelles![28]

Die Faszination der Schönheit spürt auch Stéphane Mallarmé. Wie bei seinen Vorgängern stehen Schönheit und die Kunst im Gegensatz zur Realität und zu den niedrigen Menschen. In *Les Fenêtres* heißt es:

> . . . pris du dégoût de l'homme à l'âme dure
> Vautré dans le bonheur, où ses seuls appétits
> Mangent . . .
> . . . .
> Je fuis et je m'accroche à toutes les croisées
> D'où l'on tourne l'épaule à la vie, et, béni,
> Dans leur verre, lavé d'éternelles rosées,
> Que dore le matin chaste de l'Infini
> Je me mire et me vois ange! et je meurs, et j'aime
> – Que la vitre soit l'art, soit la mysticité –
> A renaître, portant mon rêve en diadème,
> Au ciel antérieur où fleurit la Beauté!
> Mais, hélas! Ici-bas est maitre: sa hantise
> Vient m'écoeurer parfois jusqu'en cet abri sûr,
> . . . .[29]

Der Dichter würde gern fliehen, auf die Gefahr des Absturzes hin davonfliegen auf seinen „Flügeln ohne Federn".

Die besondere Nuance bei Mallarmé ist nun, daß er die Kunst und die Beschäftigung mit der Schönheit nicht nur als Trost für die Niedrigkeit des Daseins empfindet und als Erlösung, sondern die Ekelhaftigkeit der Welt begrüßt, weil sie die Vorbedingung dafür ist, daß wir den Traum hegen, das Ideal suchen. Als Mallarmé das Gedicht am 3. Juni 1863 an seinen Freund Cazalis sandte, nahm er Bezug auf Baudelaires Gedicht *Le reniement de Saint Pierre*, fand es gut, das „l'Action ne fût pas la soeur du Rêve"[30] und erklärte: „Si le Rêve était ainsi défloré et abaissé, où donc nous sauverions-nous, nous autres malheureux que la terre dégoûte et qui n'avons que le Rêve pour refuge! O mon Henri, abreuve-toi d'Idéal. Le bonheur d'ici-bas est ignoble – . . ."[31] Mallarmé leidet dann selbst unter der Unmöglichkeit, das Ideal zu erreichen.[32]

Bei Mallarmé zeigt sich die Problematik eines Rückzugs in den Elfenbeinturm. Der Künstler will gerade die Kluft zwischen Realität und Ideal zum Anfangspunkt für die ästhetische Distanz machen und das Auseinanderfallen von Realität und „idéal" (oder „rêve") schmerzlich genießen. Aber der Verzicht auf das Leben zugunsten der ästhetischen Haltung ist insofern keine Lösung, als nun die ästhetische Betrachtung und die künstlerische Schöpfung ihr eigener Gegenstand werden und versiegen (da eben das ausbleibt, wovon sie ausgehen müssen: das Erleben). Manche Gedichte Mallarmés beschreiben das Nichtzustandekommen des Kunstwerks und lassen das Leiden des Künstlers daran erkennen.[33].

Jules Laforgue verspottet dann in *Lohengrin, fils de Parsifal* die Neigung der Dichter, auf das Leben zu verzichten. Er läßt seinen Helden von der Frau weg auf dem zum Schwan gewordenen Kissen davonfliegen „vers les altitudes de la Métaphysique de l'Amour, aux glaciers miroirs que nulle haleine de jeune fille ne saurait ternir de buée pour y tracer du doigt son nom avec la date!/Et c'est depuis lors qu'à de pareilles nuits des poètes célèbrent froidement et inviolablement dans leur front certaine petite fête de l'Assomption."[34] Der Rückzug in den Elfenbeinturm wird von Laforgue als krankhaft angesehen; in der Tat kann die Beschäftigung mit dem Idealen und Schönen ein Element der gewollten und hochmütigen Absonderung von den Menschen und der

Zurückweisung des Normalen enthalten, wobei man das Leiden als Vorwand nimmt und geradezu provoziert.

Etwas Krankhaftes entdeckt auch Huysmans im Ästhetizismus. Im Roman *À rebours* stellt er den Zusammenhang zwischen Unzufriedenheit mit der Realität, Leiden an der Gesellschaft, Rückzug in ein Dasein der ästhetischen Empfindung, Zerrüttung der Nerven und Zusammenbruch dar, denn das ist der Weg, den der Held des Esseintes geht, mit dem sich der Autor übrigens recht stark identifiziert.

Im wesentlichen unabhängig von der deutschen und französischen Entwicklung tritt in Italien früh die Auffassung auf, daß die Kunst nichts anderes leisten könne und solle, als für das Leiden am Leben und an der Realität zu entschädigen. Bei Foscolo finden wir vielleicht einen Keim von der rein kompensatorischen Funktion der die Schönheit schaffenden Dichtung, wenn er *Le Grazie*, ein unpolitisches Gedicht über (die Attribute der Schönheit verkörpernde) göttliche Wesen, seinem von ausländischen Königen unglücklich gemachten Vaterland widmet. Die tröstende Wirkung der Dichtung behandelt Leopardi. In *Al Conte Carlo Pepoli* spricht er vom Gegensatz zwischen dem „bitteren Wahren" („acerbo vero") und dem schönen Bild, das die „Kraft der lieben Einbildung" („Virtù del caro immaginar") gibt und das der Dichter findet durch die „mühevolle Beschäftigung mit den Dichtungen und das Streben, in Worten das Schöne nachzuzeichnen, das selten und kurz und flüchtig in der Welt erscheint, und das Schöne, das uns die anmutige Phantasie, die gütiger ist als die Natur und der Himmel, vorspiegelt und unser Irrtum" („Studio de' carmi e di ritrar parlando/ Il bel che raro e scarso e fuggitivo/Appar nel mondo, e quel che più benigna/Di natura e del ciel, fecondamente/ A noi la vaga fantasia produce / E il nostro proprio error").[35] Im *Discorso di un Italiano intorno alla poesia romantica* setzt sich Leopardi mit der von Madame de Staël und L. di Breme vertretenen Meinung auseinander, die Dichtung müsse der Entwicklung der Menscheit und der Gesellschaft entsprechen und zu ihr beitragen. Er wendet ein: „. . . es ist nicht Sache des Dichters, sondern des Philosophen, auf das Nützliche und Wahre zu achten: Dem Dichter liegt das der Phantasie Erfreuliche am Herzen, und das sucht er ebenso im Wahren wie im Falschen, ja meistens lügt er sogar und bemüht sich, Täuschung hervorzubringen . . ." – („. . . non è del poeta ma del filosofo il guardare all'utile e al vero, il poeta ha cura del dilettoso alla immaginazione, e questo raccoglie così dal vero come dal falso, anzi per lo più mente e si studia di fare inganno . . .)[36] Auf der Suche nach „dem reinen und substantiellen Vergnügen, das der eigentliche Zweck der Dichtung ist" („quel diletto puro e sostanziale ch'è il fine proprio della poesia"), macht der Dichter das auf natürliches Empfinden und auf mangelnde Aufgeklärtheit und geringe Erkenntnis gegründete Bild unserer Vorfahren von der Natur sich zu eigen und reproduziert es. „Und diese Anpassung der Menschen an die Natur besteht darin, daß wir uns mit der Einbildungskraft so gut wie möglich in den ursprünglichen Zustand versetzen, in dem unsere Vorfahren waren." („E questo adattarsi degli uomini alla natura, consiste in rimetterci coll'immaginazione come meglio possiamo nello stato primitivo de' nostri maggiori . . .") Später hat Leopardi dann eingeräumt, daß auch die Gefühle, welche die modernen Menschen empfinden und welche bei ihnen tiefer sind als die Gefühle der Alten, in der Poesie gestaltet werden können; doch soll die Dichtung kompensatorisch sein. Seine eigenen Werke erfreuen übrigens mehr durch die Schönheit der Gestaltung als durch die Gedanken, die recht pessimistisch sind und den Leser eher niederdrücken können. Für ihn aber waren seine Gedichte eine Möglichkeit, mit dem Leiden des Lebens fertigzuwerden, ohne auf andere Zwecke Rücksicht nehmen zu müssen. Seine Theorie der Kunst um der Freude willen zeigt, daß in jener pessimistischen Zeit der Gedanke nahelag, in der Kunst ein Refugium zu suchen.

Außer Leopardi scheinen die italienischen Künstler den Gedanken zu haben, daß die Kunst (und nur sie) eine Kompensation für das von der Realität bereitete Unglück gibt. Der junge Carducci erwartet nach der Aussage des Gedichtes *F. Petrarca* von der Beschäftigung mit der Dichtung die Möglichkeit, in der Zurückgezogenheit im Glück ästhetischen Genießens zu leben. In *Presso una Certosa* spricht der reife Dichter den Wunsch und die Hoffnung aus, daß vor dem Winter (des Lebens) noch einmal die Poesie gleich einem Sonnenstrahl im Herbst Heiterkeit bringt.[37] Pascoli läßt den Zauberer in *Il mago* sich auf den ästhetischen Genuß beschränken; *La Poesia* stellt die Dichtung als verklärend, aber die Realität nicht verändernd dar; in *Solon* bleibt dem alten Griechen außer dem Wein als Freude nur die Dichtung, und nur die in der Dichtung gefundene ästhetische Empfindung ist eine Überwindung des Todes.[38] Der Held Sperelli von d'Annunzios *Il Piacere* will sich wie die Vertreter des *l'art pour l'art* von der Masse fernhalten. Aber der Held von *Il Fuoco*, ein Dichter, erlebt eine „Kommunion seiner Seele mit der der Menge", eine „comunione tra la sua anima e l'anima della folla", und er spürt, wie seine Kunst und die Dichtung schlechthin eine Erlösung bringen können: „ ‚Zur Freude, zur ewigen Freude!' dachte Stelio Èffrena. ‚Das Volk besteht aus all denen, die ein dunkles Bedürfnis verspüren, sich durch die Fiktion zu erheben aus der täglichen Gefangenschaft, in der sie dienen und leiden.' . . . In den rohen und unwissenden Seelen bewirkte seine Kunst, obwohl sie nicht begriffen wurde, durch die geheimnisvolle Macht des Rhythmus eine tiefe Erregung, die der des Gefangenen ähnlich war, der im Begriff ist, aus den harten Fesseln befreit zu werden." – „ ‚Verso la Gioia, verso l'eterna Gioia!' pensava Stelio Èffrena. ‚Il popolo consiste di tutti colore i quali sentono un oscuro bisogno di elevarsi, per mezzo della Finzione, fuor della carcere cotidiana in cui servono e soffrono.' . . . Nelle anime rudi e ignare la sua arte, pur non compresa, per il potere misterioso del ritmo recava un turbamento profondo, simile a quello del prigioniere che sia sul punto di essere liberato dai duri vincoli."[39]

Englischsprachige Autoren bekennen sich bisweilen zu einer Kunst, die nur die ästhetische Wirkung sucht. Poe kommt es nur auf den Effekt an; Wilde scheint im Programm seines *l'art pour l'art* die Realität abzuwerten, wenn er schreibt: „No artist desires to prove anything. Even things that are true can be proved."[40]

Der auch von Frankreich beeinflußte Südamerikaner Rubén Darío spricht davon, daß der „elfenbeinerne Turm" ihn versuchte und er dann, in sich selbst eingeschlossen, Sehnsucht nach Raum und Himmel hatte; zwar haben Welt, Fleisch und Hölle sein Herz mit Bitterkeit erfüllt, aber die Kunst habe dann die Schärfe in Süße verwandelt, weil seine Seele durch die Gnade Gottes sich dem Guten zugewandt habe. Hier erscheint die Kunst als Rettung vor dem Leiden, das die Realität bereitet, aber nicht als Kompensation, sondern als Möglichkeit, die Welt anders zu deuten und einen Sinn zu finden.[41] Im iberischen Raum wurde *l'art pour l'art* nicht sehr leidenschaftlich diskutiert (Ansätze zu Theorie der Kunst um ihrer selbst willen gibt es bei Juan Valera).

Aber auch wenn nicht in allen Literaturen die Auffassung Bedeutung erlangte, daß allein im ästhetischen Erleben und Schaffen eine Kompensation für das Leiden an der Realität zu finden sei, so zeigen doch die Ansätze in den verschiedenen Ländern, daß es sich um eine Tendenz handelt, die für das 19. und das beginnende 20. Jahrhundert kennzeichnend ist und die sich aus dem Pessimismus ergibt.

Welterfassung durch ästhetisches Erleben

In der Theorie der Trennung der Kunst von Nützlichkeit und Moral und des *l'art pour l'art* ist die Auffassung angelegt, daß die Kunst (also auch die Dichtung) keine Aussagen zur Welt machen kann, da ja das ästhetische Empfinden mit dem Erkenntnisvermögen nichts zu tun hat. Tatsächlich findet sich aber im 19. Jahrhundert und gerade auch bei den Vertretern des *l'art pour l'art* die Auffassung, daß die Kunst einen Zugang zum Wesen der Welt öffnet und sogar die für die Vernunft (die Ratio) bestehenden Erkenntnisschranken überwinden läßt.

A. W. Schlegel verweist in seiner *Kunstlehre* nach einer sehr kritischen Auseinandersetzung mit Kants *Kritik der Urteilskraft*, die „überhaupt mit dem transzendentalen Idealismus auf halbem Wege stehen geblieben ist", auf Fichte und vor allem auf Schelling: „Er stellt sie (die Kunst) auf ihren wahren Gipfel als die Auflösung eines unendlichen Widerspruchs im Menschen, die Wiedervereinigung der entzweiten Strebungen des menschlichen Geistes in letzter Instanz. Weil nun die Philosophie die ursprüngliche Einheit dieser Strebungen behauptet und von ihr ausgeht, um die ganze Erscheinung unseres Daseins begreiflich zu machen, so sei die Kunst das einzige wahre und ewige Organon zugleich und Dokument der Philosophie."[42] Schlegel begründet die Fähigkeit des Künstlers, das Wesen der Welt zu erfassen, durch die Analogie von Mikrokosmos und Makrokosmos: „... wegen der durchgängigen Wechselbestimmung aller Dinge ist jeder Atom Spiegel des Universums. Der Mensch ist aber das erste uns bekannte Wesen, das nicht bloß für eine fremde Intelligenz Spiegel des Universums wäre, sondern weil seine Tätigkeit in sich zurückgeht, es auch für sich selbst sein kann. Die Klarheit nun, die Energie, die Fülle, die Allseitigkeit, womit sich wiederum dieses Abspiegeln in ihm spiegelt, bestimmt den Grad seiner künstlerischen Genialität und setzt ihn in den Stand, eine Welt in der Welt zu bilden."[43]

A. W. Schlegels Meinung entspricht der seines Bruders Friedrich und der Novalis'.[44] Madame de Staël behauptet ähnlich, daß die menschlichen Vermögen eine Einheit bilden und religiöses Empfinden, poetische Stimmung und Gefühl zusammen einen Zugang zum Wesen der Welt und Gottes geben.[45]

Eine in mancher Hinsicht radikalere, wenn auch von nicht ganz gleichen Voraussetzungen ausgehende Version der unter den deutschen Romantikern vertretenen Auffassung von der zum Wesen der Welt vordringenden Kraft der Dichtung gibt Schopenhauer; er setzt wissenschaftliche und künstlerische Erfassung der Welt einander entgegen: „Die dem Satz vom Grunde nachgehende ist die vernünftige Betrachtungsart, welche im praktischen Leben, wie in der Wissenschaft, allein gilt und hilft: die vom Inhalt jenes Satzes wegsehende ist die geniale Betrachtungsart, welche in der Kunst allein gilt und hilft. Die erstere ist die Betrachtungsart des Aristoteles; die zweite im Ganzen die des Plato ... Es ist als ob, damit der Genius in einem Individuo hervortrete, diesem ein Maaß der Erkenntnißkraft zugefallen seyn müsse, welches das zum Dienste eines individuellen Willens erforderliche weit übersteigt, welcher frei gewordene Ueberschuß der Erkenntniß jetzt zum willensreinen Subjekt, zum hellen Spiegel des Wesens der Welt wird."[46]

In Frankreich kann sich Sainte-Beuve, der Madame de Staëls Schule einseitig findet, die Kunst nicht ohne „un sentiment vif et intime des choses" vorstellen: „l'artiste, comme s'il était doué d'un sens à part, s'occupe paisiblement à sentir sous ce monde apparent l'autre monde tout intérieur qu'ignorent la plupart, et dont les philosophes se bornent à constater l'existence; il assiste au jeu invisible des forces, et sympathise avec elles comme avec des ames." Was für andere gegensätzlich und unzusammenhängend scheint, ist für ihn nur „un constraste harmonique, un accord à distance sur la lyre universelle".[47]

An solche Theorien scheint sich V. Hugo anzuschließen, wenn er in der *Préface de Cromwell* der Dichtung das Vermögen zuschreibt, die „harmonie des contraires" hinter den für den menschlichen Verstand greifbaren Gegensätzen zu erfassen und in einer Schöpfung, die eine Parallele zur Welt darstellt, diese zu erhellen: „(la poésie) sentira que tout dans la création n'est pas humainement *beau*, que le laid y existe à côté du beau, le difforme près du gracieux, le grotesque au revers du sublime, le mal avec le bien . . . Elle se mettra à faire comme la nature, à mêler dans ses créations, sans pourtant les confondre, l'ombre à la lumière, le grotesque au sublime, en d'autres termes, le corps à l'âme, la bête à l'esprit . . ."[48] Wie der Künstler das Eigentliche hinter den Dingen der Natur spürt, erklärt Hugo auf dichterische Weise am Beispiel Dürers und seiner eigenen Empfindung in *A Albert Dürer;* in einer Wendung, wie sie dann Baudelaire in den *Correspondances* im Ohr zu haben scheint, sagt er, er finde im Wald „pendre à tous les rameaux de confuses pénsees", und ruft aus: „O végétation! esprit! matière, force!"[49]

Eine solche Dichtungsauffassung findet sich bei Gautier nicht, wohl aber bei Flaubert und Baudelaire, die ihm doch in mancher Hinsicht nahestehen. Flaubert erklärt in seinen Briefen, wie er als Künstler mit dem Wesen der Dinge Kontakt sucht und findet. Es ist freilich keine „friedliche Beschäftigung" wie bei Sainte-Beuve, aber er sieht auch die Einheit im Unterschiedlichen und sogar das Harmonische im Häßlichen. Der Künstler muß das Häßliche und Scheußliche ansehen, etwa das Leichenhaus, um „relief" zu erreichen.[50] Doch gewinnt er daraus noch Schönheit – und findet die Verbindung mit dem Wesen: „Nous tirons des putréfactions de l'humanité des délectations pour ellemême, nous faisons pousser des bannettes de fleurs sur des misères étalées. Le Fait se distille dans la Forme et monte en haut, comme un pur encens de l'Esprit vers l'Éternel, l'Immuable, l'Absolu, l'Idéal".[51] – „Au-dessus de la vie, au-dessus du bonheur, il y a quelque chose de bleu et d'incandescent, un grand ciel immuable et subtil dont les rayonnements qui nous arrivent suffisent à animer des mondes. La splendeur du génie n'est que le reflet pâle de ce Verbe caché".[52]

Baudelaires *Fleurs du Mal* enthalten in manchen Gedichten die Auffassung, daß der Dichter von Gott gesegnet wird, daß er zum Höheren Zugang hat (*Élévation*), freilich in der Thematik des Scheiterns auch eine Negierung einer solchen Dichtungslehre. In doppeldeutiger Weise heißt es in *Le Confiteor de l'artiste*: „Grand délice que celui de noyer son regard dans l'immensité du ciel et de la mer! . . . toutes ces choses pensent par moi, ou je pense par elles (car, dans la grandeur de la rêverie, le moi se perd vite!); elles pensent, dis-je, mais musicalement et pittoresquement, sans arguties, sans syllogismes, sans déductions."[53] Offen bleibt dabei, ob an dieser Stelle wirklich ein Kontakt mit der Welt, ein Eindringen stattfindet, ob „ces pensées . . . sortent de moi ou s'élancent des choses."

Im Gedicht *Correspondances* der *Fleurs du Mal* sagt Baudelaire deutlicher, daß die Natur, die Welt etwas zu erkennen gibt und der Mensch, der Dichter durch ästhetisches (und synästhetisches) Erleben eine Ahnung vom Wesen der Dinge oder vom Urgrund erfährt:

La Nature est un temple où de vivants piliers
Laissent parfois sortir de confuses paroles;
L'homme y passe à travers des forêts de symboles
. . . .
Dans une ténébreuse et profonde unite
. . . .
Les parfums, les couleurs et les sons se répondent.[54]

Bei Mallarmé soll dann die Dichtung keine Aussage mehr treffen und auch die Welt nicht deuten, sondern die Worte in ihr stellen ein Universum für sich dar. Aber in der deutschen und italienischen Literatur der Zeit um 1900 wird die Dichtung als Zugang zur Welt und zu ihrem Urgrund aufgefaßt.

Das ist im Falle Italiens überraschend. Foscolo erwog nicht, daß die Dichtung einen Zugang zum Urgrund geben könnte. Leopardi meinte, daß die Dichtung zwar bei ihrer Entstehung in den alten Zeiten ein Weltbild enthielt, aber erklärt auch, daß dieses falsch ist, und wenn der moderne Dichter sich an die Art der Alten anschließt, so spricht er auf eine Weise, die der Entwicklung der geistigen Fähigkeiten und dem Weltbild der heutigen Zeiten widerspricht. Manzoni faßt die Dichtung als Zugang zum Eigentlichen auf, aber nicht als Erfassung des Urgrundes durch ein besonderes Vermögen mystischer oder religiöser Art, sondern der Autor (der historischen Tragödie oder des historischen Romans) soll als abgeklärter Mensch die Realität und ihre Fakten unvoreingenommen betrachten, den Zusammenhang erfassen, das Allgemeinmenschliche (auch durch Nachvollzug, d. h. durch Introspektion) begreifen und so zu einer verstehenden und liebevollen Art gelangen, den Menschen und seine soziale und historische Wirklichkeit zu sehen.

Auch Verga sucht eine abgeklärte und von Sympathie und Mitleid bestimmte Betrachtung der Menschen ohne direkte Aussage über das hinter den Dingen stehende Wesen der Welt. Und dasselbe Ziel verfolgt Pirandello in seinem frühen Roman *L'Esclusa*. Aber dieser Autor macht zum Thema seiner Werke den Zweifel, das Tatsächliche an der Realität erfassen zu können (die Wahnvorstellungen seiner Frau sind ein Anlaß zur Entwicklung des Pirandellianischen Weltbildes); einerseits entwickelt sich bei ihm ein radikaler Skeptizismus gegenüber aller rationalen oder von Wahrscheinlichkeiten und Erfahrungen ausgehenden Sicht der Dinge, andererseits erlebt er die Bedeutung der Intuition und der Phantasie und verspürt auch, daß die dichterische Schöpfung der Realität vorausgehen und sie vorwegnehmen kann, sie also dann trifft und dabei ein (nicht auf Rationalität oder Regelmäßigkeit gegründetes) Gesetz der Welt erfaßt. Insgesamt scheint er die Dichtung als Schöpfung aufzufassen, die eigenständig ist, aber eine Parallele zur realen Welt bildet und diese so beleuchtet.

Im Vorwort zu *Sei personaggi in cerca d'autore* spricht Pirandello davon, daß der Künstler von seiner Phantasie abhängt und sie nicht beherrschen kann, die Geschöpfe der Phantasie dann ein eigenes Leben unabhängig vom Willen des Künstlers führen, auch wenn der Autor durch seine Gestaltung der Materie Form gibt. In der *Avvertenza sugli scrupoli della fantasia* im Anschluß an den Roman *Il fu Mattia Pascal* erklärt er: „... im Namen des Lebens einem Kunstwerk Absurdität und Unwahrscheinlichkeit vorzuwerfen, ist eine Dummheit" („... tacciare d'assurdità e d'inversomilianza, in nome della vita, un'opera d'arte è balordaggine"), und er schließt mit dem Gedanken, daß das Leben, das nicht begreifbar ist, wirkliche und zugleich unwahrscheinliche Ereignisse geschehen läßt und diese auch in gewissen Kunstwerken vorgebildet sein können, „in den Romanen, die das Leben, ohne es zu wissen, von der Kunst abschreibt" – („nei romanzi che, senza saperlo, essa (= la vita) copia dall'arte").[55]

D'Annunzio deutet in *Il Fuoco* an, daß der Dichter für die Menge der Menschen spricht.[56] In seinen Lyriken will D'Annunzio als Dichter die Vergangenheit in der Gegenwart aufleuchten und dabei die ewigen Zusammenhänge hervortreten lassen. Der Dichter wird zugleich Deuter und Stifter des Dauernden in der Welt. So hat auch – nicht zufällig – Hofmannsthal in einem Artikel über d'Annunzio von dieser einheitsstiftenden und das Entfernte verbindenden Sicht gesprochen. Er findet bei dem italienischen Dichter und auch bei anderen Autoren „Möbelpoesie", die nur durch die von der Vergangenheit ererbte Bildung möglich wird; sie arbeitet mit Dingen, „die wir herbeirufen, wenn unsere Gedanken nicht stark genug sind, die Schönheiten des Lebens zu finden, und fortstreben, hinaus nach der künstlichen Schönheit der Träume."[57] Anders aber erlebt er später einen Roman (*Le Vergini delle Rocce*) von d'Annunzio, und er trifft die Art und Absicht des Italieners mit den folgenden Worten ebenso gut wie mit den eben wiedergegebenen, denn d'Annunzio suchte auch, die Zeiten und die Räume zu überbrücken und das Dauernde und Wesenhafte in der Welt zu erfassen: „Wie ich vor ein paar Monaten mit diesem Buch in Venedig unter den Arkaden saß, war seine Kraft so groß über mich, daß mir unter dem Lesen wirklich manchmal so war, als trüge mir der Dichter sein ganzes Land entgegen, als käme Rom näher aufgerückt, das Meer von allen Seiten hergegangen, ja als drängten die Sterne hernieder."[58]

Hofmannsthal schließt dann Sätze an, in denen er nach der Meinung Helmut Koopmanns das Phänomen der „Entgrenzung" weiter ausführt; sie ist das Ziel (und Merkmal) einer Dichtung, die nicht die Wirklichkeit spiegeln, sondern über die Wirklichkeit hinauskommen will.[59] „Denn noch stärker als die hochheiligen Ströme sind die ganz großen Dichter; schaffen sie nicht jenen seligen schwebenden Zustand der deukalionischen Flut, jene traumhafte Freiheit, ‚im Kahn über dem Weingarten zu hängen und Fische zu fangen in den Zweigen der Ulme'?"[60]

Schon Mallarmé faßte das Spiel mit Bildungsgut oder genauer mit der Resonanz von auch aus der Bildung stammenden Erlebnissen schärfer denn Hofmannsthal als Möglichkeit (ja, als Ziel) moderner Dichtung, die insofern Aspekte der Möbelpoesie hat; der Sache nach haben Flaubert und Baudelaire (*Correspondances*, *Andromaque, je pense à vous*) die Entgrenzung angestrebt und als Zeichen echter Poesie angesehen, ja auch Hugo und Sainte-Beuve (*Les rayons jaunes*) sind hier zu nennen. Flaubert hat bei der Abfassung der *Madame Bovary* das Erlebnis der Bewußtseinserweiterung, des Eins-Seins mit den dargestellten Lebewesen und Dingen. „... c'est une délicieuse chose que d'écrire, que de ne plus être *soi*, mais de circuler dans toute la création dont on parle."[61] Im deutschen Sprachraum wird das „literarische Phänomen" der Entgrenzung aber erst „um 1900" für das Selbstverständnis und Bewußtsein der Autoren wichtig.[62]

Die beiden von Hofmannsthal beschriebenen Möglichkeiten der Dichtung: „Möbelpoesie" und „Entgrenzung", finden sich in der Dichtungsauffassung Rilkes, wie er sie in seinen Gedichten andeutet, und diese werden dadurch vielfach doppeldeutig. Das erweist sich etwa in den *Sonetten an Orpheus*. Der Anfang des zweiten Teils besingt die erlebte Einheit von Dichtung, Leben und Welthaftigkeit, die eine Variante der Entgrenzung ist: „Atmen, du unsichtbares Gedicht! / Immerfort um das eigne / Sein rein eingetauschter Weltraum. Gegengewicht, / in dem ich mich rhythmisch ereigne. / Einzige Welle, deren / allmähliches Meer ich bin; / ..."[63] Aber immer wieder läßt es Rilke auch offen, ob die Art, wie wir die Welt erleben und die mit der Dichtung verbunden ist, vom Dichter gestiftet, seine Schöpfung, vielleicht Einbildung ohne absoluten Erkenntnisgehalt ist: „Nicht sind die Leiden erkannt, / nicht ist die Liebe gelernt, / und was im Tod uns entfernt, / ist nicht entschleiert. / Einzig das Lied überm Land / heiligt und feiert."[64] – Doppeldeutig ist das Gedicht: „Dir aber, Herr, o was weih ich dir, sag, / der das Ohr den Geschöpfen gelehrt? –"[65] Verschieden kann man auch das Bild deuten, das den ersten Teil endet: Da die Dichtung oder ihre Resonanz überall gegenwärtig sind (des Dichters Orpheus Reste überall verteilt wurden), haben die Dinge jetzt für uns eine Bedeutung: „O du verlorener Gott! Du unendliche Spur! / Nur weil dich reißend zuletzt die Feindschaft verteilte, / sind wir die Hörenden jetzt und ein Mund der Natur."[66] Aber diese Verse können genauso gut besagen, daß die Dichtung die Dinge uns eröffnet und zugänglich macht, und das sollen sie wohl ausdrücken.

Im iberischen Raum entwickelt sich spät und nur schwach der Gedanke, daß die Dichtung besondere Erkenntnismöglichkeiten bietet und das Wesen der Welt zeigt. Der von Frankreich beeinflußte Südamerikaner Rubén Darío verbindet wahre Dichtung, Befreiung vom Leiden an der Realität und vom „niedrigen Denken" („pensar bajo") und Kontakt mit dem wahren Wesen der Welt in den *Cantos de Vida y Esperanza:*

das Gute . . .
und wenn es bittere Galle in meiner Existenz gab,
versüßte alle Schärfe die Kunst.
Ich befreite meinen Intellekt vom niedrigen Denken,
das kastalische Wasser badete meine Seele,
es wanderte mein Herz und brachte
aus dem heiligen Wald die Harmonie.

el Bien . . .
y si hubo aspera hiel en mi existencia,
melificó toda acritud el Arte.
Mi intelecto libré de pensar bajo,
bañó el agua castalia el alma mía,
peregrinó mi corazón y trajo
de la sagrada selva la armonía.[67]

Ramón de Valle-Inclán stellt im Gedicht *Rosaleda* dar, wie er in einem dunklen Walde (ist dieser Anfang eine Dante-Reminiszenz?) ein Lied der Hoffnung hört, er dann in einen Rosenhag kommt, der auch der Garten der Dichtung sein muß, er dort das Sternengeheimnis pflückt und getröstet wird. Das Gedicht, das sogar das Wort „doppeldeutig" enthält, kann verschieden gedeutet werden: Die Dichtung bildet eine Welt für sich mit neuen Deutungen und Fabeln, wobei man in ihrer Welt heimisch werden kann; oder sie stellt neue Verbindungen zwischen den Dingen und wirkliche Deutungsmöglichkeiten her und läßt zum Wissenden werden. Vielleicht liegen beide Aussagen in der Absicht Valle-Incláns.[68] Jedenfalls kommt der Dichter über die normalen Erfahrungen hinaus und erlebt so durch die Dichtung eine Entgrenzung. Zu bedenken ist auch, daß das zweitletzte Gedicht der Sammlung *El Pasajero* dann in *Rosa deshojada* den Verlust der Hoffnung beinhaltet: Das Durchgehen der verschiedenen in den Rosen der anderen Gedichte enthaltenen Möglichkeiten bleibt also insofern ohne Ergebnis. In der Sammlung *La Pipa del Kif* werden die Deutungen der Welt, die nur aus der Seele, dem Bewußtsein, dem Herzen kommen, als illusorisch gekennzeichnet.

Eine typische Entgrenzung findet man bei Pessoa in *Chuva oblíqua*. Der Dichter ist zugleich an seinem Schreibtisch in der Gegenwart und in der Vergangenheit im alten Ägypten:

Ich schreibe – ich werde verwirrt, da ich sehe, daß die Spitze meiner Feder
Das Profil des Königs Cheops ist . . .
Plötzlich halte ich inne . . .
Alles wurde dunkel . . . Ich falle durch einen aus Zeit gemachten Abgrund . . .
Ich bin begraben unter den Pyramiden und dabei, Verse beim Licht dieses hellen Leuchters zu schreiben
Und ganz Ägypten erdrückt mich von oben durch die Züge, die ich mit der Feder mache . . .

Ich höre, die Sphinx lachen im
Geräusch meiner Feder, die über das Papier läuft ...

Escrevo – perturbo-me de ver o bico da minha pena
Ser o perfil do rei Cheops ...
De repente paro ...
Escureceu tudo ... Caio por um abismo feito de tempo ...
Estou soterrado sob as pirámides à escrever versos à luz clara deste cadeleiro
E todo o Egipto me esmaga de alto através dos traços que faço com a pena ...
Ouço a Esfinge rir por dentro
O som da minha pena a correr no papel ...[69]

Es überrascht uns nicht, daß der Dichter (oder das lyrische Ich) von Bildungsgütern, von der Resonanz der Bildung ausgehend, die Grenzen seines Bewußtseins sprengt. Auch hier herrscht Doppeldeutigkeit: Erlebt der Dichter die Dinge der fremden Welt wirklich, oder spiegelt ihm die angeregte dichterische Phantasie etwas vor? Die Lektüre der übrigen Werke Pessoas zeigt die tiefe Skepsis des Autors allen Erkenntnismöglichkeiten gegenüber.

Insgesamt scheint das Problem einer höheren Erfahrung und Erkenntnis durch die Dichtung für das 19. Jahrhundert wichtig. Hugo und vor allem Pirandello schreiben der Dichtung eine Möglichkeit der Welterhellung zu, weil sie eine Schöpfung in Parallele zur Welt sei; die meisten Autoren aber sehen im ästhetischen Erleben (wozu auch das Schaffen gehört) eine geradezu übernatürliche oder mystische Quelle rational nicht beschreibbarer Erkenntnis, einen Kontakt mit dem Göttlichen oder dem Wesen der Welt. Neben der deutschen Romantik ist das Frankreich der Jahrhundertmitte bei der Entwicklung und der Verbreitung dieser Dichtungsauffassung wichtig. Sie ist um 1900 weitverbreitet, aber wird nun nicht mit Sicherheit ausgesprochen. Während Hugo die Parallele zwischen Dichtung und Natur einfach behauptet, macht Pirandello aus dem Verhältnis zwischen Roman und Wirklichkeit ein ironisches Spiel. Die anderen Autoren schließen nicht aus, daß das Über-sich-Hinauskommen subjektive Einbildung ist und dabei die Resonanz von Bildungserlebnissen die Sinne und den Geist befängt. Aber es spricht sich in den besprochenen Werken auch der Wunsch nach Befreiung von den Schranken des menschlichen Geistes durch die Dichtung aus. Dieses Bedürfnis scheint sehr stark.

Idealschönes und Zeitgeschmack

Die höchste Idee ist nach Platon die des Schönen, Wahren und Guten. Die Hoffnung, durch die Dichtung zu etwas Absolutem durchzustoßen, muß sich keineswegs nur auf die sich in ihr eröffnenden Erkenntnismöglichkeiten (auf das Wahre) richten, Auch die höchste Schönheit (wie das höchste Gute) könnte sich in ihr offenbaren oder wenigstens erahnt werden. Das Idealschöne hat in der ästhetischen Theorie von jeher eine große Bedeutung.[70] Im 19. Jahrhundert konnte die Vorstellung vom Idealschönen noch den Autoren eine Rechtfertigung bieten und zugleich eine Richtschnur geben. Sie konnten dann ihr Werk sogar ohne Zustimmung des Publikums für gut und gelungen halten, durften aber auch nicht gemäß den Leserwünschen, sondern mußten für eine andere Instanz schreiben, die sie in ihrer Eigenschaft als Kritiker ihrer eigenen Werke zu vertreten hatten. Wenn sie sich um eine hohe Kunst bemühten, durften sie sich über das Publikum erhaben dünken, aber dazu gehörte auch, daß sie strengen und nicht immer leicht erkennbaren Ansprüchen der Kunst zu entsprechen suchten, ohne sich dessen sicher zu sein.

Im 19. Jahrhundert ist die Theorie vom Idealschönen in einer ernsten Krise. Aber auch dann, wenn man an die Idee vom Schönen nicht mehr glaubt, hört der Künstler nicht auf, sich einer anderen Instanz als dem gegenwärtigen Publikum verpflichtet zu fühlen; die Dichtung bleibt ein hohes Amt, das mit dem Ziel ausgeübt werden muß, besonderen Ansprüchen zu genügen und, wenn man schon an das Publikum denken soll, den Geist der Leser zu neuen ästhetischen Erlebnissen und Erlebnismöglichkeiten zu führen und zu heben.[71]

Die Krise des Idealschönen ist schon bei Kant deutlich. Er verneint, daß man einen allgemeinen Maßstab für das Schöne bestimmen kann, und erklärt doch, daß das ästhetische Urteil Anspruch auf „Allgemeinheit" erhebt.[72] Das Genie aber schafft Produkte, die „Muster, d. i. e x e m p l a r i s c h sein müssen; mithin, selbst nicht durch Nachahmung entsprungen, anderen noch dazu , d. i. zum Richtmaße oder Regel der Beurtheilung, dienen müssen". Es hat „auch es nicht in seiner Gewalt . . ., dergleichen nach Belieben oder planmäßig auszudenken und anderen in solchen Vorschriften mitzutheilen, die sie instand setzen, gleichmäßige Producte hervorzubringen".[73] Nach der extremen Auslegung der Kantschen Lehre kann das Genie nicht bewußt ein Rezept befolgen, sich also auch nicht den Wünschen der Zeitgenossen oder ihren Schönheitsvorstellungen unterordnen; wenn es sich dem Zeitgeschmack unterwirft, ist es kein Genie. Aber Kant verweigert auch die Aussage, wonach der Künstler sich ausrichten soll.

Damit ist das sich immer schärfer stellende Problem des Künstlers im 19. Jahrhundert gegeben: Er soll (und will) als Genie sich nicht dem Zeit- oder Publikumsgeschmack anpassen, und er weiß nicht, wie er das überzeitliche Werk hervorbringen soll. Freilich stellt sich auch nach Kant das Problem nicht sofort in seiner ganzen Schärfe, und zunächst hält man etwa in Frankreich an der Vorstellung vom Idealschönen fest. Darin ist aber schon A. W. Schlegel vorausgegangen, der sich in der *Kunstlehre* mit Kant auseinandersetzt und dabei die Vorstellung von einer Vollendung schlechthin nicht aufgibt. So spricht er von der „Annäherung an Vollendung" beim Künstler, der sich „seiner Individualität zu entäußern weiß"[74], und wie er an *den* „Charakter der Menschheit" schlechthin glaubt, erklärt er, es gebe „auch in der menschlichen Schönheit etwas allgemein Geltendes, wenn es schon von jenen manieriert gebildeten Nationen nicht anerkannt wird".[75] Die persönliche oder nationale oder zeitgebundene Manier wertet Schlegel gegenüber dem Stil ab.

Nicht sehr klar ist Madame de Staël, wenn sie bei der Erörterung der verschiedenen Künste und Geschmacksurteile der Deutschen und Franzosen feststellt: „Il faut, en littérature, tout le goût qui est conciliable avec le génie . . .", aber sie hält an der Vorstellung von einem allgemeingültigen Maßstab fest, da sie erklärt: „Les Allemands devroient s'interdire tout ce qui offense le goût naturel, tout ce qui retrace des images que les sensations repoussent . . ."[76] Immerhin hat die Autorin in *De la Littérature* erklärt, sie persönlich ziehe die ossianische Poesie der klassischen vor.[77] Darüber, daß das Griechische oder das Antike nicht den Maßstab für alle Zeiten hergibt, ist man sich insgesamt einig. Für die Schlegel kann Griechenland zwar in der bildenden Kunst, nicht jedoch in der Poesie Muster sein. V. Hugo unterscheidet in seiner *Préface de Cromwell* in weitgehender Übereinstimmung mit den Schlegel mehrere Epochen der Dichtung; er bestimmt den Charakter der Epoche, in der wir jetzt leben, als den des Dramas. Aber auch Thesen, wonach die Literatur sich weiterentwickelt, schließen nicht aus, daß es einen Zielpunkt oder wenigstens einen richtigen Weg für diese Entwicklung geben müsse; danach solle man streben; man müsse den Zeitgenossen möglichst weit voraus sein, ohne von der einzig guten Richtung abzuweichen. Das Idealschöne ist, so scheint es, für Hugo als Zielpunkt des Künstlers weniger unzeitlich oder überzeitlich als zukünftig. Wenn der Künstler sich auch nicht dem Zeitgeschmack unterwerfen soll, insofern dieser falsch ist oder sein kann, darf er sich doch der Entwicklung nicht verschließen.

Eine solche Auffassung erklärt auch einige Widersprüche in der ästhetischen Theorie Stendhals; er fordert in *Racine et Shakespeare*, daß der Autor sich nicht an den Geschmack einer vergangenen Epoche („les exigences des Français de 1670") anschliessen, sondern sich an die Bedürfnisse seiner Zeitgenossen halten solle. In der *Vie de Henry Brulard* behauptet er, der Dichter dürfe nicht ein Echo beim bestehenden Publikum suchen; vielmehr solle er sich erst ein Publikum schaffen und ein „Beau" bringen, das nicht schon eingeführt und allgemein verstanden ist, sondern von dem erst langsam eine größere Zahl von Lesern begreifen wird, daß „ce nouveau Beau est réellement beau".[78] Stendhal gibt offenbar die Vorstellung nicht auf, daß es etwas „wirklich Schönes" gibt, doch spricht er von *seiner* Vorstellung vom Schönen („Mon idée sur le beau littéraire"), von *seinem* Idealschönen („Mon beau idéal littéraire")[79], erklärt aber auch, daß dieses Idealschöne ihm bei der Kritik als Maßstab gilt (er nimmt es demnach so, als wäre es verbindlich). Freilich kann er sich beim Schreiben nicht daran halten, da seine Eigenart mit ihm durchgeht, und das wiederum läßt ihn bis zu einem gewissen Grad an sich selbst zweifeln.

Flaubert hält noch daran fest, daß die Kunst allein dem Schönen verpflichtet ist: „le but de l'art . . . (est) le Beau avant tout . . .".[80] Die Idee der zukünftigen Kunst wird für Flaubert Leitstern, die Idee der Vollendung ist also als sich langsam verwirklichend gedacht, behält aber für Flaubert den verpflichtenden Charakter des Idealschönen „l'Art de l'avenir . . . ce type idéal enfin où tout notre effort doit tendre".[81] Natürlich ist für Flaubert das Streben nach diesem Idealtyp noch Rechtfertigung des Künstlers. Hier eröffnet sich ihm auch die Möglichkeit, vom gegenwärtigen Publikum unabhängig zu werden: „Eine den absoluten Gesetzen der Schönheit, d. h. des Stils genügende Romanseite stellte sich Flaubert in der Art eines reinen, für die Ewigkeit geschaffenen Marmorbildes vor".[82] Das zwingt ihn aber auch, in geradezu übermenschlicher Anstrengung, nach der einzig richtigen absoluten Gestaltung zu suchen. Dabei denkt er auch an den Leser, da er die Wirkung für wesentlich an der Schönheit hält, aber der Rezipient soll nicht der „bourgeois" seiner Zeit, sondern der ideale Leser sein.

Maupassant, der (vielleicht im Anschluß an Flaubert) mit Bezug auf Platon das Schöne als Glanz des Wahren bezeichnet hat[83], gibt doch der Originalität und Persönlichkeit des Autors große Bedeutung, wobei er sich auf Flaubert beruft.[84] Er entwickelt also dessen Theorie und allgemein die romantische Originalitätsvorstellung weiter zu einer Lehre, welche die Vielfalt der künstlerischen Gestaltungen zuläßt und fördert. Das Ethos der sorgfältigen Gestaltung bleibt erhalten.

Eine ganz andere Entwicklung, die aber auch das angestrengte Bemühen um die Kunst einschließt, können wir bei Mallarmé in der Auffassung von der Beziehung zwischen Autor und Werk beobachten: „L'oeuvre pure implique la disparition élocutoire du poète, qui cède l'initiative aux mots, par le heurt de l'inégalité mobilisée; ils s'allument de reflets réciproques comme une virtuelle traînée de feu sur des pierreries remplaçant la respiration perceptible en l'ancien souffle lyrique ou la direction personnelle enthousiaste de la phrase."[85] Der Künstler ist nur noch der Diener des entstehenden Werkes, das sich selbst gebiert. Das Genie scheint etwas Unpersönliches, Absolutes, wie etwa folgende Wendung zeigt: „le paraphe amplifié du génie, anonyme et parfait comme une existence d'art".[86] Das Kunstwerk hat selbst eine absolute Existenz, braucht, einmal mit Hilfe des Autors entstanden (nicht von ihm geschaffen, scheint es), weder Autor noch – Leser: „Impersonnifié, le volume, autant qu'on s'en sépare, comme auteur, ne réclame approche de lecteur. Tel, sache, entre les accessoires humains, il a lieu tout seul: fait, étant. Le sens enseveli se meut et dispose, en Choeur, les feuillets."[87] Man möchte diese Auffassung vom Kunstwerk dahin ergänzen, daß es dann von seiner (vielleicht nicht totalen, aber doch vorhandenen) Nähe zur Idee des Schönen getragen sein muß, da es sonst nicht eine solche Existenz, die der Wesenheiten, haben kann.

Valéry stellt fest, daß bei Mallarmé (und allgemein bei solchen Verfechtern einer reinen Kunst) ein Zusammenhang zwischen Verzicht auf Anerkennung durch das Publikum und auf leichte Lesbarkeit des Werkes, Isolierung des Autors und Stolz besteht.[88] Für Valéry und Gleichgesinnte wies jedoch Mallarmé in einer Zeit, in der die Philosophie und die Wissenschaft versagt zu haben schienen, eine Richtung und einen Halt: „. . . il semblait à certains que l'espèce de certitude qu'ils plaçaient dans un idéal de *beauté* fût la seule en laquelle on se pût reposer".[89]

Valéry verzichtet selbst, auch unter dem Einfluß Mallarmés, auf die schnelle Ausarbeitung der Werke, auf den baldigen Druck, auf das Echo beim Publikum zugunsten eines Ideals der Schönheit, das überzeitlich gedacht ist: In seiner Jugend, in der er seine Neigung zur immer neuen Überarbeitung der Werke erworben hatte, arbeiteten viele langsam wie er: „Le temps ne comptait pas pour eux; ce qui est assez divin. Ni l'Idole du Beau, ni la superstition de l'Éternité littéraire n'étaient encore ruinées; et la croyance en la Postérité n'était pas toute abolie".[90] Er selbst sieht ein, daß die Eigenarten der Sprache, mit der der Dichter arbeiten muß, „rendent impossible l'existence de ces créations de poésie absolue", hält aber an dieser Vorstellung als Richtmaß der Kritik fest und betrachtet die Konzeption der reinen Dichtung als Zielpunkt der Bestrebungen des Künstlers: „La conception de poésie pure est celle d'un type inaccessible, d'une limite idéale des désirs, des efforts et des puissances du poète . . ."[91] Er schreibt der Dichtung eine unvergängliche Existenz zu: „*Un beau vers renaît indéfiniment de ses cendres*, il redevient – comme l'effet de son effet, – cause harmonique de soi-même."[92]

Valéry kann das Ende des Glaubens an die absolute Schönheit und die für sich bestehende reine Dichtung feststellen, hat aber nichts anderes an seine Stelle zu setzen. Bemerkenswert ist, daß selbst Sartre, wo er in *Qu'est-ce que la littérature* von der Poesie spricht, sie ähnlich wie Valéry als etwas nicht durch eine Aussage über die Welt Getragenes, sondern für sich Bestehendes darstellt.[93] Vom Kunstwerk, dem Musikstück, sagt Sartre durch den Mund seines Helden in *La Nausée*: „*Elle* n'existe pas. . . . si j'arrachais ce disque . . . je ne l'atteindrais pas, *elle*. Elle est au-delà – toujours au-delà de quelque chose, d'une voix, d'une note de violon . . . Elle n'existe pas. Puisqu'elle n'a rien de trop: c'est tout le reste qui est trop par rapport à elle. Elle *est*." Roquentin will selbst durch das Schaffen eines Kunstwerkes zum *être* kommen, vom Unwesentlich-Sein, von der bloßen Existenz erlöst werden.[94] Die „littérature" setzt für Sartre den Akt des Lesens voraus, und sie beruht auf einem Pakt der „générosité" zwischen Autor und Leser, sie ist nicht absolut; die „poésie" hingegen ist es.

Es mag erstaunen, wie sehr man an der Vorstellung, das Schöne sei etwas Absolutes oder das Kunstwerk habe eine absolute Existenz, festhält, denn dieser Glaube scheint immer weniger gerechtfertigt, und alle anderen Sicherheiten werden im 19. Jahrhundert aufgegeben. Aber dieser hartnäckige Glaube findet sich nicht nur in Frankreich.

In Italien hat Leopardi 1823 sehr skeptisch und pessimistisch niedergeschrieben: „Es gibt den Beweis, daß das einzige, ewige, unveränderliche allgemeine Idealschöne eine Schimäre ist . . ." – („ . . . Viene a esser provato che il bello ideale, unico, eterno, immutabile, universale, è una chimera . . .")[95] Das Schöne ist, wie Leopardi immer wieder festzustellen genötigt scheint, von der Gewohnheit, der Kultur, der Erziehung, der Umgebung abhängig, nichts Absolutes. Der Katholik Manzoni aber drückt sich ähnlich aus wie hundert Jahre später der Atheist Sartre: „Nichts kann bewirken, daß eine schöne menschliche Gestalt, die von einem Bildhauer gefunden wurde, aufhört, ein schönes Wahrscheinliches zu sein; und wenn die materielle Statue, in der sie verwirklicht war, untergeht, wird mit ihr zwar die akzidentielle Kenntnis von diesem Wahrscheinlichen untergehen, aber sicher nicht ihre unzerstörbare Wesenheit". – („Nulla può fare che una bella figura umana, ideata da uno scultore, cessi d'essere un bel verosimile: e quando la statua materiale, in cui era attuata, venga a perire, perirà bensì con essa la cognizione accidentale di quel verosimile, non, certamente, la sua incorruttibile entità.")[96] Bei Manzoni erwächst aus einem relativ unangefochtenen Glauben die Gewißheit der unvergänglichen Schönheit, die der Pessimist Leopardi nicht hat, obwohl dieser in der künstlerischen Gestaltung eine Lösung seiner Probleme sucht und obwohl er an anderer Stelle (im *Discorso di un Italiano*) sich an die immer noch gültige und unvergängliche Ausformung der ursprünglichen, der antiken Poesie halten will, sich geradezu in sie flüchtet, da sie noch in einer schönen Welt zu weilen erlaubt.

Auch der Pessimist Verga sucht etwas wie das für sich bestehende absolute Kunstwerk zu verwirklichen: „Mir scheint, daß man dahin kommen wird, daß man den Namen des Künstlers vom Sockel seines Werkes löschen wird, wenn dieses von sich aus lebt. Du kennst meine alte fixe Idee von einem idealen Kunstwerk, das so vollendet ist, daß es in sich einen ganzen Organismus hat." – („Parmi che si deve arrivare a sopprimere il nome dell'artista dal piedestallo della sua opera, quando questa vive da sé; sai la mia vecchia fissazione di una ideale opera d'arte tanto perfetta da avere in sé stessa tutto il suo organismo.")[97] Verga bedenkt beim Schreiben die Wirkung des Werkes, aber nicht, um der Masse entgegenzukommen, sondern er hat eher einen idealen Leser im Auge, der den schwer zu lesenden Roman, nachdem er sich durchgearbeitet hat, in seiner Gesamtwirkung erfaßt und gleichsam seinen Kunstwert nicht hervorbringt, sondern bestätigt, ohne daß dieser vom Gelesenwerden abhängt: „. . . Die ganze Frage und Bedeutung des Realismus besteht darin, daß, je mehr man den künstlerischen Eindruck *unmittelbar* macht, dieser umso objektiver, daher wahrer oder wirklicher, wenn ihr so wollt, sein wird, aber immer um so schöner. Werde ich das in den *Malavoglia* schaffen? Ich habe es versucht, und sicher habe ich mich beim Schreiben nicht um das Urteil der Leserschaft gekümmert; . . ." – („ . . . tutta la questione e l'importanza del realismo sta in ciò che più si riesce a rendere *immediata* l'impressione artistica, meglio questa sarà oggettiva, quindi vera o reale come volete, ma bella sempre. Ci riescirò nei *Malavoglia*? L'ho tentato, e certo non mi sono preoccupato del giudizio del pubblico quando scrivevo; . . .")[98] So wird der Künstler zum Diener eines absoluten Werkes und bekommt von ihm Weihe.

Eine ähnliche Kunstauffassung deutet sich übrigens auch bei d'Annunzio an, wenn dieser etwa Dantes Gedicht „den Gesang, der kein Ende hat" („il canto che non ha fine") nennt.[99] Auch bei Pascoli ist die vom Dichter gestiftete neue Sensibilität, die ihn nicht ganz sterben läßt, u. U. so zu deuten.[100]

In der deutschsprachigen Literatur wird man in Heyses Bemühung um die Silhouette der Novelle ein Streben nach einem in der Form begründeten Eigenleben des

Kunstwerkes entdecken. Hofmannsthal unterscheidet anders, als es Rilke in der Regel tut, in einer Rede zwischen Dichtung und Leben und schreibt damit der Poesie eine eigene Existenz zu, denn er führt aus, „daß ein Gedicht ein gewichtloses Gewebe aus Worten ist, die durch ihre Anordnung, ihren Klang und ihren Inhalt, indem sie die Erinnerung an Sichtbares und die Erinnerung an Hörbares mit dem Element der Bewegung verbinden, einen genau umschriebenen, traumhaft deutlichen, flüchtigen Seelenzustand hervorrufen, den wir Stimmung nennen. ... Es führt von der Poesie kein direkter Weg ins Leben, aus dem Leben keiner in die Poesie.“[101] Thomas Mann hat in *Zauberberg* einen Komplex von Bezügen gestaltet, der sich bei der Lektüre nicht sofort erschließt und den der Leser erst beim zweiten Lesen des Buches erkennen kann; hier zeigt sich die Tendenz, dem Werk eine vom Leser unabhängige Organisation, insofern ein absolutes Eigenleben zu geben und dabei notfalls auch gegen den Leser zu schreiben.[102]

Man wird in der europäischen Literatur noch manchen Ansatz zur Diskussion des hier angeschnittenen Themas finden. Aber die französische Literatur zeigt deutlich, welche Gesamtproblematik hinter diesem Problem steht: Das Streben nach dem eine eigene und höhere Existenz gewinnenden Kunstwerk kommt daher, daß eine andere Wesensgewinnung, ein anderer Kontakt mit dem Absoluten gefährdet scheint, sogar die Entgrenzung den Charakter einer Illusion im Bewußtsein der Autoren behält. Wie Valéry ausführt, bietet sich das absolute Schöne an, als Philosophie und Wissenschaft enttäuscht haben, und wie Sartre erklärt, scheint dann, wenn alles nur „da-ist“, allein in der Kunst Wesen greifbar. Dabei muß Valéry einräumen, daß der Glaube an das Schöne durch die Kunst nicht mehr trägt, und das zeigt, wie gefährdet in der uns beschäftigenden Zeit die Hoffnung ist, der Leidende könne durch die absolut gesetzte und für absolut gehaltene Kunst Rettung finden.

Da wir aber auch auf eine Reihe von Stellen gestoßen sind in denen das breite Publikum als nicht wichtig für das Kunstwerk angesehen wird, dürfen wir auch annehmen, daß die ausgeführte Auffassung vom Kunstwerk sich nicht nur parallel zur Spannung zwischen Autor und Leserschaft entwickelt, sondern hier ein ursächlicher Zusammenhang besteht.

Form und Stoff

Wie Kant sah, ist das Schöne eine Frage der Form. Wer das Schöne sucht, ist dem Stoff gegenüber gleichgültig. Der Kult der Kunst, der vor allem die Schönheit sucht, führt dazu, daß man in der Dichtung die Materie für wenig wichtig hält, und das kann zu zwei verschiedenen Entwicklungen führen: Die Materie wird als bloße Vorbedingung für das schöne Werk angesehen, soll also in der Form aufgehen, insofern verschwinden; oder es ist jede Materie als Anlaß der künstlerischen Gestaltung geeignet, d. h., es werden bisher nicht geduldete Stoffe verwendet. Negierung und Ausweitung der Materie ergeben sich aus dem Kult der Form.

Bei Sainte-Beuve deuten sich einige Tendenzen der folgenden Diskussionen um die Bedeutung der Form an. Er hält es für nötig, daß der Dichter und Schriftsteller das von der Schule Madame de Staëls vernachlässigte Handwerk besser pflegt; dabei hat er die Neigung, Form und Stil gleichzusetzen und dabei das Kostbare zu fordern: „Au milieu d'un pareil tourbillon d'idées et de paroles, on sent que la forme, le style (à prendre ce mot dans son sens le plus étendu), a dû être négligé souvent et brusqué quelquefois, sinon avec intention, du moins par nécessité. Ç'a été là le côté infirme du talent de

Madame de Staël et de ses disciples. En sentant fortement et même en régénérant l'art par de vivifiantes croyances, ils n'ont pas exécuté d'oeuvres; *l'Exegi monumentum*, ils ont improvisé en causant; ils ont esquissé au trait et moulé en argile; ils n'ont pas achevé de tableau, ni sculpté en marbre."[103] In *Les rayons jaunes* und *Ma muse* hat Sainte-Beuve dann auch niedrige Stoffe behandelt.

Die Neigung, zwar den Stoff für unwichtig zu halten, aber das Kostbare vorzuziehen, finden wir bei Gautier. Der Titel seiner *Émaux et Camées* sagt es schon. In *L'Art* verlangt er vom Dichter die sorgfältige Ausführung in wertvollem Material: „Lutte avec le carrare, / Avec le paros dur / Et rare, / Gardiens du contour pur". Mit einer gewissen Neigung zur Provokation stellt er als Gegenstand oder Anlaß des Werkes das Heidnische und das Christliche nebeneinander und betont nur den ästhetischen Effekt: „Fais les Sirènes bleues, / Tordant de cent façons / Leur queues, / Les monstres des blasons; / Dans son nimbe trilobe / La Vierge et son Jésus, / Le globe / Avec la croix dessus." Die Jungfrau mit dem Kind erscheint hier in einer Reihe mit den nur schmückenden Motiven der Wappen. Auch auf Horaz anspielend, stellt er fest, daß die Kunst die Kulturen und Inhalte überlebt: „Tout passe. – L'art robuste / Seul à l'éternité; Le buste / Survit à la cité. / . . . / Les dieux eux-mêmes meurent, / Mais les vers souverains / Demeurent / Plus forts que les airains."[104]

Banville wehrt in seinem bekannten Gedicht *Sculpteur, cherche avec soin* . . . die anspruchsvollen Stoffe zugunsten der Form ab: Der Künstler solle aus einem ausgesuchten Marmorblock ein Gefäß bilden: „Cherche longtemps sa forme et n'y retrace pas / D'amours mystérieux ni de divins combats." Auf dem Gefäß soll der Künstler nur Blätter und schreitende Mädchen darstellen.[105]

Bei Flaubert kann man doch die persönliche Neigung zum hohen Gegenstand und zum großartigen Stil feststellen. Insofern fand er den Stoff seiner *Madame Bovary* unbefriedigend, auch wenn er sich immer wieder niedrigen Stoffen zuwandte.[106] Grundsätzlich aber scheint ihm der Gegenstand insofern unwichtig, als es auf die Gestaltung ankommen müßte. Der Gegenstand wird im Extremfall ganz in der Form aufgehen. „Les œuvres les plus belles sont celles où il y a le moins de matière; plus l'expression se rapproche de la pensée, plus le mot colle dessus et disparaît, plus c'est beau. Je crois que l'avenir de l'Art est dans ces voies . . . C'est pour cela qu'il n'y a ni beaux ni vilains sujets et que l'on pourrait presque établir comme axiome, en se plaçant au point de vue de l'Art pur, qu'il n'y en a aucun, le style étant à lui seul une manière absolue de voir les choses."[107] Damit ist grundsätzlich die bei Gautier und den Parnassiens noch bestehende Neigung als falsch erwiesen, nur bestimmte (und zwar weitgehend schon nach der Tradition als der Dichtung angemessen, edel angesehene) Stoffe zu verwenden.

In seinem Immoralismusprozeß hat Baudelaire die *Fleurs du Mal* mit der rein künstlerischen Absicht, dem Streben nach dem Effekt, verteidigt. Die Brüder Goncourt mußten in der Vorrede zu *Germinie Lacerteux*, obwohl Balzac schon das Alltägliche ernst gestaltet hatte, noch rechtfertigen, daß sie das tragische Schicksal eines Dienstmädchens auch mit allen niedrigen Aspekten darstellten. Sie taten es mit der moralischen oder philanthropischen Wirkung.[108] Immerhin setzte sich der naturalistische Roman durch, woran sich die Goncourt selbst Verdienste zuschrieben.[109] Teile des Publikums und viele Autoren akzeptierten jetzt nur niedrige Sujets, aus verschiedenen Gründen, wahrscheinlich auch durch Gewohnheit oder auf Grund der allmählich entstandenen Gattungserwartung. Obwohl Zola mit den Darstellungen der Unterschichten noch auf Widerstand stieß, sah Edmond de Goncourt es zuletzt als neu, ja gewagt an, die eleganten Kreise darzustellen, und er rechtfertigte diese Absicht durch die künstlerische Wirkung; er schrieb im Vorwort zu den *Frères Zemganno* von der „nécessité pour le romancier de porter son étude sur des milieux d'éducation et de distinction", man müsse „(définir dans) de l'écriture artiste, ce qui est élevé, ce qui est joli, ce qui sent bon", „donner les aspects et les profils des êtres raffinés et des choses riches", „dire aux jeunes que le succès du réalisme est là, et non plus dans le canaille littéraire, épuisé a l'heure qu'il est par leurs devanciers."[110] Zola hat dieses Programm getadelt, weil es aus der modernen Suche nach der Wahrheit und Wirklichkeit „un bibelot d'étagère" mache[111]; im Grunde wendet er sich also im Namen des Gehaltes gegen den neuen Effekt, der u. a. durch den anderen ungewohnten Stoff erreicht wird.

Zola lehnt das Artistische, die Suche nach dem künstlerischen Effekt, nach der Schönheit um ihrer selbst willen ab. Aber Autoren, die durch ihn geprägt sind, können doch gerade mit der Berufung auf das künstlerisch Effektvolle ihre Kunst verteidigen. Huysmans stellt im Vorwort zu *À rebours* dar, wie er trotz des Vorbildes Zolas und Flauberts und gegen den Widerstand Zolas seinen Roman konzipierte. Wie seine Kollegen, „moins râblés (que Zola) et préoccupés d'un art plus subtil et plus vrai", wollte er aus der Sackgasse des Naturalismus herauskommen: „Moi, c'était cela qui me frappait surtout à cette époque, supprimer l'intrigue traditionelle, voire même la passion, la femme, concentrer le pinceau de lumière sur un seul personnage, faire à tout prix du neuf."[112]

In Spanien propagiert Emilia Pardo Bazán den Realismus-Naturalismus nach dem Vorbild Zolas; jedoch lehnt sie die Theorie und Weltanschauung Zolas ab und preist vor allem sein künstlerisches Talent und die von ihm gezeigten Möglichkeiten des Romans; Zola, der von ihrem katholischen Glauben gehört hat, erklärt sich die Verbindung von Religion und Naturalismus bei ihr damit, daß dieser – wie er tadelnd vermerkt – „rein formal, künstlerisch und literarisch" sein müsse.[113]

In Italien stellt der Kämpfer für den Verismus, Luigi Capuana, Zola als Vorbild hin, aber ohne seine naturwissenschaftlich ausgerichtete Theorie zu akzeptieren. Er schreibt von *L'Assommoir*, daß viele an diesem Roman die Darstellung des Niedrigen und das Indezente kritisiert haben: „Das hat die Empfindlichen gestört, die Liebhaber des *Ungefähr* im Leben wie in der Kunst. Aber Zola war für ihr Geheul taub, überzeugt, daß in einem Kunstwerk die Form alles ist und dies die zu seinem Gegenstand passendste Form sei; überzeugt, daß ohne diese Sprache, die voller Saft und Neuheit und reich an Bildern und freier Poesie ist, das Bild nicht einmal ein Drittel seiner Wirksamkeit erreicht hätte; und schließlich überzeugt, daß jede Indezenz, jede Nacktheit des Lebens weder indezent noch nackt ist, wenn sie in die erhabene Sphäre der Kunst kommen." – („Questo ha scandalizzato gli schifiltosi, gli amanti del *press'a poco* tanto nella vita quanto nell'arte. Ma lo Zola gli ha lasciati urlare al sordo, convinto che in una opera d'arte la forma sia tutto, e che quella sia la forma più appropriata al suo soggetto; convinto che senza quella lingua piena di rigoglio, di novità, ricca d'immagini e di libera poesia, il quadro non avrebbe raggiunto nemmeno un terzo della sua efficacia; convinto finalmente che qualunque indecenza, qualunque nudità della vita non è più né indecente né nuda quando giunge a penetrare nella sublime atmosfera dell'arte.")[114] Die für Italien neue Kunst seines Freundes Verga verteidigt Capuana wegen des Künstlerischen. Von *Vita dei campi* heißt es: „Die Illusion ist vollkommener als in *Nedda*, weil die Kunst vollendeter ist". – („L'illusione è più completa che nella *Nedda* perche l'arte è più squisita.") Er führt auch aus: „Es geht um solche Tatsachen; und das Verdienst des Schriftstellers besteht eben darin, sie so wiedergegeben zu haben, wie sie sind, ohne jedes moralische, religiöse oder gesellschaftliche Bedenken, das seinem Zweck abträglich sein könnte." – („Son fatti così;

e il merito dell'artista sta appunto nell'averli resi come sono, senza nessuna preoccupazione né morale, né religiosa, né sociale che potesse nuocere al suo scopo.")[115] Die Verbreitung des Naturalismus und damit die Eroberung neuer Stoffe für die Literatur erfolgt also in Spanien und Italien weitgehend im Namen der Freiheit der Kunst ohne Rücksicht auf inhaltliche und weltanschauliche Beschränkungen, und in Italien ist dabei die Auffassung wichtig, daß die Kunst die Eigenart des Stoffes aufhebt.

In der Lyrik bemerken wir die Tendenz, nicht nur den Sinn für unwichtig zu halten, sondern ihn abzulehnen. Mallarmé möchte mit Elementen ohne konkrete Bedeutung arbeiten. „Parler n'a trait à la réalité des choses que commercialement: en littérature, cela se contente d'y faire allusion ou de distraire leur qualité qu'incorporera quelque idée."[116] Die Wirkung des Gedichtes wird wie folgt beschrieben: „Le vers que de plusieurs vocables refait un mot total, neuf, étranger à la langue et comme incantatoire, achève cet isolement de la parole: niant, d'un trait souverain le hasard demeuré aux termes malgré l'artifice de leur retrempe alternée en le sens et la sonorité . . . "[117]

Valéry gibt zustimmend die Antwort wieder, die Mallarmé auf Degas' Erklärung gegeben hat, er habe Ideen für Dichtungen, könnte aber seine Absichten nicht verwirklichen: „C'est point avec des idées, mon cher Degas, que l'on fait des vers. C'est avec des *mots*."[118] An anderer Stelle legt Valéry dar, daß von der Prosa nur „fond" zu fordern ist, in der Dichtung hingegen „c'est . . . la forme unique qui ordonne et survit".[119] Daher haben seine Gedichte auch keinen Sinn, oder den, den man ihnen geben will. „Mes vers ont le sens qu'on leur prête."[120] *Le Cimetière marin* ist als Formvorstellung entstanden: „Quant au *Cimetière marin*, cette intention (de faire) ne fut d'abord qu'une figure rythmique vide, ou remplie de syllabes vaines, qui me vint obseder quelque temps."[121] – „Je rêve donc que je trouve progressivement mon ouvrage à partir de pures conditions de forme, de plus en plus réfléchies, – précisées jusqu'au point qu'elles proposent ou imposent presque . . . un *sujet*, – ou du moins, une famille de sujets."[122] Im *Cimetière marin* sollen die Argumente Zenons (die nicht verständlich wiedergegeben werden) nur eine „tonalité" beisteuern.[123]

Bei Hugo von Hofmannsthal lesen wir im Vortrag *Poesie und Leben* (1896) Sätze, die stark an Mallarmé und Valéry erinnern: Der Wiener erklärt, „daß das Material der Poesie die Worte sind, daß ein Gedicht ein gewichtloses Gewebe aus Worten ist, die durch ihre Anordnung, ihren Klang und ihren Inhalt, in dem sie die Erinnerung an Sichtbares und die Erinnerung an Hörbares mit dem Element der Bewegung verbinden, einen genau umschriebenen, traumhaft deutlichen, flüchtigen Seelenzustand hervorrufen, den wir Stimmung nennen . . . Das Wort als Träger eines Lebensinhaltes und das traumhafte Bruderwort, welches in einem Gedicht stehen kann, streben auseinander und schweben fremd aneinander vorüber, wie die beiden Eimer eines Brunnens. . . . ‚Den Wert der Dichtung . . . entscheidet nicht der Sinn . . ., sondern jenes tief Erregende in Maß und Klang . . . Die Zusammenstellung, das Verhältnis der einzelnen Teile zueinander, die notwendige Folge des einen aus dem andern kennzeichnet erst die hohe Dichtung'."[124] Die weitgehende Übereinstimmung mit Mallarmé und Valéry zeigt uns, daß in ganz Europa ähnliche Gedanken verbreitet waren. O. Wilde schreibt im *Preface* zu *The Picture of Dorian Gray*: „Those who find beautiful meanings in beautiful things, are the cultivated. For these there is hope. / They are the elect to whom beautiful things mean only Beauty . . ..Thought and language are to the artist instruments of an art."[125] Hugo von Hofmannsthal und Wilde wollen dabei für eine dem Publikum noch fremde, sogar verdächtige Art der Dichtung eintreten. Auch der portugiesische Neuerer Cesário Verde kann ein Gedicht konstruieren, das keine Aussage haben soll: von *Cristalizações* bemerkt er: „Es sind spitzige und gefrorene Verse, die der letzte Winter mir zu konstruieren half, sie erinnern an einen Polyeder aus Kristall und rufen daher fast keine seelische und innere Bewegung wach." – („São uns versos agudos, gelados, que o Inverno passado me ajudou a construir, lembram un poliedro de cristal e não sujerem, por isso, quase nenhuma emoção psicológica e íntima.")[126]

Sogar im Roman kann man bisweilen eine Neigung finden, die Handlung und die Aussage zurücktreten zu lassen hinter den formalen Bezügen und ihrer Konstruktion. André Gide diskutiert in *Les Faux-Monnayeurs* die Möglichkeit eines Romans, der sich nicht immer weiter dem Natürlichen nähern will, sondern für den ein „volontaire écartement de la vie" kennzeichnend ist, und der auch den Kampf zwischen Formungsabsicht des Schriftstellers und wirklichen Materialien zeigt. „Ce que je voudrais faire, comprenez-moi, c'est quelque chose qui serait comme *l'Art de la fugue*. Et je ne vois pas pourquoi ce qui fut possible en musique, serait impossible en littérature . . ."[127] Auch Thomas Mann entwickelt eine Poetik des Romans, die er im *Zauberberg* verwirklichen und mit der er über den Naturalismus Tolstois, Zolas und seiner eigenen *Buddenbrooks* hinauskommen will. Bei einem Roman, wie er ihm vorschwebt, kommt es auf die Bezüge musikalischer Art an; um sie zu erfassen, muß der Inhalt dem Leser schon nicht mehr wichtig sein (er soll das Werk schon einmal gelesen haben), denn dann kann man „den musikalisch-ideellen Beziehungs-Komplex, den er bildet, erst richtig durchschauen und genießen." Thomas Manns Programm erinnert übrigens auch an Flauberts Ideal, den Gegenstand ganz in der Form aufgehen zu lassen: Er will beide miteinander verschmelzen. Sein Werk hat den „Ehrgeiz . . ., Inhalt und Form, Wesen und Erscheinung zu voller Kongruenz zu bringen und immer zugleich das zu sein, wovon es handelt und spricht." Das Prinzip der Steigerung soll sich in Inhalt und Form verwirklichen; aus ihm sei auch das Werk entstanden.[128]

Gide und Mann verzichten in ihren Romanen, die eine Überwindung des Realismus oder Naturalismus anstreben und bedeuten, noch nicht auf die Aussage über die Welt und noch nicht auf ein Sujet. Das tun aber die Autoren des *Nouveau roman*, die die Welt oder die Realität nicht mehr erfassen zu können glauben.[129] Für Robbe-Grillet ist der moderne Roman die von einem Nichts ausgehende Schöpfung von Formen, wobei der Schriftsteller nichts zu sagen hat, sondern nur eine Art, zu sagen[130]: „Il n'est pas rare . . . dans ces romans modernes, de rencontrer une description qui ne part de rien; . . . elle invente des lignes, des plans, une architecture; . . . Mais les lignes du dessin s'accumulent, se surchargent, se nient, se déplacent, si bien que l'image est mise en doute à mesure qu'elle se construit. Quelques paragraphes encore et, lorsque la description prend fin, on s'aperçoit qu'elle n'a rien laissé debout derrière elle: elle s'est accomplie dans un double mouvement de création et de gommage, que l'on retrouve d'ailleurs dans le livre à tous les niveaux et en particulier dans sa structure globale – d'où vient la *déception* inhérente aux oeuvres d'aujourd'hui."[131]

Bei Robbe-Grillet verbindet sich, wie bei so vielen Autoren vor ihm, die Entwicklung neuer Spielarten der Literatur mit dem Streben, im Kunstwerk das Prinzip der Form herrschen zu lassen. Das Bemühen um die Form hat es vielfach bewirkt, daß neue Stoffe und Gebiete für die Dichtung erobert wurden, aber auch, daß der Realität und der Aussage wenig Bedeutung beigemessen wurden und sie sogar verschwanden. Diese Entwicklung ist in der Lyrik bei Mallarmé schon weit fortgeschritten, erreicht aber in der erzählenden Literatur erst mit dem *Nouveau roman* einen Höhepunkt. Anders als die Rezeptionsästhetik manchmal nahelegt, kommt es den Autoren dabei auf das Werk, genauer auf die in ihm verwirklichte, aber vielfach als auch ohne konkrete Realisierung bestehend gedachte Form an, dem Leser (einem bestimmten Lesepublikum) kommt man wenig entgegen.

Diese Zielsetzung erklärt sich daraus, daß die Dichtkunst eigenen Wert bekommt und ihre Rechtfertigung nicht mehr von didaktischen, moralischen, sozialen oder religiösen Zwecken bekommt; die Dichtkunst wird zum Zweck an sich, da die nach Erkenntnis strebende Wissenschaft, die Philosophie und die Religion enttäuscht haben und der Künstler sich nicht mehr in die Gesellschaft eingebunden oder ihr verpflichtet fühlt. Er schafft daher frei von solchen Beschränkungen, erwartet aber dabei von der Kunst, daß sie sich selbst rechtfertigt und ihm eine besondere Weihe, seinem Leben einen Sinn gibt. Daher tritt der Aspekt der Dichtung, der der Erkenntnis, der Moral oder der Religion untergeordnet oder mit ihnen verbunden ist (die Aussage oder der Inhalt), zurück hinter der Form, dem im engeren Sinne Künstlerischen.

Anmerkungen

1 Kant: Kritik der Urteilskraft. In: Kants Werke. Bd. 5. Berlin 1908. S. 211.
2 Ebd. S. 244 f.
3 Friedrich Schiller: Sämtliche Werke. München (Hanser) [2]1960. S. 512 f.
4 August Wilhelm Schlegel: Die Kunstlehre (= Kritische Schriften und Briefe II). Stuttgart 1963. S. 92.
5 F. Schlegel: Schriften und Fragmente. Stuttgart 1956. S. 133, 135 f.
6 Die Ewigkeit der Kunst. In: Tiecks Werke. Erster Teil. Berlin o.J. S. 262.
7 Madame de Staël: De l'Allemagne. Bd. 2. Paris 1958. S. 124 ff.
8 Kuno Fischer: Diotima. Die Idee des Schönen. Philosophische Briefe. Leipzig o.J. S. 129, 132 f.
9 Georg Wilhelm Friedrich Hegel: Ästhetik. Berlin 1955. S. 139, 898.
10 Ein Brief Joseph Berglingers. In: Tiecks Werke. Erster Teil. Berlin o. J. S. 264. Diese Schrift wird heute vielfach Wilhelm Heinrich Wackenroder zugeschrieben.
11 Arthur Schopenhauer: Die Welt als Wille und Vorstellung. Bd. 1. Zürich 1977. S. 340 (I, III, § 36).
12 Ebd. S. 256 (§ 38).
13 Ebd. S. 318 (§ 51).
14 Ebd. S. 318 f. (§ 51).
15 Streifzüge eines Unzeitgemäßen. In: Friedrich Nietzsche: Werke in drei Bänden. Bd. 2. München 1955. S. 1003 ff.
16 I, 1. Dramen III. (Gesammelte Werke) Frankfurt 1979. S. 16 f.
17 Zitiert nach: Pierre Martino: L'époque romantique en France 1815–1830. Paris [3]1944. S. 145 f.
18 F. Schlegel, a.a.O. S. 136.
19 Sainte-Beuve: Vie, poésie et pensées de Joseph Delorme. Paris o. J. S. 131 ff.
20 Th. Gautier: La préface de Mademoiselle de Maupin. Paris 1946. S. 28 ff.
21 Brief an L. Colet, 14. August 1853.
22 Brief an L. Colet vom 20. Juni 1853.
23 Ebd.
24 Brief an L. Colet, 7./8. Juli 1853.
25 Brief an L. Colet, 18. September 1846.
26 Leconte de Lisle: Poèmes antiques. Paris 1943. S. 134 f.
27 Ebd. S. 292 f.
28 Baudelaire: Les Fleurs du Mal. In: OEuvres complètes. Paris 1961 (= Bibl. de la Pléiade. 1 u. 7). S. 20.
29 Stéphane Mallarmé: OEuvres complètes. Paris 1961 (= Bibl. de la Pléiade. 65). S. 33.
30 Vgl.: Baudelaire: OEuvres completes, a.a.O. S. 115: „Certes, je sortirai, quand à moi, satisfait / D'un monde où l'action n'est pas la soeur du rêve; . . ."

31 Zit. nach A. Lagarde, L. Michard: XIX siècle. Paris 1956. S. 532 f.
32 Vgl. den Beginn von *L'Azur*.
33 *L'Azur. Le vierge, le vivace et le bel aujourd'hui*... Vgl. OEuvres complètes. A.a.O. S. 37, 67.
34 Jules Laforgue: OEuvres complètes. Bd. 3. Paris 1932. S. 136.
35 G. Leopardi: Le poesie e le prose. Bd. 1. 61958. S. 66 f.
36 Le poesie e le prose. Bd. 2. 61959. S. 477.
37 Poesie di G. Carducci. Bologna o. J. S. 287, 1025.
38 Vgl. auch das Gedicht *Non omnis moriar*. G. Pascoli. Poesie. Hrsg. v. L. Pietrobono. Verona 161941. S. 6, 20 ff, 190 ff.
39 G. d'Annunzio: Prose di Romanzi. Bd. 2. Mondadori 1959. S. 660.
40 Oscar Wilde: The Works. London u. Glasgow 21949. S. 17.
41 Rubén Darío: Cantos de Vida y Esperanza. In: Poesías completas. Madrid 1954. S. 707.
42 August Wilhelm Schlegel: Die Kunstlehre. Stuttgart 1963. S. 80 f.
43 Ebd. S. 92.
44 Vgl. auch Goethes Ausspruch, daß unser Auge die Sonne erblicken kann, weil es selbst sonnenhaft ist.
45 Madame de Staël: De l'Allemagne. Hrsg. v. Comtesse Jean de Pange. Bd. 2. Paris 1958. S. 113 f.
46 Arthur Schopenhauer: Die Welt als Wille und Vorstellung. Bd. 1. Zürich 1977. S. 239 f. (I, III, § 36).
47 Sainte-Beuve: Vie, poésie et pensées de Joseph Delorme. Paris o. J. S. 150 f.
48 V. Hugo: Théâtre complet. Bd. 1. Paris 1963. S. 416.
49 V. Hugo: Voix intérieures X. In: OEuvres poétiques. Bd. 1. Paris 1968. S. 964.
50 Brief an L. Colet vom 7./8. Juli 1853.
51 Brief an L. Colet, 23. Dezember 1853.
52 Brief an L. Colet, 29. November 1853.
53 Baudelaire: Le spleen de Paris. Montreal 1945. S. 30 f.
54 Rimbaud versucht, durch Synästhesie und mit der Hilfe der Dichtung in einem „dérèglement des sens" sich dem Wesen der Welt zu nähern. Das Gedicht *Voyelles* kann als Andeutung des ästhetisch wahrzunehmenden Zusammenhanges zwischen den Dingen gedeutet werden.
55 Luigi Pirandello: Tutti i romanzi. Mondadori 61971. S. 475, 480.
56 G. d'Annunzio: Prose di romanzi. Bd. 2. Mondadori 1959. S. 660.
57 Reden und Aufsätze I. Frankfurt/M. 1979, S. 183.
58 Ebd. S. 213.
59 Helmut Koopmann: Entgrenzung. Zu einem literarischen Phänomen um 1900. In: Fin de siècle. Hrsg. v. R. Bauer u. a. Frankfurt a. M. 1977. S. 73 ff.
60 A.a.O. S. 213.
61 Brief an L. Colet, 23. Dezember 1853. In Correspondance 1853–1856. Préface de M. Nadeau. Lausanne 1964. S. 324.
62 Koopmann, a.a.O.
63 Werke. Auswahl in zwei Bänden. Bd. 1. 1957. S. 285.
64 Ebd. S. 279 f.
65 Ebd. S. 280.
66 Ebd. S. 284.
67 Rubén Darío: Poesías completas. Madrid 1954. S. 707.
68 R. de Valle-Inclán: Obras escogidas. Madrid 1961. S. 1218.
69 Fernando Pessoa: Poesias. Lisboa 91973. S. 29.
70 Bembo hat in der Renaissance herausgestellt, daß es nur eine Idee des Schönen und des Vollkommenen gibt, daß diese Idee überzeitlich ist und der Dichter, der sich ihr nähern will, nicht auf die Gegenwart Rücksicht nehmen, sondern vielmehr von den großen Musterautoren ausgehen soll. Racine stellte sich als Kritiker seiner Werke die großen antiken Autoren vor und wollte ihren Beifall verdienen.
71 Im übrigen scheint bis heute selbst eine ganz subjektive Eingebung dem Künstler, weil sie zum Kunstwerk werden soll und kann, gerechtfertigt; sie hat gleichsam die Weihe der Idee des Schönen.
72 Die Kritik der Urteilskraft. In: Kants Werke. Bd. 5. Berlin 1908. S. 211. Vgl. S. 231.
73 Ebd. S. 308.
74 August Wilhelm Schlegel: Die Kunstlehre. Stuttgart 1963. S. 94.
75 Ebd. S. 99.

76 Madame de Staël: De l'Allemagne. Bd. 2. Paris 1958. S. 220 f.
77 Madame de Staël: De la littérature considérée dans ses rapports avec les institutions sociales. Hrsg. v. Paul van Tieghem. Genf u. Paris 1959. Bd. 1. S. 180 f.
78 W. Krömer: Stendhal. Darmstadt 1978. S. 28 f.
79 Ebd. S. 31 f.
80 Brief an L. Colet, 18. September 1846.
81 Brief an L. Colet, 12. Oktober 1853.
82 Klaus Heitmann: Der französische Realismus von Stendhal bis Flaubert. Wiesbaden 1979. S. 99.
83 Hermann Urtel: Guy de Maupassant. Studien zu seiner künstlerischen Persönlichkeit. München 1926. S. 444.
84 Vgl. das Vorwort in Guy de Maupassant: Pierre et Jean. Paris 1929.
85 Mallarmé: OEuvres complètes. Paris 1961 (= Bibl. de la Pléiade. 65). S. 366.
86 Ebd. S. 367.
87 Ebd. S. 372.
88 Valéry: OEuvres. Bd. 1. Paris 1959 (= Bibl. de la Pléiade. 127). S. 620 f.
89 Ebd. S. 674.
90 Ebd. S. 1497.
91 Ebd. S. 1463.
92 Ebd. S. 1510. Vgl. S. 1511.
93 Sartre: Situations II. Paris 1948. S. 63 ff.
94 La Nausée. Paris o. J. S. 246. Für Sartre ist „être" das, was Valéry mit absoluter Existenz bezeichnet hat.
95 Leopardi: Tutte le opere. Bd. 4: Zibaldone di Pensieri. Bd. 2. Mondadori ^{5}1957. S. 322.
96 Manzoni: Del romanzo storico ... In: Tutte le opere. A c. di G. Lesca. Firenze ^{3}1946. S. 839. Vgl.: Dell'invenzione. Ebd. S. 905 f. Manzoni unterscheidet sorgfältig zwischen Wahrheit und Schönheit.
97 Brief an L. Capuana. Milano, 19. Febr. 1881. In: Giovanni Verga: Opere. A c. die L. Russo. Milano u. Napoli o. J. S. 889 f.
98 Brief an L. Capuana, 25. Febr. 1881. Ebd. S. 890 ff.
99 A Dante. In: Elettra. Versi d'Amore e di Gloria. Mondadori ^{3}1959. S. 348 ff.
100 Solon; Non omnis moriar. Vgl. auch: Paulo Uccello.
101 H. v. Hofmannsthal: Poesie und Leben. In: Reden und Aufsätze I. Frankfurt/M. 1979. S. 15 f. Hofmannsthal erklärt auch in *Der Dichter und diese Zeit* (ebd. S. 65), daß „den Künsten ein Streben innewohnt, reine Kunst zu werden, wofür man (...) gesagt hat: sie streben danach, Musik zu werden ... Dichten heißt die Welt wie einen Mantel um sich schlagen und sich wärmen".
102 Der Zauberberg. Frankfurt/M. 1959. S. X.
103 Sainte-Beuve: Vie, poésie et pensées de Joseph Delorme. Paris o. J. S. 131 ff.
104 Théophile Gautier: Poésies complètes. Paris 1970. S. 128 f.
105 Banville: OEuvres. Bd. 2. Genève 1972. S. 95.
106 Brief an L. Colet, 7./8. Juli 1853.
107 Brief an L. Colet, 6./7. Juni 1853. Flaubert führt auch aus, daß nicht der Gegenstand, sondern die künstlerische Absicht oder die Vorstellung des Autors, sein Wunsch, seiner Dichtung eine bestimmte „Farbe" zu geben, das Werk bestimmen müsse.
108 Germinie Lacerteux. Paris 1880. S. VII f.
109 Pierre Sabatier: L'Esthétique des Goncourt. Paris 1920. S. 508.
110 Zit. nach Sabatier, a.a.O. S. 516 f.
111 Ebd. S. 517.
112 Huysmans: A rebours. Paris 1955. S. 10, 21.
113 Baquero Goyanes: La novela española en la segunda mitad del siglo XIX. In: Historia general de las literaturas hispánica. Hrsg. v. G. Diaz-Plaja. Bd. 5. Barcelona 1958. S. 115. Vgl.: Carmen Bravo-Villasanta: Vida y obra de Emilia Pardo Bazán. Madrid 1962. S. 87. L. López Jiménez: La réplica de „Clarín" a *Le roman expérimental*, de Zola. In: Filología moderna. Año XIX (1979). S. 209 ff.
114 W. Mauro (Hrsg.): Capuana: Antologia dagli Scritti critici. Bologna 1971. S. 27.
115 Ebd. S. 74 f.
116 Crise de vers. In: Mallarmé: OEuvres complètes. Paris 1961. S. 366.
117 Ebd. S. 368.
118 Valéry: OEuvres. Bd. 1. Paris 1957. S. 1324.

119 Ebd. S. 1510.
120 Ebd. S. 1509.
121 Ebd. S. 1503.
122 Ebd. S. 1504.
123 Ebd. S. 1506.
124 H. v. Hofmannsthal: Reden und Aufsätze I. 1979. S. 15 f.
125 Oscar Wilde: The Works. Hrsg. v. G. F. Maine. London u. Glasgow ^{2}1949. S. 17.
126 Ema Tarracha Ferreira (Hrsg.): Antologia literária comentada. Lisboa o. J. S. 165.
127 A. Gide: Les Faux-Monnayeurs. Bd. 1. Paris 1952. S. 230, 233, 237.
128 Thomas Mann: Der Zauberberg. Frankfurt/M. 1959. S. X ff.
129 Alain Robbe-Grillet: Nouveau roman, homme nouveau. In: Pour un nouveau roman. Les éditions de Minuit, 1963. S. 120.
130 Ebd. S. 42.
131 Ebd. S. 127.

2. Themen

Erlöser und Heilige

Das 19. Jahrhundert erlebt eine Erschütterung der bisher in Weltanschauung und Religion herrschenden Sicherheit. Es bleibt aber die Sehnsucht nach Erlösung, Sinnfindung, Wesenserfassung, und es bietet sich die Kunst als Mittel der Erfüllung dieser Sehnsucht an oder als Möglichkeit der Evasion in eine (vielleicht unwirkliche) in sich geschlossene und (vielleicht nur ästhetisch) befriedigende Welt. All das wird nun nicht nur theoretisch (in Aussagen über die Kunst, in der Dichtungslehre oder Poetik) behandelt, sondern spiegelt sich auch in der Thematik wider. Der Erlöser, der Rettung bringt, der Empörer, der sich gegen eine uneinsichtige oder schlechte Weltordnung auflehnt, die rettenden und verderbenden Mächte, die sich in der Frau oder in der Seele zeigenden (nicht rational erfaßbaren) Abgründe oder auch Wesenheiten, das Rätselhafte und Unheimliche, der Umgang mit dem Schönen und der Kunst sind häufig Gegenstände der Dichtung. Aus der Art, wie sie behandelt werden, kann man auch noch weiteren Aufschluß über die von uns schon angedeuteten Grundzüge der Weltanschauung und Dichtungsauffassung gewinnen.

Die Autoren stellen sehr häufig Erlöser und nach Erlösung Strebende (oder Erlöste), Christusgestalten und Heilige dar. H. Hinterhäuser hat darauf hingewiesen.[1] Das Interesse für Christus und Christusähnliche ist freilich nicht erst im letzten Teil des 19. Jahrhunderts sehr stark; und es dauert wenigstens bis Albert Camus.

Der Zweifel Christi, ob er sein Werk vollbringen kann, und seine höchste Not werden häufig gestaltet, wobei diese Erlebnisse meistens auf Christusähnliche übertragen werden.[2] Madame de Staël gibt in *De l'Allemagne* eine Übersetzung von Jean Paul Richters *Rede des todten Christus vom Weltgebäude herab, daß kein Gott sei.*[3] Der französische Text schließt mit der Verzweiflung Jesu und dem Versinken der Menschen und der Welt. Dieser Text wird von Madame de Staël als Demonstration angekündigt, daß der Atheismus nicht akzeptiert werden kann, aber die Wahl dieses Stückes scheint die Faszination durch das Thema zu zeigen.

Vigny stellt in *La prison* 1821 die Frage nach dem Sinn des Leidens und nach der Güte Gottes: Ein Priester muß dem Sterben eines Unglücklichen beiwohnen, der sein ganzes Leben im Gefängnis zugebracht hat, und bittet Gott vergebens, ihm den Sinn dieses Leidens zu zeigen.[4] In *Les Destinées* heißt es, daß Christus die Welt nicht vom Schicksal befreit hat.[5] In *Le Mont des Oliviers* fleht Christus Gott vergeblich an, zu erlauben, daß den Menschen der Sinn des Leidens und des Bösen erklärt würde. Er bekommt keine Antwort.

Une terreur profonde, une angoisse infinie
Redoublent sa torture, et sa lente agonie.
Il regarde longtemps, longtemps cherche sans voir.
La Terre, sans clartés, sans astre et sans aurore,
Et sans clartés de l'âme ainsi qu'elle est encore,
Frémissait.[6]

Vigny fordert dann den Menschen auf, dem schweigenden Himmel sein Schweigen entgegenzusetzen.

Im allgemeinen werden im 19. Jahrhundert aber nur christusähnliche Menschen, nicht Jesus selbst dargestellt; Hauptmanns Emanuel Quint ist freilich so gestaltet, daß er auch Jesus selbst sein kann.

Kennzeichnend für diese Figuren ist die Doppeldeutigkeit: Sind es Heilige, durch die der Heiland spricht, oder Narren? Die Möglichkeiten der Literatur werden eingesetzt, um diese Ambiguität zu erreichen; in der Regel werden Erzählerperspektive, Autorenkommentar u. ä. verwendet.

Bei Pérez Galdós ist der Held des Romans *Nazarín*, ein Priester, mit ähnlichen Zügen wie Christus ausgestattet: Er hat ein orientalisches Aussehen, trägt einen Umhang und geht barfuß, lebt mit den Entrechteten und Ausgestoßenen, begeht keine Sünde und wird doch von der Obrigkeit verfolgt; ihm folgen wie Jünger wenige Personen, von ihm zum Guten bekehrte Sünder, darunter zwei auf verschiedene Weise an Maria Magdalena erinnernde Frauen. Er entzieht sich der Verhaftung nicht und fordert dann einen für ihn kämpfenden Mann auf, die Gewalttätigkeit zu lassen. Am Schluß des Romans ist ihm, der krank ist und Fieber hat, auf dem Wege zum Gericht in der Hauptstadt, als schritte er zur Kreuzigung, und er bittet Gott: „Ich will nicht diese Art der Hinrichtung, bei der die Hinrichtungsstätte ein Altar ist und der Todeskampf eins wird mit der Apotheose. Ich bin der letzte der Diener Gottes, und ich will in Vergessenheit und Dunkelheit sterben . . ." – („No quiero ese género de suplicio en que el cadalso es un altar y la agonía se confunde con la apoteosis. Soy el último de los siervos de Dios, y quiero morir olvidado y obscuro . . ."). Das Kreuz verschwindet, er glaubt an einem Altar zu stehen, die Messe zu feiern und die Stimme Jesu zu hören, die ihm sagt: „Mein Sohn, noch lebst du. Du bist in meinem heiligen Hospital, leidest für Mich. Deine Begleiter, die beiden Sünderinnen und der Schächer, die deiner Lehre folgen, sind im Gefängnis. Du kannst nicht die Messe feiern, ich kann nicht in Fleisch und Blut bei dir sein, und diese Messe ist krankhafte Einbildung deines Geistes. Sei nicht unzufrieden. Ich weiß, daß du noch viel mehr tun sollst." – („Hijo mío, aún vives. Estás en mi santo hospital, padeciendo por Mí. Tus compañeros, las dos perdidas y el ladrón, que siguen tu enseñanza, están en la cárcel. No puedes celebrar, no puedo estar contigo en cuerpo y sangre, y esta misa es figuración insana de tu mente. Descansa, que bien te lo mereces. Algo has hecho por Mí. No estés descontento. Yo sé que has de hacer mucho más.")[7]

So endet dieser Roman ohne Klärung, ob Nazarín ein nicht normaler Schwärmer und in einem Wahn befangen ist oder ob er in der Christusnachfolge steht und ein Heiliger ist. Galdós bezieht bewußt keine eindeutige Stellung (so macht Nazarín zunächst auch auf den Erzähler den Eindruck eines Hochstaplers).[8] Am Anfang des Romans scheint Nazarín aus der Perspektive des Erzählers wenigstens ein Sonderling zu sein. Am Schluß bricht die Geschichte mit der nicht eindeutigen Vision Nazaríns (in der ja auch mit dem Wort „insano" eine Relativierung erfolgt) ohne weiteren Autorenkommentar ab. Will Galdós eine Möglichkeit aufweisen, die Gesellschaft zu bessern? Nazaríns Lehre und sein Handeln wirken weltfremd, er bekennt sich zur „pasividad" und im Falle der Anfeindung und Verfolgung zur „paciencia"[9], er sorgt nicht für seinen Unterhalt. Er schätzt die moderne Kultur nicht und glaubt nicht an den Fortschritt, aber seine Literaturfeindlichkeit wirkt übertrieben. Viele Züge jedoch lassen Nazarín beispielhaft erscheinen. Er sagt und tut nichts, was als unchristlich und ketzerisch ausgelegt werden muß oder kann. Er lehnt es ab, als Heiliger angesehen zu werden, und erklärt, als man ihn zu einem sterbenden Kind ruft und um Heilung bittet, er könne kein Wunder tun; er sagt, nur beten zu können, und bittet Gott, er möge „alle Qualen und Leiden, die die Menschheit auf der Erde bedrücken können" („todos los achaques y dolores que pueden afligir a la Humanidad sobre la Tierra"), ihm aufbürden und dafür das Kind gesund werden lassen.[10] Das Kind wird gerettet, und es bleibt offen, ob Nazaríns Gebet das bewirkt hat, er insofern ein Wunder getan hat. Immerhin kann Gott ihn erhört haben; auf jeden Fall ist seine Haltung bewunderungswürdig und der Christi sehr ähnlich.

Löst Galdós die Doppeldeutigkeit in der Darstellung dieses sonderbaren Heiligen auf? Im Roman *Halma* finden wir Nazarín wieder. Die Heldin dieses Werkes, deren angeblich deutscher Name im Spanischen wie „alma" (Seele) ausgesprochen wird, wendet sich nach dem frühen Tod ihres geliebten Mannes und nach schweren Erlebnissen von der Welt ab und will eine Art religiöse Gemeinschaft gründen, tut (ähnlich wie Nazarín auf scheinbar weltfremde Weise) viel Gutes, verbirgt sich aber selbst die Liebe zu ihrem Vetter, der unter ihrem Einfluß sein leichtsinniges und korruptes Leben geändert hat. Nazarín, der ihr von den kirchlichen Autoritäten zur Beaufsichtigung anvertraut wurde, zeigt ihr, daß sie unklug und weltfremd handelt und, statt eine Gemeinschaft zu gründen, über die verschiedene (kirchliche und andere) Obrigkeiten bestimmen wollen, einen christlichen Hausstand durch die Ehe mit dem Vetter gründen und sich so die Möglichkeit zur Wohltätigkeit verschaffen soll. Nazarín scheint hier einen anderen Charakter zu haben, die Schwärmereien der Seele abzulehnen, die Eigenart dieser Welt in Rechnung zu stellen. Zugleich hat ihn der Autor jetzt deutlich mit der Fähigkeit ausgestattet, den rechten Weg zu zeigen und Probleme zu lösen, es auch zu ermöglichen, daß das Gute in der Welt sich verwirklicht. Insgesamt bleibt der Eindruck, daß Galdós die Sehnsüchte des Menschen nach Gottesnähe und Erlösung, die Aspirationen nach einem ganz von Gott erfüllten und von der Welt abgewandten Leben verspürt und sogar den Versuch ihrer Verwirklichung halb anerkennt, aber auch an einer „realistischen" Sicht der Welt und Gesellschaft festhält und die Möglichkeit verneint, ein nur von den religiösen Idealen erfülltes Leben zu führen. Gott ist nahe und zugleich fern. In dieser Welt ist, mit Baudelaire zu sprechen, „die Aktion nicht die Schwester des Traumes"; aber ein kluges Eintreten für das Gute und für den Menschen ist in gewissen Grenzen möglich und sinnvoll.

Viele Züge des Romans von Galdós kehren bei Hauptmann in *Der Narr in Christo Emanuel Quint* wieder. Der Held, der zunächst als wenig fleißiger unehelicher Sohn einer Tischlersfrau erscheint, hat die Neigung, als Prediger und Verkündiger hervorzutreten, und der Autor scheint so anzudeuten, daß Quints Wirken nicht ernstzunehmen ist.[11] Er wird sich aber der Neigung, als Heilsbringer angesehen zu werden, auch bewußt[12] und überwindet somit vielleicht das Versucherische in dieser Veranlagung (im übrigen wurde auch Christus vom Teufel versucht, sich als höheres Wesen zu offenbaren, und er wies diese Versuchung zurück). Der Prediger Nathaniel sieht in ihm den „Heiland in eigener Person . . . in einem gewissen Sinne", tauft ihn, wie einst Johannes Jesus getauft hat; Emanuel hat dann (wie Christus) Schwierigkeiten mit der Umwelt, aber er sammelt sich auch eine Gruppe sektiererisch lebender Anhänger, die in ihm den wiedergekehrten Christus sehen. Während er in einem Gefängnis ist, scheint es Quint, daß der Heiland zu ihm kommt und mit ihm verschmilzt. Quint erlebt Verfolgung und Verehrung, irrt zuletzt einsam durch Deutschland und stirbt an einem Schweizer Alpenübergang.

Der Autor läßt uns wie Galdós im Unklaren, ob man Emanuel als Wiederverkörperung Christi oder als Irren ansehen soll. Er gibt für seine Denkart psychologische Erklärungen, die aber doppeldeutig sind.[13] Quint steht im Verdacht, irre zu sein. Am Schluß scheint der Autorenkommentar die Annahme nahezulegen, daß er wirklich Christus in moderner Gestalt war; doch heißt es auch dort: „Beim toten Quint fand man einen Zettel, auf dem noch zu lesen war: ‚Das Geheimnis des Reichs?' . . . War er überzeugt oder zweifelnd gestorben? Aber was bedeutet es: Das Geheimnis des Reichs?"[14] Auch da, wo der Erzähler Täuschung und Selbsttäuschung bei Quint anzunehmen scheint, gibt er zu, daß „wenigstens Augenblicke lang, etwas wie ein Mysterium" vorlag: „Gott ist Geist: Jesus, der Nazarener, gilt nicht so sehr als Gottes Inkarnation, sondern er wird für sein Gefäß gehalten. Quint wußte in sich, oder glaubte in sich, den Gottesgeist, den Geist des Herrn".[15] Emanuel (der Name bedeutet: Gott mit uns), der sein Leben für „unnütz, nur (sein) Leben in Gott . . . nicht (für) unnütz" hält, hat zwar das Gefühl, daß sein „Opfer . . . nicht angenommen" wurde; aber er hat auch schon früher erkannt: „. . . verleugne dich selbst! oder: dein Leiden ist Lohn! hoffe auf keinen anderen! der Lohnsüchtige ist eben der Mensch in der Welt, der alles Böse immer wieder hervorbringt!"[16] Emanuel kann also doch als Nachfolger (und Wiederverkörperung) Christi gelebt (und gelitten) haben.

Wie Galdós behandelt Hauptmann die Möglichkeit, die Menschheit glücklich zu machen oder zu erlösen. Er zeigt Verständnis für die Heilserwartung der Anhänger Quints, da sie aus „einem jahrzehntelangen Harren und Hoffen in einer unsäglichen Alltagsmonotonie"[17] kommt. Er stellt die Gottesreichserwartung dieser Jünger in Parallele zu der (von den Sozialisten gehegten) Erwartung „des sozialistischen, sozialen und also idealen Zukunftstaates".[18] Wie bei Galdós bringt religiöse Schwärmerei keine wirkliche Lösung sozialer Probleme; anders als bei Galdós wird nicht einmal angedeutet, daß private soziale Tätigkeit sinnvoll ist, aber die Ergebung in Gott scheint doch manche Probleme zu lösen und eine gewisse Nähe zum eigentlich Göttlichen zu bringen. Eine religiöse Gemeinschaft (z. B. die der Jünger Quints) oder eine sozialistische Gesellschaft, also die Gesellschaftsveränderung, sieht Hauptmann offenbar nicht als möglich an, gesteht aber die Notwendigkeit ein, die Menschen glücklich zu machen (zu erlösen).

Wo in Romanen die Möglichkeit behandelt wird, durch die Nachfolge Christi die Menschheit zum Heil und Glück zu führen, erfolgt eine Relativierung; entweder wird durch die Erzähltechnik die Änderung der Welt in Frage gestellt, oder die Aussicht auf diese und das Wirken dafür werden zu einer bloßen Richtschnur des Handelns einzelner Individuen, ohne daß eine große Wirkung auf der Welt als sicher angenommen wird. Dies zeigt sich bei Fogazzaro und Palazzeschi.

In Fogazzaros Romanen um Pietro Maironi, vor allem *Piccolo mondo moderno* und *Il Santo,* ist die Heiligkeit des Helden nicht in Frage gestellt; am Schluß von *Il Santo* kann er Jeanne bekehren, noch in *Leila* geht von ihm eine indirekte, aber segensreiche Wirkung aus. Maironi versucht, die Probleme der Menschheit durch eine Art Reform der Gesellschaft durch die Besserung der Einzelnen zu lösen. Auch Pietro erleidet Schwierigkeiten; in *Il Santo* ist er krank, er braucht (und findet) den Schutz eines reichen Mannes. Ohne daß er (oder der Autor) das Vertrauen in das Wirken Gottes in der Welt aufgibt, wird aus der Gemeinschaft eine geradezu private Verbindung innerhalb der Kirche und der Gesellschaft ohne Reformprogramm. Der Heilige sagt sterbend zu seinen Anhängern: „Jeder von euch erfülle seine Pflichten beim Kult, wie die Kirche es vorschreibt, gemäß strenger Gerechtigkeit und mit vollkommenem Gehorsam. Nehmt für eure Verbindung keinen Namen an, sprecht auch nie als Gemeinschaft, und macht euch keine Regeln außer den von mir erklärten. Liebt euch, und die Liebe genügt. Und seid miteinander verbunden. Viele verrichten in der Kirche dieselbe Arbeit, zu der ihr euch in der geistigen Weise, die ich euch vorgeschrieben habe, bereit macht: ich meine eine Arbeit zur Reinigung des Glaubens und zur Vertretung des gereinigten Glaubens im Leben". – („Ciascuno di voi adempia i suoi doveri di culto come la Chiesa prescrive, secondo stretta giustizia e con perfetta obbedienza. Non prendete nomi per la vostra unione, nè parlate mai collettivamente, nè fatevi regole comuni oltre a quelle che vi ho dette. Amatevi, l'amore basta. E comunicate gli uni con gli altri. Molti lavorano nella Chiesa lo stesso lavoro al quale vi preparate voi con la preparazione morale che vi ho prescritta: voglio dire un lavoro di purificazione della fede e di penetrazione della fede purificata nella vita.")[19] Immerhin scheint der Autor mit der Idee der Erlösung der Menschheit mehr zu liebäugeln, als sie nahe zu sehen und zu betreiben, und die Macht des Heiligen ist sehr gering.

Noch weniger Wirkungskraft scheint Aldo Palazzeschi in seinem Roman *Roma* (1953) der religiösen Haltung zu geben. Der Held, Filippo, ist ein hoher Adliger und geheimer Kammerherr des Papstes, tut Gutes. Zwar denkt und wirkt eine Tochter wie er, aber sein Leben strahlt nicht aus, sogar sein Sohn wird nach seinem Tode nur seine Titel, aber nicht seine Denkart und seine Lebensweise weiterführen, ja als purer berechnender Egoist leben. Obwohl der Autor (der in *I fratelli Cuccoli* die aufopfernde Menschenliebe pries und ihr eine gewisse – geringe – Wirkung zuerkannte) seinen Helden verklärt und ihn als Verkörperung geistiger Kräfte erscheinen läßt, bleibt die Welt unverändert. Dabei hat der Fürst den Glauben, daß man zwar nicht durch Gewalt, aber durch Überzeugungskraft die Welt ändern, die Mächtigen zum Besseren führen kann.[20] Das schlimmste Verbrechen ist, „dem Menschen einen Glauben zu nehmen, der seine moralischen und geistigen Kräfte entwickelt, der ihn zur Höhe des Übernatürlichen erhebt, und ihn die Arbeit hassen zu lassen, die Maß der irdischen Kräfte, Recht auf eine Stellung in der Gesellschaft, Rechtfertigung und Stolz des Lebens ist." – („di togliere all'uomo una fede che ne sviluppa le forze morali e spirituali, che lo innalza alle altezze del soprannaturale, e di fargli prendere in odio il lavoro che è misura delle forze terrene, diritto al posto nella società, ragione e orgoglio di vivere.")[21]

Nach dieser Übersicht über einige Werke der Literatur liegt der Schluß nahe, daß man Anfang des 19. Jahrhunderts die Menschen als erlösungsbedürftig empfand, aber die Autoren sich dann dessen bewußt wurden, daß man die Lage des Menschen nicht ändern konnte und daher in den Werken sich mehr und mehr der Verzicht auf Erlösung und der Ersatz dieser Hoffnung durch die Anerkennung persönlicher Heiligkeit und privater Wohltätigkeit widerspiegelte. Vigny empörte sich gegen den Gott, der sich nicht zeigt; Hauptmann scheint sich damit zu begnügen, etwas Göttliches ungefähr zu verspüren, und Fogazzaro und Palazzeschi damit, Gott zu dienen.

Resignation, Demut, Verzicht auf persönliche Erhörung sind auch der Grundtenor anderer Heiligendarstellungen im 19. Jahrhundert, nämlich der Legenden Flauberts und Eça de Queiroz'. Beide Autoren formulieren nicht die Hoffnung auf Erlösung der Menschheit. Die persönlichen Aspirationen des Einzelnen werden nicht erfüllt. Die Aufnahme des Heiligen in den Himmel wird bei ihnen erzähltechnisch als zur Geschichte gehörig, aber nicht als unbedingt vom Leser zu glauben dargestellt.

Flaubert läßt schon in der *Tentation de Saint Antoine* erkennen, daß ein Einsiedlerleben und die private Frömmigkeit einen negativen Aspekt haben können: die Ich-Bezogenheit, die den Heiligen persönliche Gottesnähe und Erkenntnis suchen läßt; der Held kennt zu wenig den intellektuellen und ethischen Wert des Verzichts auf die persönliche Befriedigung. Sein letzter Wunsch geht freilich in die richtige Richtung: „être la matière". In den *Trois contes* ist *Un cœur simple* die Geschichte einer Magd, die immer mehr selbstlose Güte entwickelt. Flaubert läßt ihr in der Todesstunde das

Empfinden einer Vision des Heiligen Geistes zuteilwerden. In *Hérodias* wird am Schluß eine Erfüllung der Hoffnungen des Täufers (das Erscheinen Gottes) angedeutet, und sein Wort wird nun ganz verstanden: „Pour qu'il croisse, il faut que je diminue". Die *Légende de Saint Julien L'Hospitalier* läßt den Helden, nachdem er Glanz und Macht ausgekostet hat und schuldig geworden ist, zuletzt als Fährmann im Dienste der anderen leben, und als er gänzlich selbstlos einen sterbenden Leprakranken mit seinem eigenen Körper wärmt, wird er von Christus in den Himmel aufgenommen. In diesen drei Geschichten läßt es Flaubert übrigens unsicher, ob der Held wirklich erlöst wird. Die Vision der Magd kann als Halluzination angesehen werden, Flaubert bekräftigt nicht die Richtigkeit der Hoffnung des Täufers, Julians Geschichte wird zuletzt als der Inhalt einer bildlichen Darstellung auf einem Fenster bezeichnet. Vor Galdós oder Hauptmann läßt der Franzose seine Erzählungen um das Problem der Erlösung im Doppeldeutigen. Auch er verwendet dafür die Kunstmittel der Darstellung aus einer speziellen Perspektive und der besonderen Verwendung des Autorenkommentars (u. U. des Ausbleibens des Kommentars, wo man ihn herkömmlicherweise erwartet).[22]

Eça de Queiroz läßt in *S. Cristovão* den Heiligen, ähnlich wie es Flaubert mit Julian tut, Christus begegnen und von ihm in den Himmel geführt werden, als er im demütigen Dienst an den Menschen in der Einöde als Fährmann lebt. Und auch *Santo Onofre* wird von Christus gerufen, als er zugunsten leidender Mitmenschen auf die Seligkeit verzichtet hat. Eça de Queiroz relativiert (freilich weniger deutlich als Flaubert) die Wahrheit seiner Geschichten, indem er sie im Tone naiver und märchenhafter Legenden erzählt.

Ein Autor erzählt von einem Erlöser, der weiß, daß es keine Seligkeit gibt und daß er die Menschen nur vor dem Zweifel und der Verzweiflung retten kann, indem er ihnen jene Wahrheit verbirgt. Das Leben und Sterben des Priesters in Unamunos *San Manuel Bueno, Mártir,* wird so zum Martyrium. Aber durch die Wahl seines Erzählers, einer Angehörigen der Pfarre, die nicht glauben kann, daß der Heilige Manuel der Unmöglichkeit der Erlösung so sicher war, relativiert der Autor die Aussage.

Die besprochenen Dichtungen lassen nicht nur die Sehnsucht nach einem Erlöser erkennen, sondern wir können auch aus ihnen entnehmen, daß der Zweifel an der Erlösung und die Schwierigkeiten einer glaubhaften Darstellung des dazugehörenden Übernatürlichen stark war, ja daß er eine bestimmte Technik erzwang, nämlich die Doppeldeutigkeit. Das Wirken des Erlösers kann auch als Narrheit erklärt werden oder reduziert sich auf bloße moralische Ausstrahlung, die Aufnahme in den Himmel ist Einbildung oder Legende.

Die Dichtung aber bietet die Möglichkeit, Erlösung und Gegenwart des Erlösers, die in der wissenschaftlich aufgeklärten Zeit und wegen des herrschenden Zweifels nicht mehr glaubhaft gemacht oder nur noch als Mythos behandelt werden können, aufzugreifen und dabei tiefe Sehnsüchte zu formulieren; die der erzählenden Dichtung eigenen Mittel, die gerade im 19. Jahrhundert sehr verfeinert werden (Perspektivtechnik), erlauben es auch, durch Doppeldeutigkeit die rationale und skeptische Sicht mit zu berücksichtigen (und das ermöglicht im Grunde erst die Behandlung des Themas). Gleichzeitig aber löst die nur dichterische (und vielfach doppeldeutige) Behandlung das Thema zum Gegenstand eines nur ästhetischen und insofern unverbindlichen Spiels auf.

Lucifergestalten und Verkörperungen des Bösen

Wie Erlösung und Verdammnis, Hoffnung auf Seligkeit und Angst vor der ewigen Qual sich entsprechen, so tun es der Erlöser und der Verführer oder Satan, der Heilige und der Empörer oder Abtrünnige. Wir sind auf die Aktualität des Satanskultes im 19. Jahrhundert schon eingegangen. Es kann nicht überraschen, daß außer Christusdoppelgängern auch Satansgestalten in der Literatur der uns beschäftigenden Zeit häufig sind.

Mario Praz hat gezeigt, daß Tassos, Marinis und Miltons Teufelsdarstellungen in einer Entwicklungsreihe stehen und Schillers Räuber Moor und andere Briganten von ihnen beeinflußt sind.[23] In der Tat sind unter den Satansgestalten durchaus Menschen ohne übernatürliche Eigenschaften; kennzeichnend für die uns zunächst interessierenden Personen ist aber, daß die sich bei den genannten epischen Dichtern abzeichnenden erhabenen Züge bei ihnen hervortreten. Sie sind bewunderungswürdige Empörer gegen den Himmel und die Weltordnung.

Mit Lucifers Empörung gegen Gott Vater, den Weltenherrscher, läßt sich der Aufstand Brutus' gegen den Vater Cäsar, den Kaiser, vergleichen. Der Räuber Moor singt bei Schiller ein Gedicht, das ein Gespräch zwischen Brutus und Cäsar darstellt und in dem der Einsatz des Sohnes des Tyrannen für eine gerechte Ordnung und seine persönliche Größe gefeiert, aber auch sein Weg in die Unterwelt (die Hölle) angedeutet wird. Karl Moor geht von diesem Gesang zur Meditation über sein eigenes Leben, seine Taten und den möglichen Selbstmord über.[24] Er sieht sich also (nach Schillers Meinung mit einem gewissen Recht) dem Brutus ähnlich. Sein Einsatz gegen die Ungerechtigkeit macht ihn zum edlen Abtrünnigen. An anderer Stelle erklärt er, warum ihm das früher erträumte Glück nicht zuteil wurde: „aber der böse Feind schmollte dazu".[25] Damit scheint er den Teufel als seinen Widersacher zu bezeichnen. Er, der Züge des edlen Empörers (auch Satans) hat, wird also von höllischen Mächten verfolgt. Diesen nach der von Praz geschilderten Genese der Empörergestalt überraschenden Zug findet man auch sonst wieder. Er verschleiert die in der Verherrlichung des satanischen Menschen angelegte Ketzerei, und wohl nicht nur für das Publikum und den Kritiker, sondern auch für den Dichter.

Mit Karl Moor hat der Titelheld von V. Hugos Kampfdrama *Hernani* viele Züge gemeinsam. Wegen eines Unrechts des Königs kann er seine ihm zustehende Stellung in der Gesellschaft nicht einnehmen und lebt als Bandit; in der Mitte des Dramas behauptet er, den Menschen, die sich mit ihm verbinden, Unglück zu bringen und von stärkeren Mächten verfolgt zu sein, die ihn in den Abgrund der Hölle treiben:

> Détrompe-toi. Je suis une force qui va!
> Agent aveugle et sourd de mystères funèbres!
> Une âme de malheur faite avec des ténèbres!
> Où vais-je? je ne sais. Mais je me sens poussé
> D'un souffle impétueux, d'un destin insensé.
> Je descends, je descends, et jamais ne m'arrête.
> Si parfois, haletant, j'ose tourner la tête,
> Une voix me dit: Marche! et l'abîme est profond,
> Et de flamme ou de sang je le vois rouge au fond!
> Cependant, à l'entour de ma course farouche,
> Tout se brise, tout meurt. Malheur à qui me touche![26]

Am Schluß begeht Hernani, im Augenblick des möglichen Glückes, aber von einem edlen Ehrgefühl wegen eines ehemals gegebenen Versprechens bestimmt, Selbstmord und zieht dabei die von ihm geliebte Frau mit in den Tod. Sein Schicksal würde nicht so tragisch verlaufen, wenn er nicht so edel dächte und an seinen Idealen unbedingt festhielte. Er geht also wegen der Diskrepanz zwischen Ideal und Weltordnung zugrunde, freilich nicht (wie Karl Moor) direkt wegen seiner Empörung gegen die Weltordnung.

Byron hat in *Manfred* einen anderen Typ des Empörers vorgestellt; er scheint von Lucifer den Stolz und die Unabhängigkeit geerbt zu haben, die ihm verbieten, sich unterzuordnen und ein Heilsangebot anzunehmen. Er ist, wie es in einer frühen Kritik heißt, „a being invested with superhuman attributes, in order that he may be capable of more than human force and pride.“[27] Manfred weist es sterbend zurück, seine Seele dem höllischen Geist oder (durch ein Gebet) Gott zu übergeben. Er stirbt selbständig, ohne Beistand, seine eigene Qual in sich tragend. Auf die letzte Bitte des Priesters „But yet one prayer – Alas! how fares it with thee?“ ist seine Antwort: „Old man! ’tis not so difficult to die.“

Nicht Aufstand für die Leidenden und gegen die Ungerechtigkeit des Himmels und dann Karl Moors Entsetzen über das Ergebnis der Empörung, sondern stolze Auflehnung im Sterben kennzeichnet einige Helden der romantischen Dichtungen. Die Auflehnung richtet sich dabei in der Regel auch nicht gegen das vom Himmel über alle Menschen verhängte Unglück, sondern hat persönlichere Gründe. So setzt in S. Pellicos Drama *Francesca da Rimini,* nachdem die Liebenden, die keine Schuld auf sich geladen haben, doch vom Himmel vernichtet wurden, Paolo der Gewißheit der ewigen Verdammnis die Aussage entgegen, daß auch ebenso gewiß ihre Liebe ewig sein wird. Bei Espronceda bekommt der bis dahin eher sorglos und gewissenlos lebende Felix, der Held des *Estudiante de Salamanca,* als er in die Unterwelt gerät und nun sterben muß, erhabene Größe; er wird zu einem zweiten Lucifer, der Gott herausfordert und Abrechnung verlangt. Beide Helden gehen trotzig und unerschrocken in den Tod.

Es ist in den meisten Fällen möglich, eine gewisse Rücknahme der Verherrlichung des Satanischen festzustellen.[28] Karl Moor nimmt mit Schrecken die Wirkung seines Räuberlebens wahr und sucht eine Wiedergutmachung, indem er einem Leidenden Gelegenheit gibt, den auf seinen Kopf gesetzten Preis zu verdienen. Hernani warnt vor sich, und der Sinn seines Todes bleibt unklar: Liegt auch ein Protest darin? Manfred gibt nicht nur dem Priester, sondern auch dem erscheinenden Geist eine Absage. Pellico endet sein Drama so schnell, daß der ganze Sinn der letzten Worte Paolos kaum verstanden werden kann. Felix de Montemar ist nicht eindeutig positiv gezeichnet, das Effektvolle scheint in dieser Verserzählung auch wichtiger als die Verherrlichung der Empörung. Und wenn Stendhal in *Les Cenci* auch eine gewisse Sympathie für die stolze Haltung des Vaters hat, der durch die schlimmsten Sünden Himmel und Menschheit herausfordert, so wird doch vor allem die Tochter positiv gezeichnet, die den ihr nachstellenden Vater umbringt und dann große Standhaftigkeit zeigt; so erscheint der Vater insgesamt als Bestie. In der dann folgenden Generation wird Satan in zwei wichtigen Werken rein positiv gezeichnet, nämlich in Baudelaires *Litanies de Satan* und in Carduccis *(Inno) A Satana;* aber wenigstens in den *Fleurs du Mal* zeigt die Abfolge der Gedichte, daß die Hoffnung auf Satan trog, da zuletzt der Tod angerufen wird (und dabei ist es gleich, ob er zum Himmel oder zur Hölle führt). Dennoch sind die großen Dichtungen, in denen der satanische Held oder Satan selbst verherrlicht wird, vor allem für die romantische Generation typisch. Wohl kann man einen positiv gezeichneten Teufel in einem der Jugendwerke Flauberts finden, und auch Barbey d'Aurevillys *Diaboliques* geben den satanischen Menschen positive Züge. Die Liebenden in *Le bonheur dans le crime,* die es nicht anficht, daß ihre Verbindung durch einen Mord möglich wurde, haben etwas Erhabenes. Die Heldin von *La vengeance d'une femme* ist bewunderungswürdig in der Unbedingtheit, mit der sie ihre Stellung in der Welt, ihre Reinheit und ihre Seligkeit opfert, um ihren Gatten für die grausamen Tötung ihres platonisch geliebten Anbeters zu strafen: Sie lebt als Dirne und ist nicht bereit, Reue zu zeigen, als sie stirbt. „Il (der Zeuge dieser Geschichte) était effrayé de ce sublime horrible, car l'intensité dans les sentiments, poussée à ce point, est sublime. Seulement, c'est le sublime de l'enfer."[29] Hier nimmt Barbey auch die Bewunderung für das Satanische zurück, und noch stärker tut er es in *A un dîner d'athées,* wo der wichtigste und am sympathischsten gezeichnete Held sich der Kirche unterwirft.

Von nun an beherrscht aber statt des Empörers Satan der unheimliche Teufel die Literatur; der verführende und vernichtende Teufel findet sich noch häufig, aber es wird das Bedrohliche und Unheimliche herausgestellt, nicht das Erhabene, das dem sich gegen Gott auflehnenden Lucifer eigen ist. Allerdings gibt es diese Verkörperung der Bösen schon seit dem Ende des 18. Jahrhunderts.

In Esproncedas romantischem Drama *Blanca de Borbón* wird der Sohn eines Teufels als primitiver und vom Willen zur Vernichtung und zum Bösen besessener Mensch dargestellt. Auch in dieser Gestalt mag sich eine Furcht des Autors vor dem übermächtigen Bösen und Zerstörenden ausdrücken; mehr noch liegt es aber nahe, als Anzeichen dunkler Ängste die Gestalten des Teufels und der Teufelsähnlichen bei Dichtern zu deuten, die ihnen keine menschlichen Züge mehr geben und sie unverständlich und gleichzeitig mächtig erscheinen lassen. In die Seele des bösen Teufels erlaubt der Dichter keinen Einblick mehr, es gibt daher für den Leser auch keine Identifikationsmöglichkeit: Grauen und Angst sind die ihm einzig möglichen Reaktionen. Auch Goethes Mephistopheles ist für das Publikum (wenn man vielleicht vom Prolog im Himmel absieht) undurchschaubar. Noch mehr ist es Lenaus Teufel in seinem *Faust.* Ähnlich haben manche Romantiker eine teuflische Venus gestaltet: Tieck in *Der getreue Eckart,* wo es auch eine frühe Version der Tannhäusergeschichte gibt, Eichendorff in *Das Marmorbild,* Mérimée in *La Vénus d'Ille.*[30] Nach M. Beyerles Analyse ist auch Lheureux in Flauberts *Madame Bovary,* der Emmas Sehnsucht nach einer schöneren, romantischeren und reicheren Existenz reizt, sie zum Schuldenmachen verführt und ihr damit zuletzt die Rückkehr in ein normales Leben unmöglich macht, der Teufel, da er nie zu durchschauen ist und keinen Charakter, keine Züge eines Typs hat.[31] Nicht recht hat Beyerle hingegen mit der Vermutung, auch der Priester in Zolas *A la conquête de Plassens* sei der Teufel, denn an einer Stelle läßt uns Zola in seine Seele schauen. Freilich ist diese dunkle, geschickte, sich einschleichende Person dem Teufel ähnlich, wird auch mit den Flammen assoziiert. Es scheint so, daß Zola hier tiefere Ängste vor etwas Teuflisch-Vernichtendem mit hat einfließen lassen. Huysmans stellt in *Là-bas* die Faszination der Teufelsgestalt dar und behauptet, der Böse triumphiere, weil man ihn leugne. Hinter dem Rationalismus, Positivismus und Atheismus habe sich der Satanismus, das Gefühl, daß es den Teufel gebe, gehalten.[32] Wie bei den Christusgestalten kann man auch bei den Teufelsgestalten beobachten, daß die Autoren in der Regel eine ganz klare Aussage vermeiden. Tieck gibt seine Geschichte als Märchenerzählung und rückt damit vom Berichteten ab, Eichendorff relativiert durch das Kolorit des Vergangenen und schließt nicht aus, daß es sich um Einbildungen handelt; Mérimée läßt bewußt zwei verschiedene Deutungsmöglichkeiten offen. Flaubert gibt nirgends eindeutig zu erkennen, daß er in seinen „realistischen" Roman den Teufel eingeführt hat, und bis heute hat man dieses von Beyerle behauptete übernatürliche Element normalerweise nicht wahrgenommen.[33] Das würde auch erklären, daß Zola seinen unheimlichen Priester schließlich doch eindeutig als Menschen kennzeichnet.

Hat Beyerle mit der Annahme recht, auch in Thomas Manns *Buddenbrooks* trete der Teufel in Gestalt von Bankier Kesselmeyer auf? Jedenfalls hat Mann sein Interesse am Teufel vielleicht in einigen Einzelheiten des *Zauberbergs*, sicher im Teufelspaktmotiv des *Doktor Faustus* erkennen lassen. Zu bemerken ist die Ironie, mit der Mann die Reichweite dieser Züge relativiert. Als der Erzähler Adrians Aufzeichnungen über das Gespräch mit dem Teufel einrückt, läßt er Zweifel wachwerden: „Ein Dialog? . . . Ich müßte wahnsinnig sein, es zu glauben. Und darum kann ich auch nicht glauben, daß er in tiefster Seele für wirklich hielt, was er sah und hörte . . . Gab es ihn aber nicht, den Besucher – und ich entsetze mich vor dem Zugeständnis, das darin liegt, auch nur konditionell und als Möglichkeit seine Realität zuzulassen! –, so ist es grausig zu denken, daß auch jene Zynismen, Verhöhnungen und Spiegelfechtereien aus der eigenen Seele des Heimgesuchten kamen . . .“[34] Mann verwendet also ähnlich wie Mérimée den Standpunkt des Erzählers, um vom Berichteten abzurücken. Aber da Mann unter dem Eindruck des Dritten Reiches und der grauenhaften Ereignisse der Zeit schreibt, steht fest, daß er wahre Ängste vor dem Unbegreiflichen und Zerstörenden verspürte und hier ausdrückte. Wie bei der Gestaltung der Erlösungssehnsüchte in den Heiligen oder der metaphysischen Empörung in luciferischen Personen nehmen die Dichter bei der Darstellung des Bösen in Teufelsgestalt Abstand – und gewinnen erst so die Möglichkeit, in einer noch grundsätzlich rationalen Zeit das Irrationale darzustellen.

Es gibt eine wichtige andere Lösung. Bernanos analysiert im ersten Teil von *Sous le soleil de Satan, Histoire de Mouchette,* die Macht des Bösen über den Menschen. In diesem Roman begegnet dann der Teufel dem Priester. Da der Autor einen nicht rationalen Glauben an übernatürliche Mächte hat, relativiert er den Teufel nicht. Es ist hingegen kennzeichnend für die Bedeutung der Verunsicherung hinsichtlich der Erlösungsmöglichkeiten auch bei ihm, daß das Eingehen in Gott in diesem und in anderen seiner Romane wenigstens in Ansätzen relativiert wird. Dieses Werk endet mit der Bemerkung, daß es den ruhigen heiteren Heiligen nicht gibt. In *Journal d'un curé de campagne* fehlen in den Aufzeichnungen des Helden die Seiten mit gewissen spirituellen Erlebnissen der Gottesnähe, der Priester hat sie wohl entfernt, weil er sie nicht anerkennen wollte.[35]

Die Existenz und die Macht Gottes und des Teufels behandelt Sartre in *Le Diable et le bon Dieu.* Der Held, Goetz, möchte vor den Augen Gottes als Sünder oder als Heiliger wahrgenommen werden, er möchte dabei auch sich selbst als solcher erkennen. Aber seine so begonnene Tätigkeit für die Mitmenschen nach den Prinzipien des Guten führt sie in die Katastrophe. Zuletzt erkennt Goetz, daß der Himmel schweigt, daß er ihn nicht sieht. „. . . je quémandais un signe, j'envoyais au Ciel des messages; pas de réponse. Le ciel ignore jusqu' à mon nom. Je me demandais à chaque minute ce que je pouvais *être* aux yeux de Dieu. A présent je connais la réponse: rien. Dieu ne me voit pas, Dieu ne m'entend pas. Dieu ne me connaît pas. Tu vois ce vide au-dessus de nos têtes? C'est Dieu. Tu vois cette brèche dans la porte? C'est Dieu. Tu vois ce trou dans la terre? C'est Dieu encore. Le silence, c'est Dieu. L'absence, c'est Dieu. Dieu, c'est la solitude des hommes. Il n'y avait que moi: j'ai décidé seul du Mal; seul, j'ai inventé le Bien. C'est moi qui ai triché, moi qui ai fait des miracles, c'est moi qui m'accuse aujourd'hui, moi seul qui peux m'absoudre; moi l'homme. Si Dieu existe, l'homme est néant; si l'homme existe . . .“[36] Die für die Dichtungen mit dem Thema der Empörung wichtige Thematik des Schweigens des Himmels oder Gottes kehrt hier wieder, aber anders als die Gestalter der Lucifer- und Teufelsgestalten bekundet Sartre (durch seinen Helden), daß es Gott nicht gibt. Wir erkennen die Haltung der Empörung, aber sie ist nicht mit dem Trotz dessen verbunden, der sich auflehnt, obwohl er dann untergehen muß, sondern mit dem (bei Lucifer auch vorhandenen) Willen, frei zu werden.

Wie es Gott als übernatürliche Macht des Guten nicht gibt, kann man auch den Teufel als übernatürliche Macht des Bösen und Vernichtenden nicht mehr annehmen. Goetz erkennt beide nicht mehr an; Byrons Manfred wies beide ab, es gab sie aber, und seine Abweisung bedeutete, daß er unterging; Goetz hört auf, an die Existenz beider zu glauben; und das bedeutet, daß er frei wird und eine Aussicht hat, die Welt um ihn herum zu gestalten, ohne jetzt noch nach (von Gott) vorgegebenen Maßstäben des Guten und Bösen zu handeln, den Menschen verbunden, nicht vor Gott oder den Augen eines anderen agierend. „Voilà le règne de l'homme qui commence . . . je serai bourreau et boucher . . . Je leur ferai horreur puisque je n'ai pas d'autre manière de les aimer, je leur donnerai des ordres, puisque je n'ai pas d'autre manière d'obéir, je resterai seul avec ce ciel vide au-dessus de ma tête, puisque je n'ai pas d'autre manière d'être avec tous. Il y a cette guerre à faire et je la ferai.“[37] Sartre führt so die Literatur der Empörung zu einem Abschluß. Seine These ist klar; die bis dahin geltende, wenn auch z. T. nur halbe Anerkennung Gottes (da er existierte, da er doch nicht ganz schlecht sein konnte usw.) und des metaphysischen Bösen wird aufgehoben, und nun ist auch die Aussage des Werkes deutlich und unverschleiert.

Sartre nimmt ein Thema der älteren Literatur auf, aber behandelt es auf ungewöhnliche Weise. Während Camus noch (am Schluß von *L'Étranger*, in *La Chute*, in *La Pierre qui pousse*) halb anerkannte, daß der Mensch einen Heiland brauchte, er aber anders sein müßte, als man ihn sich früher vorstellte, zeigt Sartre, daß es weder Heiland oder Gott, noch Teufel gibt und der Mensch nicht auf Gott angewiesen ist, ja ohne ihn erst sich verwirklichen kann. Die älteren Autoren aber suchten Gott und fürchteten die gegengöttliche Macht. Sie gaben beiden poetische Wirklichkeit oder umkreisten wenigstens in der Dichtung die Möglichkeit ihrer Existenz und ihres Erscheinens. Die Dichtung erlaubte es, rational nicht mehr Greifbares zu behandeln und Sehnsüchte und Ängste zu formulieren. Dabei konnte das Problem auch vielfach unter dem Vorwand des ästhetischen Spiels mit außerhalb der Dichtung nicht mehr vertretbaren Vorstellungen behandelt werden, und dabei war sogar eine bestimmte Aussage möglich – etwa die von der Bedrohung durch das Teuflische bei Th. Mann –, die der Schriftsteller sonst nicht gewagt und die der Leser nicht angenommen hätte. Ähnlich gestaltete schon Flaubert in seinen Werken immer wieder das Thema der Erlösung durch Gott und fand damit wenigstens durch die Dichtung eine Befriedigung tiefer Sehnsüchte. Diese Sehnsüchte und Ängste sind auch in der Gestalt der Liebe in vielen Dichtungen ausgedrückt.

Verderben und Erlösung durch die Liebe

Der Begriff der „femme fatale“ ist seit langem geläufig, seit einiger Zeit bezeichnet man das Gegenstück zur verderbenbringenden Frau, die erlösende oder besser beim Erlösungswerk scheiternde und untergehende Frau, als „femme fragile“.[38] Zwar ist die Literatur relativ männerzentriert, so daß Verderben oder Erlösung für die Hauptperson vielfach von einer Frau kommt, aber es gibt auch den verderbenbringenden und den erlösenden Mann. Vielfach sind in der Dichtung die Paare so angelegt, daß der eine Partner Vernichtung, der andere Rettung bringt.

Ein Beispiel dafür ist eigentlich Goethes *Faust;* der Held liebt Gretchen, bringt ihr Unglück, da er sie verführt und dann, als sie schwanger ist und so in eine schwierige Lage (in der Familie und in der Gesellschaft) gerät, verläßt (das wird freilich nicht besonders ausgeführt). Sie begeht die Sünde der Tötung von Mutter und Kind, Faust ist für sie der schicksalhafte Partner. Als Teufelsbündner ist er auch Werkzeug der Hölle. Der Teufel spricht zuletzt über sie das Urteil: „Sie ist gerichtet!“ Diese Tragödie des Verderbens wird dann allerdings durch die Stimme von oben gewendet: „Ist gerettet!“ Zum anderen ist Gretchen, die Unschuldige, an Fausts Glauben interessiert (Szene in Marthens Garten), Faust hat ihretwegen Gewissensbisse und wünscht, nicht an den Teufel, den „Schandgesellen“, geschmiedet zu sein (Trüber Tag, Feld).[39] Als aber Faust gerettet wird, hat daran die Liebe teil, und wohl nicht nur die Liebe Gottes zu den Menschen. Die Engel erklären: „Und hat an ihm die Liebe gar / Von oben teilgenommen, / Begegnet ihm die selige Schar / mit herzlichem Willkommen“, und jüngere Engel setzen hinzu: „Jene Rosen aus den Händen / Liebend-heiliger Büßerinnen / Halfen uns den Sieg gewinnen / Und das hohe Werk vollenden, / Diesen Seelenschatz erbeuten.“ Nach den drei großen Sünderinnen erscheint dann die Büßerin Gretchen, „Una poenitentium, sonst Gretchen genannt“, und dankt für die Errettung mit Worten, die an ihre Anrufung Mariens in ihrer größten Not anklingen.[40] Wenn Gretchen wohl insgesamt als „femme fragile“ empfunden werden kann, Faust aber nicht als „homme fatal“, so liegt das daran, daß Faust die wichtigere Person im Drama scheint; im Normalfall sprechen wir aber von „femme fatale“ („homme fatal“) und „femme fragile“ nur bei der zweitwichtigsten Person eines Werkes.

Erlösung anbietender und verderbender Partner scheinen recht gleichgewichtig, wenn man nur den Schluß von Vignys *Eloa* liest, wo ein Engel und Lucifer, den der Engel von seinem Unglück befreien wollte, miteinander sprechen:

N'est-ce pas Eloa qui soulève ta chaîne?
J'ai cru t'avoir sauvé. – Non, c'est moi qui t'entraîne.
– Si nous sommes unis, peu importe en quel lieu!
Nomme-moi donc encore ou ta Sœur ou ton Dieu!
– J'enlève mon esclave et je tiens ma victime.
– Tu paraissais si bon! Oh! qu'ai-je fait? – Un crime.
– Seras-tu plus heureux du moins, es-tu content?
– Plus triste que jamais, – Qui donc es-tu? – Satan.[41]

Da aber in dieser Dichtung die Perspektive Eloas vorwiegt und diese Person im Mittelpunkt steht, erscheint uns Gegenstand des Gedichts die Liebe zum verderbenbringenden Wesen, zur „personne fatale“, zu sein.

Dieses Gedicht zeigt ebenso wie Goethes zweiteilige Tragödie den Hintergrund für die Dichtungen um eine fatale Liebe: Immer wieder lassen sich metaphysische Sehnsüchte und Ängste ausfindig machen. Das Thema der Erlösung oder der Verdammnis schwingt in der Regel mit.[42] In den Werken über die Macht und Übermacht der Liebe spricht sich das Gefühl aus, die Kräfte des Menschen überwältigenden und dunklen Mächten gegenüberzustehen, vielfach ausgeliefert zu sein. Daher läßt sich das Thema der Fatalität in der Romantik gut am Thema der Liebe verdeutlichen.

In diesem Zusammenhang ist auffällig, daß Friedrich Schlegel der Heldin seines Romans *Lucinde* einen Lichtnamen gibt. Auch die von dem Banditen und Empörer Hernani geliebte Frau, Dona Sol, hat einen auffälligen Namen: Sicher kann Sol als eine

Kurzform des spanischen Namens Soledad angesehen werden, aber „sol" heißt auch „Sonne". Diese Lichtgestalt wird von ihrem Geliebten mit ins Verderben gerissen, sie stirbt wie er durch den Gott am wenigsten wohlgefälligen Tod, der nach kirchlicher Auffassung zur Verdammnis führte, den Selbstmord.[43]

Die *femme fatale* hat häufig Zauberkräfte oder steht mit dunklen Mächten in Beziehung. Ein alter, schon bei Ariost und Tasso vorkommender Zug sind die Hexenkünste, die sie schön scheinen lassen, obwohl sie häßlich oder alt ist. Diese Künste scheinen zu natürlichen, wenn auch recht wunderbaren Mitteln der Giftmischerin in Kleists *Käthchen von Heilbronn* geworden zu sein; dort kehrt auch die Verbindung der Retterin (die „einen Cherubim zum Freunde hat")[44] mit den Mächten des Lichts als übernatürliche Sicherheit und als Abstammung vom Kaiser wieder (der ja immerhin geradezu priesterlicher Führer der Christenheit ist). Die scheinbar schöne (und gifthandhabende) Kunigunde hat eine Entsprechung in dem zauberischen „entsetzliche(n) Waldweib" aus Tiecks *Der Runenberg*, die ja dem ihr Verfallenen als seine „Schöne, die Gewaltige, ... die mit goldenen Schleiern geschmückt ist" erscheint.[45] Doch fällt der Ritter vom Strahl Kunigunde nicht anheim, da Käthchen oder durch sie höhere Mächte eingreifen.

Im Bewußtsein des normalen Lesers ist Carmen aus Mérimées Novelle eine gewöhnliche Zigeunerin, doch ist diese Gestalt vielschichtig, denn Mérimée ist vom Thema der schönen Dämonin angezogen, wie seine *Vénus d'Ille* zeigt. Don José scheint etwas Unheimliches in der Zigeunerin zu erblicken, und sein Bericht kann auch den Leser etwas Übernatürliches an ihr ahnen lassen. José sagt von der ersten Begegnung mit Carmen: „Dans mon pays, une femme en ce costume aurait obligé le monde à se signer." Sie wirft eine Blume auf ihn, die „l'effet d'une balle" macht. Im Streit, bei dem Carmen ihre Arbeitskollegin verletzt, spielt der Vorwurf der Hexerei eine große Rolle, Carmen wird „filleule de Satan" genannt; sie entflieht dann in der „rue de Serpent", der „Schlangenstraße" (das zuzulassen, ist Josés erster und entscheidender Sündenfall). Josés Fazit, als er sie getötet hat, ist: „... cette femme était un démon". Das Problem der Rettung wird kurz vorher angesprochen, da José zu ihr sagt: „Pourtant, tu sais, c'est toi qui m'as perdu; c'est pour toi que je suis devenu un voleur et un meurtrier. Carmen! ma Carmen! laisse-moi te sauver et me sauver avec toi." Carmen ist nicht nur eine zur Emanzipation strebende freiheitsbesessene Frau, sie hat auch andere, unheimliche Züge. Und über beiden steht eine dunkle Macht, Carmen spricht davon: „Tu veux me tuer ... c'est écrit".[46]

Es liegt nahe, bei Mérimée, der die Frau insgesamt als gewöhnliche Zigeunerin erscheinen läßt, eine Tendenz zur Rationalisierung der dämonischen oder engelhaften Frauen zu sehen, die nur noch die Aura des Übernatürlichen hat; andere Beispiele, wie Gautiers *Une nuit de Cléopâtre,* stützen eine solche These. Wenn bei Flaubert Salammbô dem Söldner Mâtho als übermäßig schön erscheint und er ihr verfällt, ja das Gefühl hat, von ihr verfolgt zu sein und sich nicht von ihr befreien zu können, so läßt sich das natürlich, etwa psychologisch erklären, wie auch die Rolle, die Mâtho in Salammbôs Leben spielt. Nichts Übernatürliches scheint auch an Flauberts Salomé-Gestalt, obwohl die Tochter des Hérodias immer wieder die *femme fatale* zu inkarnieren schien. Nun hat die erzählende Literatur (besonders die Novelle und der Roman) im 19. Jahrhundert sicher eine starke Neigung, rational zu erklären, und auch die phantastische Erzählliteratur läßt eine normale Erklärung des Geschehens offen. Schon bei dem frühen französischen Romantiker Nodier verflüchtigt sich am Schluß von *Inès de las Sierras* das Übernatürliche weitgehend. In seinem früheren Roman *Jean Sbogar* ist der Mann, den zu lieben vernichtend wirkt, „nur" ein Räuber.[47] In *Trilby* hat die schicksalhafte, erlösende und verdammende Liebe zwischen dem Geist und der Frau aber durchaus übernatürliche Züge.

Wenn in späteren Romanen das Dämonische und das Engelhafte der Liebenden gewöhnlich nicht die Annahme übernatürlicher Kräfte aufzwingt, zeigt sich in den Hauptgattungen Lyrik und Drama deutlicher die Auffassung, daß die geliebte Person Erlöser oder Teufel ist. Wie bei Almeida Garrett in den *Folhas Caídas* etwa die Frau als „Rosa sem espinhos" angeredet wird und Züge sowohl des Göttlichen als auch des Vampirhaften tragen kann, ist sie bei Baudelaire in den *Fleurs du Mal* bald höllisch, bald erlösendes Himmelsbild. Die reine Frau, deren „regard divin" das Herz wieder erblühen läßt, führt zur Liebe des Schönen hin, da sie „l'Ange gardien, la Muse et la Madone" ist.[48] In *Réversibilité* bittet das lyrische Ich den „ange" um seine Gebete, seine Fürbitte.[49] Die Erinnerung an die „chère Déesse, Etre lucide et pur" bringt dem sündigen Menschen eine geistige Morgenröte.[50] Im lyrischen Ich kann aber auch der Wunsch wach werden, die schöne Frau zu vernichten und zu verderben: „Ta tête, ton geste, ton air / Sont beaux comme un beau paysage; / Ainsi je voudrais, une nuit, / Quand l'heure des voluptés sonne, / Vers les trésors de ta personne / Comme un lâche ramper sans bruit, / Pour châtier ta chair joyeuse, / Pour meurtrir ton sein pardonné, / Et faire à ton flanc étonné / Une blessure large et creuse, / Et, vertigineuse douceur! / A travers ces lèvres nouvelles / Plus éclatantes et plus belles, / T'infuser mon venin, ma sœur!"[51] Aber nicht nur der Lustmord als Vernichtung des Engels durch den so zum Teufel werdenden Liebenden findet sich in den *Blumen des Bösen*, sondern auch die Verlockung (und Abstoßung) durch die vampirhafte Frau und Dämonin. Das lyrische Ich, dessen Brust „un lieu saccagé / Par la griffe et la dent féroce de la femme" ist[52], kann von der Frau zum Götzenanbeter und von Gott Abtrünnigen gemacht werden: „Quoique tes sourcils méchants / Te donnent un air étrange / Qui n'est pas celui d'un ange, / Sorcière aux yeux allèchants, / Je t'adore, ô ma frivole, / Ma terrible passion! / Avec la dévotion / Du prêtre pour son idole."[53]

Im Musikdrama Richard Wagners treten erlösende und verderbende Frauen auf. In *Tannhäuser* ist das Schema besonders deutlich, da der Sänger zwischen Elisabeth (die ja eine Heilige ist) und der Dämonin Venus steht und die Handlung die Erlösung und die Verdammnis des Helden zum Gegenstand hat. Die Lösung ist doppeldeutig, denn Tannhäuser erhält die Vergebung des Himmels, aber kehrt in den Venusberg zurück. In *Parsifal* sind *femme fatale* und Erlöserin in der Gestalt Kundrys verschmolzen, die dem bösen Zauberer Klingsor untergeben ist und Parsifal wie andere Männer vom Weg des Guten abbringen soll, aber auch Botin des Grals ist; in der erotischen Verlockung, die Parsifal verderben könnte, macht sie ihn wissend und bewirkt so seine und des Königs Erlösung. Kundry ist in gewisser Weise der Inbegriff der Frau für die damalige Zeit: Engel und Teufelin zugleich, in der erotischen Verführung Verderben bringend und erlösend, gleichzeitig aber erlösungsbedürftig. An dieser späten Gestalt Wagners gemessen sind die teuflische Heidin Ortrud in *Lohengrin* und die den Verdammten erlösende Senta im *Fliegenden Holländer* geradezu vordergründig. In Kundry zeigt sich auch die Ambiguität der Seele und der Welt.

Eros und verdammnisbringende Verführung werden bei Wagner wie auch weitgehend bei Baudelaire eins. Der im Geistigen lebende (heilige) Prophet und die das Erotische verkörpernde Frau stehen sich in O. Wildes *Salomé* gegenüber. Den Antagonismus spricht die Heldin aus, wenn sie das Haupt Jokanaans anspricht: „Thou didst put upon thine eyes the covering of him who would see his God. Well, thou hast seen thy God, Jokanaan, but me, me, thou didst never see . . . Well I know that thou wouldst have loved me, and the mystery of love is greater than the mystery of death. Love only should one consider."[54] Liebe und Tod (der ja nach dieser Aussage eher Gegensatz der Liebe sein sollte) stehen dann in einem sonderbaren Zusammenhang, da Salomé nicht nur den Tod bringt, sondern nach dem Kuß, den sie den toten Lippen des Propheten gibt, selbst getötet wird. Auch hier deutet sich dann eine gewisse Aufhebung der Gegensätze an.

Eine andere Wertung des Eros finden wir in zwei Romanen von Zola und Juan Valera und in einer Erzählung von Hauptmann: Die liebende und geliebte Frau führt vom bloß Geistigen, von der religiös motivierten Abwendung von der Welt und vom Leben weg und erlöst, da sie dem Mann die Erfüllung und das Glück bringt oder wenigstens bringen kann. Bei Abbé Prévost ist in *Manon Lescaut* die Liebe, die eine Frau einem Priester oder angehenden Priester inspiriert, Versuchung; Manon ist, wie des Grieux spürt, Schicksal, *femme fatale* für ihn. Zola und Juan Valera werten den Eros und die erotische Verlockung, die von der Frau ausgeht, anders. In Zolas *La Faute de l'abbé Mouret* ist die Religiosität des Helden, eines Pfarrers, ein psychischer Defekt, dessen Wurzeln im Wahnsinn einer Vorfahrin liegen. Er begegnet im „Paradou" einem Mädchen, und auch unter dem Einfluß der Natur öffnen sich beide der Liebe und dem Leben, dem Gesetz der Zeugung; der Priester kann so von einer falschen Einstellung durch das Vergessen der religiösen Bildung genesen – freilich nur eine Zeitlang, denn er kehrt zu seinem Priestertum zurück, was auch zum Tode seiner Geliebten führt. Das Schema von Verführung und Erlösung wird hier beibehalten, aber durch die ungewöhnliche Wertung wird daraus die Abfolge von Genesung und Rückfall oder von Befreiung und Untergang.

Auch in Juan Valeras *Pepita Jiménez* (1874) ist der Held Geistlicher – hier freilich vor den Weihen. Er lernt die Frau kennen, die sein Vater heiraten wollte, da ja der Sohn die Familie nicht fortführen möchte.

Pepita und Luis beginnen, einander zu lieben; als Luis mit der Absicht kommt, sich zu verabschieden, können sie der Leidenschaft nicht widerstehen, und danach heiraten sie. Ironisch spricht der Autor davon, daß der Schutzengel bei diesem Treffen nicht über Luis wachte.[55] Aber die Liebe ist die richtige, gottgefällige Lösung. Die Stimmung der Natur vor der Begegnung zeigt, daß sich natürlich zu verhalten nicht im Gegensatz zu Gott steht. „... mit der stillen Musik, die nur der Geist hören kann, stimmte – so könnte man sagen – a l l e s dem Schöpfer einen Hymnus an." – („... con la música callada que sólo el espíritu acierta a oír, se diría que t o d o entonaba un himno al Creador".)[56] Die beiden Liebenden diskutieren über eine platonische Liebe, Luis gibt zu, daß Pepita etwas Göttliches hat, nämlich die Idee des Schönen verkörpert, und so bahnt sich an, daß er die Liebe und das Irdische anerkennt. Nach der Vereinigung gesteht er sich zuletzt ein, daß er vor der Verblendung und einer falschen, nur scheinbaren Tugend gerettet wurde: „Sein Mystizismus erschien ihm, beim neuen Licht untersucht, das er nun empfangen hatte, als etwas, was weder Sein noch Konsistenz gehabt hatte, als etwas, was ein künstliches und leeres Ergebnis seiner Lektüre gewesen war. Alles war überhebliche Einbildung seinerseits gewesen." – („Su misticismo, bien estudiado con la nueva luz que acababa de adquirir, se le antojó que no había tenido ser ni consistencia; que había sido un producto artificial y vano de sus lecturas ... Todo había sido presunción suya.")[57] Der Erzähler, angeblich ein Geistlicher, kommentiert: „Gelobt sei Gott, der gewollt hat, daß Luisito rechtzeitig seine Illusionen aufgegeben hat." – („¡Alabado sea Dios, que ha querido que el desengaño de Luisito llegue a tiempo!")[58]

Hauptmann gestaltet im *Ketzer von Soana* (1918) die Geschichte vom Priester, der einer Frau zuliebe seine Kirche verläßt, so, daß die Frau wieder gewisse als unheimlich deutbare Züge trägt: So ist sie das Kind eines Bruder-Schwester-Inzestes und stammt aus einer verabscheuten und gefürchteten Familie; sie hat zuletzt auch eine unheimliche Wirkung auf den Erzähler, denn sie erscheint, da es „keinen Schutz, keine Waffe gegen den Anspruch dieses Nackens, dieser Schultern und dieser von Lebenshauchen beseligten und bewegten Brust" gibt, als „die, in deren gnadenlose Hände Himmel und Hölle überantwortet sind".[59] Aber die Kraft, für die sie steht und deren Teil sie ist, erscheint insgesamt als die gute: „Die ganze Natur strömte Güte und Liebe aus, und Francesco, an Liebe und Güte überreich, konnte ihr Güte und Liebe zurückgeben."[60] Das Liebeserlebnis gibt Unschuld und Einklang mit dem Universum: „Es war die Frucht vom Baum des Lebens, nicht vom Baum der Erkenntnis, des Guten und Bösen, mit der die Schlange Eva verführt hatte. Vielmehr war es jene, deren Genuß Gott gleich machte."[61] Ähnlich wie Zola wertet hier Hauptmann die Zeugung und die Liebe als göttlich, nicht als Werkzeug des Bösen. Die Frau, bei der sich die traditionellen Züge der verderbenden Frau noch andeuten, wird hier zur befreienden, zum Göttlichen hinführenden Frau. Eine im 19. Jahrhundert nicht selbstverständliche Auffassung von der Liebe läßt bei Valera wie bei Zola und dann bei Hauptmann die Frau, die nach dem Handlungsschema bei den meisten Autoren die vernichtende Frau sein müßte, zur Rettung bietenden werden. Teufelsdienerin ist die Frau in Huysmans *Là-bas,* sie macht den Helden Durtal mit dem Satanskult bekannt und verführt ihn, auf Resten einer bei der schwarzen Messe verwendeten Hostie liegend. Durtal kommt aber in *En route* zum Glauben. Er schwankt nun, ob er mönchisch leben soll. Die Entgegensetzung Frau – Religion ist hier insgesamt traditionell bewertet.

Schwer einzuordnen ist in mancher Sicht d'Annunzios Roman *Il Piacere,* denn zwar stellt, wie Hinterhäuser überzeugend darlegt[62], Elena (Helena) den Typ der verführerischen *femme fatale,* Maria den der *femme fragile* dar, die auch den Helden Sperelli zu retten sucht, doch ist die Gefahr, in die Andrea Sperelli kommt, nicht die der metaphysisch oder religiös zu verstehenden Verdammnis, sondern die der aus einer rein ästhetischen Einstellung zum Leben kommenden moralischen Verderbnis und daraus entstehenden Aufzehrung der Lebensenergien. Maria möchte durch ihre Hingabe Andrea retten. Das mißlingt, weil Andrea sie nicht als Verkörperung der Reinheit, als Gegensatz zu Elena liebt, sondern als einen Aspekt der Frau, deren anderer Aspekt Elena ist, so daß er in ihr auch Elena sucht; ihren Namen spricht er bei der Verbindung aus, und damit nimmt die Beziehung zwischen beiden sofort ein Ende. Der Autor aber, der doch eine moralische Verurteilung des Helden nahelegt, scheint auch mit dieser Suche nach der Vereinigung der Gegensätze zu sympathisieren: sie ist nicht nur aus der ästhetischen Haltung geboren, sondern scheint auch die Sehnsucht nach einer Erfüllung jenseits von Gott und Dämon zu sein. Andrea sucht, ohne sich an die Schranken des Moralischen zu halten, die höchste Form der Existenz, das höchste Glück, und dazu gehört auch der gleichzeitige Besitz des Gegensätzlichen – in diesem titanischen Unterfangen muß Sperelli scheitern –; freilich sind dies Züge, die in der Grundstruktur des Romans, nicht in seiner Oberfläche angelegt sind. D'Annunzio hat viel dazu getan, seinen Held, mit dem er sich doch weitgehend identifiziert, als spätzeitlichen Schwächling und als moralisch verderbt erscheinen zu lassen, statt als tragischen Sucher nach etwas Höherem, der den Weg des Ästhetischen geht (ähnlich wie in der Realität Rimbaud). Die von mir angedeutete Interpretationsmöglichkeit erklärt aber auch, warum Elena und Maria (wie Hinterhäuser betont) in vielen Punkten (Stimme u. a.) sich ähneln; sie stehen nicht nur für entgegengesetzte Prinzipien in einer dualistisch aufzufassenden Welt, weswegen sie vernichtend oder erlösend sind, sondern sie lassen auch eine hier nicht vorhandene Einheit ahnen.

Von verschiedenen Ansätzen her kann man erklären, warum das Thema der erlösenden oder verdammnisbringenden Liebe oder der *femme fatale* und der engelhaften Frau bei d'Annunzio und bei anderen Autoren so wichtig ist. Mit einigem Recht wird man die Gesellschafts- und Familienstruktur des 19. Jahrhunderts anführen oder von der Tiefenpsychologie ausgehen. Einer der Gründe scheint mir aber zu sein, daß Erlösung und Verdammnis allgemein die Menschen beschäftigten (daher waren ja die Erlöser- und Teufelsgestalten in der Literatur so häufig); dann aber zeigen diese Dichtungen auch, daß man in der Liebe eine elementare Macht erlebte, so daß sie nicht nur ein Phänomen individuellen Seelenlebens war; in ihr zeigten sich ewige Gesetze (Zola, Hauptmann) oder Kräfte, denen man sich anvertrauen konnte bzw. die die Willensfreiheit und Autonomie des Menschen aufhoben (Tieck, Mérimée). Fast allen behandelten Dichtungen ist gemein, daß sich in der Liebe oder dem Partner und dem von ihm ausgehenden Reiz eine höhere Macht offenbart, die vielfach als der göttlichen Natur angehörend empfunden oder als übernatürlich und daher göttlich oder teuflisch erlebt wurde. Die Dichtung erlaubte nun, dieser Offenbarung nachzugehen, obwohl damals weitgehend durch das naturwissenschaftliche Weltbild und das entmythisierte Denken solche sich offenbarenden Gewalten geleugnet wurden. Auch hier bot die Dichtung wieder innerhalb des ästhetischen Spiels oder der ihr eigenen rational nicht zu beurteilenden Aussageweise die Möglichkeit, tiefe Sehnsüchte und Ängste zu formulieren.

Das aber mußte nicht nur anhand des Themas der Liebe geschehen. Das Unheimliche, d. h. rational nicht faßbare vernichtende Kräfte, konnte auch anders behandelt und so thematisiert werden.[63]

Bedrohung und Vernichtung durch unheimliche Kräfte

Die *femme fatale* ist in mancher Hinsicht eine von vielen Formen, in denen die unheimliche Bedrohung und Vernichtung durch übernatürliche und unerklärliche Kräfte auftritt. Die Bedrohung kann auch in anderen Gestalten verkörpert werden, in Geistern, Dämonen etwa, oder sie kann unbestimmt bleiben.

Verführerische und begehrende Frau und Geist zugleich ist das Bedrohliche in Herders Gedicht *Erlkönigs Tochter:* Der seiner Braut treue Herr Oluf wird vom Geist getötet, obwohl nach der poetischen Gerechtigkeit und nach der Logik des Märchens (nicht der Sage) seine Treue eine Belohnung verdient hätte. Unverdiente Vernichtung ist auch in Goethes *Erlkönig* der Tod des Knaben, der dem Geist nicht freiwillig folgen will und daher mit Gewalt genommen wird. Die angedeutete Möglichkeit, eine Fieberkrankheit als Grund des Geschehens anzunehmen, läßt sich unter anderem so interpretieren, daß hier das Unheimliche noch für den Autor oder den Leser wegdeutbar bleiben soll. Doch auch in Goethes Gedichten *Der ungetreue Knabe* und *Der Fischer* zeigt sich die Faszination, die das Übernatürliche und Vernichtende auf den Dichter ausübt. Zu bemerken ist, daß im letzten Gedicht das Verschwinden des Fischers im Wasser nicht einmal negativ gesehen werden muß und daß Madame de Staël in *De l'Allemagne* sowohl eine rationale als auch eine harmonisierende und positive Deutung des Gedichts andeutet, wie wenn sie das Unheimliche der verlockenden Erscheinung abwehren oder wegdeuten wollte.[64]

Der Widerspruch zwischen Weltanschauung und Faszination durch das Thema des Unheimlichen scheint sich auch in der Art zu zeigen, wie Mme de Staël „la source inépuisable des effets poétiques en Allemagne, la terreur“ bespricht[65] und für sie Erklärungen und Entschuldigungen findet. Die Themen des Unheimlichen kommen, wie sie meint, aus der „mythologie du nord", die Neigung zu ihnen entsteht „assez naturellement" durch die nordischen Nächte.[66] Als Beispiel behandelt sie Bürgers *Lenore*, die Ballade eines Dichters, der dann auch in Italien übersetzt wurde und Faszination ausübte, aber wegen der unrichtigen Aussage und des nicht den Italienern entsprechenden Stoffes angegriffen wurde.[67]

Im Falle Bürgers hat Mme de Staël sicher recht, wenn sie das Unheimliche mit den Überlieferungen germanischer Völker und ihrem „Aberglauben" verband. Doch zeigen andere romantische Dichtungen der Deutschen, daß die Faszination des Unheimlichen auch bei Stoffen wirksam war, die nicht nur dem heimischen Volksgut entstammten. Wenn Tieck in *Der getreue Eckart* noch deutsche Sagen aufzunehmen schien, so spielt *Das Marmorbild* von Eichendorff, eine Erzählung mit einem ganz ähnlichen Thema, in Italien und behandelt das Weiterwirken der antiken Götter als dämonische Kräfte. Wenn Tieck die Glaubhaftigkeit und Aussagekraft seiner Erzählung einschränkt, indem er sie als Märchen oder Sagenüberlieferung erscheinen läßt, hält Eichendorff die Möglichkeit offen, einen Traum anzunehmen. Beide Autoren bekennen sich insofern nicht voll zu dem, was sie mit dem gewählten Stoff aussagen.

Nicht immer suchen die Autoren die Neutralisierung der Aussage über die Technik der phantastischen Literatur, wie sie T. Todorov herausgearbeitet hat.[68] Denn vielfach wird für das Unheimliche keine natürliche Erklärung offengehalten, sondern gerade das Übernatürliche als Grund des bis dahin undeutbaren oder rätselhaften Geschehens dargestellt. So tut es E. T. A. Hoffmann in *Die Elixiere des Teufels*, einem Werk, das auch das Thema der verderbenden und erlösenden Liebe enthält, da der Klosterbruder Medardus durch die Liebe und die Verlockung der Eitelkeit und der Welt in eine schwindelerregende Reihe unerklärlicher Geschehnisse und Untaten hineingerissen wird, aber trotz aller Versuchungen, denen er nicht widerstehen kann, zuletzt gerettet wird. Hier wird freilich nicht nur der vernichtende, sondern auch der erlösende Aspekt der übernatürlichen Kräfte behandelt und insofern das Unheimliche und Grauenhafte des größten Teils des Romans neutralisiert.[69]

Hoffmanns Erzählungen hatten auf Frankreich einen großen Einfluß[70] und trugen dazu bei, daß dort das Unheimliche viel behandelt wurde. Das entsprach auch einem wirklich vorhandenen Glauben an übernatürliche Kräfte.

Balzac läßt bedrohende und vernichtende Kräfte auf seine Helden und ihr Geschick immer wieder Einfluß nehmen; es handelt sich dabei nicht nur um die Ironie des Schicksals oder Gottes wie in *Eugénie Grandet:* Auch andere übernatürliche Mächte, die nicht mehr rational erfaßt oder gedeutet werden können, treten auf. In *Melmoth réconcilié* begegnet der Kassierer der Bank Nucingen einem Teufelsbündner, Melmoth, und tritt für ihn in den gefährlichen Pakt ein, entledigt sich aber später seiner durch Weiterverkauf. Melmoth ist als unheimlich beschrieben: „L'éclat que jetaient les yeux de l'étranger était insupportable et causait à l'âme une impression poignante qu'augmentait encore la rigidité de ses traits."[71] Er verschwindet auf rätselhafte Weise: „Pendant que Castanier regardait l'écriture de l'inconnu, laquelle allait de droit à gauche à la manière orientale, Melmoth disparut, et fit si peu de bruit que quand le caissier leva la tête, il laissa échapper un cri . . ."[72] Man kann hier eine gewisse Überbetonung der Züge des Teuflischen sehen, die der Erzählung eine auch sonst bemerkbare ironische Note geben; diese ist auch deutlich, wenn die weitere Odyssee des Papiers mit dem Teufelspakt beschrieben wird: „Le notaire revendit le traité du diable cinq cent mille francs à un entrepreneur en bâtiment, qui s'en débarrassa pour cent mille écus en le cédant à un marchand de fer; et celui-ci le rétrocéda pour deux cent mille francs à un charpentier. Enfin, à cinq heures, personne ne croyait à ce singulier contrat, et les acquérants manquaient faute de foi."[73] Damit nimmt, so scheint es, Balzac selbst Abstand von seiner Fiktion, und vielleicht, weil er in ihr eigene Ängste ausdrückt, die er doch neutralisieren will. Er endet eine andere Geschichte mit einer Art Teufelspakt, *La peau de chagrin*, sehr viel ernster und grausiger.[74] Am Ernst dieser Geschichte kann man nicht zweifeln, doch liegt hier die Deutung nahe, es handle sich um ein Gleichnis: Die Kummerhaut wäre die Lebensenergie. Bei jedem Wunsch, den sich ihr Besitzer auf Grund ihrer magischen Eigenschaften erfüllt, schrumpft sie zusammen, und zugleich verkürzt sich seine Lebenszeit. Diese Auslegung erlaubt auch eine gewisse Rationalisierung. Daß aber Balzac wirklich von den unerklärlichen Phänomenen und ihren bedrohlichen Aspekten angezogen wurde, kann man auch aus *L'Auberge rouge* entnehmen. *Le Réquisitionnaire* endet mit Sätzen, die für das Unerklärliche (hier die Gedankenübertragung und die Visionen) geradezu eine Wissenschaft fordern. „Nous pouvons joindre ce fait tragique à toutes les observations sur les sympathies qui méconnaissent les lois de l'espace; documents . . . qui serviront un jour à asseoir les bases d'une science nouvelle à laquelle il a manqué jusqu'à ce jour un homme de génie."[75]

Diese Erzählung Balzacs behandelt einen „fait tragique", wie auch *L'Auberge rouge;* das Übernatürliche ist für Balzac häufig mit dem Tragischen und Vernichtenden verbunden. Selbst das Auftreten Christi in *Jésus-Christ en Flandre* wird für die Sünder und Hartherzigen zum Gericht; freilich ist die Strafe gerecht. Aber unheimlich und zugleich bedrohlich ist die Gestalt des Verführers, des teufelsähnlichen Vautrin, der in den Romanen Balzacs häufiger auftaucht. Balzac gestaltet die Bedrohung durch unbegreifliche und höhere Kräfte, wohl weil er sie selbst verspürt und sie sich auch nicht verbergen kann und will.

Die Möglichkeit des Eingreifens oder Erscheinens des Übernatürlichen und bisweilen die mutmaßlichen wirklichen Gründe für den Glauben daran erörtert Charles Nodier in manchen Erzählungen, etwa in *M. de la Mettrie.* Angsterregend ist die Stimmung in V. Hugos Romanen *Han d'Islande* und *Notre-Dame de Paris,* in denen zwar nicht das Übernatürliche erscheint, aber die Atmosphäre des unerklärlichen Schreckens herrscht. In *Notre-Dame de Paris* wird die „Ananke" als höhere und vernichtende Macht genannt. Bei Hugo hat man den Einfluß englischer Literatur, der „gothic story", wahrgenommen, und auf England geht ja auch Balzacs Gestalt des Melmoth zurück. In der *Gothic Story* ist das Übernatürliche häufig. In Horace Walpole's *The Castle of Otranto* (1765) wird nicht nur der Gute bedroht, sondern es kommen auch Gespenstererscheinungen vor, was nicht ausschließt, daß das Bemühen um historische Wahrheit und um Wahrscheinlichkeit in diesem Roman stark ist und Scott ihn wegen dieser Elemente bewunderte.[76] Auch in Ann Radcliffes Romanen *The Romance of the Forest* (1791) und *The Mysteries of Udolpho* (1794) wird das Übernatürliche wohlvorbereitet angebracht. Auf den Einfluß der *Gothic Story* kann man die Gespenster und Hexereien in Walter Scotts historischen Romanen zurückführen: So zeigt in *Waverley* ein Gespenst den Tod einer Person an, in *The Monastery* und *The Betrothed* gibt es Geister, und in der *Bride of Lammermoor* wird die Zukunft vorausgesagt.

In positivistischer Sicht kann man das Auftauchen solcher Elemente in der französischen oder spanischen Romantik durch den Einfluß der *Gothic Story* oder Scotts erklären; das Wirken dieses Einflusses setzt aber die Aufnahmebereitschaft der Autoren (und u. U. ihrer Leser) voraus. Manzoni, in dessen berühmtem Roman *I promessi sposi* die *Gothic Story* mehr als Scott nachwirken soll, kennt zwar die Elemente der geheimnisvollen und bedrohlichen Verwicklung (etwa bei der Entführung Lucias), sieht aber von dunklen übernatürlichen Kräften ab, die wohl seiner bewußten Suche nach religiösem Sinn und nach Wahrheit nicht entsprochen hätten. Viele historische Romane und Dramen der Spanier hingegen bringen das Übernatürliche ins Spiel. In Larras *El Doncel de Don Enrique el Doliente* ist zwar das an Hexenkünste grenzende Interesse Villenas für die Alchemie noch nichts Unnatürliches, wohl aber der Zusammenhang zwischen dem Fluch, der über einer mit Verliesen und Falltüren versehenen Festung liegt, und dem Ende des Helden in der Festung, das dieser Art von Voraussage entspricht. Der Leser darf noch diese Effekte am Schluß des Romans durch den Zufall erklären – der Autor behauptet das Wirken des Übernatürlichen nicht. Das tut auch Espronceda in *Sancho Saldaña* nicht direkt, aber in seinem Drama *Blanca de Borbón* gibt es einen Verderben bringenden Sohn eines Teufels und einer Hexe. Bei Zorrilla wird hingegen normalerweise das Übernatürliche, wenn es Verderben bringen soll, als bloße Täuschung erwiesen *(El puñal del Godo)* oder, wenn es nicht aufgehoben wird, als zum Guten wirkend dargestellt *(Don Juan Tenorio)*, es wird also sein bedrohlicher Charakter neutralisiert.

Das Übernatürliche setzt der Amerikaner E. A. Poe bewußt wegen seines Effekts ein. Das behauptet er wenigstens in *The Philosophy of Composition* (1846) zur Abfassung von *The Raven;* er erklärt explizit die Wirkung des Wortes des unheilverkündenden Vogels mit dem Aberglauben des lyrischen Ichs seines Gedichts, setzt aber stillschweigend die Empfänglichkeit des Lesers voraus, da sonst die angestrebte Wirkung des Werkes nicht eintreten kann; der Leser muß sich ja mit dem Helden des Gedichts identifizieren (und das wird durch die gewählte Ich-Form natürlich erleichtert). Die Erzählungen Poes über die Phänomene des Übernatürlichen setzen eine ähnliche Disposition des Lesers voraus, und man geht wohl nicht fehl, dahinter auch eine Neigung des Autors zu vermuten, die ohne ein Gefühl einer unheimlichen Bedrohung nicht gedacht werden kann. Da aber Poe die natürliche Erklärung von *Ligeia* oder *The Fall of the House of Usher* offenläßt, darf man bei ihm die rationale Abwehr des Unheimlichen erkennen. Diese Doppeldeutigkeit macht seine Geschichten zu phantastischer Literatur, auf die wir noch eingehen werden.

Vielleicht erschwert in der zweiten Hälfte des Jahrhunderts die Herrschaft der Naturwissenschaft die Darstellung der unerklärlichen Bedrohung durch das Übernatürliche. Aber wir finden sie immer noch. In Frankreich schreibt Maupassant eine Reihe von Erzählungen, in denen die Annahme des Überirdischen oder Gespensterhaften sich als unbegründet erweist. In *Magnétisme* kann die scheinbare Hellseherei oder Gedankenübertragung ganz natürlich erklärt werden.[77] *La peur*[78] enthält die Darstellung der Angst, als jemand in der Wüste die Todestrommel hört und als der Kopf eines Geistes am Fenster erscheint – beidemal kann aber gezeigt werden, daß es sich um natürliche Phänomene handelt. Unerklärt bleibt die Erscheinung in *Lui?*[79] In *Le Horla* wird die unheimliche Erscheinung nicht mehr wegerklärt, der Erzähler ist das Opfer einer unerklärlichen bösen Macht: Ein geheimnisvolles, unsichtbares und unkörperliches Wesen saugt ihm vampirhaft die Lebenskräfte aus. Die subjektive Sicherheit des Ich-Erzählers ist in den späteren Erzählungen des Unheimlichen unumstößlich. In *Qui sait?* heißt es: „Si je n'étais sûr de ce que j'ai vu, sûr qu'il n'y a eu, dans mes raisonnements, aucune défaillance, aucune erreur dans mes constatations, pas de lacune dans la suite inflexible de mes observations, je me croirais un simple halluciné, le jouet d'une étrange vision."[80]

In Italien schließt Fogazzaro seinen Roman *Malombra* damit, daß der Mond neue Verwirrung über die Bewohner eines Hauses bringen wird. Im Gedicht *Caligola* scheint der Mond dem Kaiser, der ihn durch sein Begehren beleidigt, die Vernichtung zu bereiten.[81] Wie Fogazzaros Gedicht *Chopin* – als Nachempfindung des Gehaltes einer Mazurka des polnischen Komponisten – die Gefühle einer Frau darstellt, die in steigender Aufregung feststellt, daß ihr Geliebter nicht schläft oder ruht, sondern tot ist[82], so schildert d'Annunzio in *Febbre* die Erlebnisse eines (sterbenden?) Fieberkranken, der bald relativ schöne, bald schreckliche Gestalten sieht und den zuletzt „die Hexen erwürgen", „le streghe . . . strangolano".[83]

Hugo von Hofmannsthal behandelt in *Das Bergwerk zu Falun*, wie ein Mann durch geheimnisvolle Kräfte in den Berg gezogen wird und dort bleibt. Am Anfang des fünften Aktes nimmt Elis von seiner Braut Abschied:

Die Sterne wußtens auch. Der Berg erbebte.
Da wußte ich: nun ist die Zeit erfüllt,
Und alle Zeichen zogen noch einmal
Durch meinen Sinn: Der Vater mußt hinab,
Die Mutter mußte fort sein, da ich kam,
Damit auf meinen Lippen ein Geschmack
Vom Tode säße so bei Tag wie Nacht,
. . .
Und Botschaft über Botschaft sandte mir
Die Liebste, zu der ich nun eingehn soll.[84]

Das Unheimliche hat dieselbe Macht wie in Tiecks *Runenberg*. Das dunkle Verhängnis des Ödipus zieht Hofmannsthal an. Der Stoff dieses antiken Mythos wird nicht nur von ihm, sondern auch von anderen Autoren aufgenommen. Cocteau läßt in seinem Ödipusdrama eine von teuflischen Göttern zur Vernichtung der Menschen aufzogene „Machine infernale" funktionieren. Gegen diese Bedrohung aus dem Jenseits gibt es keine Rettung.

Die Geistererscheinung und der Beweis des Überirdischen

Das Wirken übernatürlicher Kräfte wird im 19. Jahrhundert häufig dargestellt, aber die rationale und naturwissenschaftliche Denkart erlaubt nicht, die Existenz dieser Mächte anzuerkennen. Viele Dichtungen spiegeln diese Unsicherheit oder Gespaltenheit wider.

Tzvetan Todorov läßt erkennen, daß es eine besondere Technik gibt, die Frage offen zu lassen, ob sich Außerirdisches im Irdischen zeigt.[85] Die Werke der „phantastischen Literatur" bieten zwei Erklärungen, eine natürliche und eine übernatürliche, für das dargestellte außerordentliche Ereignis an. Man muß diese Dichtungen nicht nur auf ihren Effekt der Beunruhigung hin ansehen, sondern man kann sie auch so deuten, daß in ihnen der Autor seine Unsicherheit, ob es das Übernatürliche gibt, gestaltet. Doch gibt es auch Dichtungen, in denen nicht mit den Kunstgriffen der phantastischen Literatur, sondern auf andere Weise die Frage nach der Existenz solcher Mächte behandelt wird.

In Schillers *Geisterseher* werden die Phänomene des Übernatürlichen als betrügerische Vorspiegelungen entlarvt, doch scheint ihre Darstellung anziehend zu sein. E. T. A. Hoffmann suggeriert hingegen immer wieder die Annahme, daß es das Übernatürliche gibt, läßt aber etwa in *Das Gelübde* eine (relativ) rationale Erklärung durch Telepathie offen. Bis zu einem gewissen Grade läßt auch Eichendorff unentschieden, ob die Erlebnisse Florios (im *Marmorbild*) nicht auch (durch die Erinnerungen an ein Bild in der Kindheit inspirierte) Träume sein können: „Da flog es ihn plötzlich wie von den Klängen des Liedes draußen an, daß er zu Hause in früher Kindheit oftmals ein solches Bild gesehen, eine wunderschöne Dame in derselben Kleidung . . ." Er hat sich früher auch gewünscht, daß diese Vorstellungen einmal wirklich werden könnten. Eine mehrdeutige Erklärung gibt dann die schöne Dame (Venus) selbst: „... ein jeder glaubt mich schon einmal gesehen zu haben, denn mein Bild dämmert und blüht wohl in allen Jugendträumen mit herauf.“[86]

Bedeutet das, daß die Jugendlichen sich ein Ideal einer schönen Frau träumen oder daß in der Seele des Menschen eine Ahnung von den Mächten geblieben ist, die in der Vorzeit verehrt wurden, von den Göttern, die immer noch wirken? Oder ist die in der Seele aller schlummernde Versuchung gemeint?

Mérimées früher Roman *La chronique du règne de Charles IX* behandelt ernsthaft die Frage, ob göttliche Kräfte in das Geschick des Menschen sinnvoll eingreifen, und verneint sie. Wenigstens formal bestätigt aber die Erzählung *La vision de Charles XI* am Schluß das Übernatürliche, da der König von der Vision des Zukünftigen einen Blutstropfen auf dem Pantoffel behält.[87]

Mit einer ganz ähnlichen Einzelheit bekräftigt der Spiritualist Villiers de l'Isle-Adam wohl bewußt in *Véra* die Realität des Übernatürlichen.[88] Als Véra, die geliebte Gattin des Grafen Athol, gestorben ist, wirft er Abschied nehmend den Schlüssel des Mausoleums in die Gruft hinein. Da er sein Leben so führt, als lebte Véra noch, erfüllt er die Atmosphäre allmählich mit einem „magnétisme effrayant“, seine Existenz wird „d'un charme sombre et persuadeur“. Die Tote kommt, als er sie ruft, zurück: „et ils s'aperçurent, *alors,* qu'ils n'étaient réellement *qu'un seul être.*“ Nach ein paar Stunden erinnert er sich: „ – A! maintenant, je me rappelle! Qu'ai-je donc! Mais tu es morte!“ Er hat den magnetischen Faden zerrissen, sie verschwindet. Als er nach dem Weg zu ihr fragt, fällt als Antwort der Schlüssel des Mausoleums vom Bett. Die Geschichte scheint zunächst doppeldeutig, aber der Schlüssel zeigt, daß Véra nicht nur in der Einbildung des Gatten zurückgekommen ist.

Villiers kann trotz seines spiritualistischen Glaubens nicht immer die Realität des Übernatürlichen behaupten. In *L'Annonciateur* läßt er dadurch, daß die Vision sich bewahrheitet, auch die religiöse Verkündigung als sicher erscheinen. In *Le chant du coq,* einer Erzählung über eine Einzelheit der Passion Christi, diskutiert er hingegen am Schluß die Möglichkeit eines Teils der Heilsgeschichte. So gesehen ist etwa *Véra* der Versuch, die Technik der in der phantastischen Literatur häufigen Doppeldeutigkeit so anzuwenden, daß gerade das Übernatürliche bestätigt und somit ein Zweifel bei Autor und Leser ausgeräumt wird.

Villiers ist von Edgar Allan Poe beeinflußt.[89] Der Amerikaner verwendet in seinen *Tales of the Grotesque und the Arabesque* die Technik der Doppeldeutigkeit – eine Frage offenzulassen gehört ja auch zu der von Poe gepflegten Detektivgeschichte. In *Ligeia* (1838) sehnt sich der Held und Ich-Erzähler nach der gestorbenen Frau, er ruft nach ihr, als ob er sie auf die Erde zurückrufen könnte; er nimmt Opium, und so ist es nicht klar, ob die geheimnisvollen Umstände, unter denen seine zweite Frau von unsichtbarer Hand Gift bekommt, geträumt sind. Zuletzt scheint ihm, als er bei der toten zweiten Frau wacht, daß sie ins Leben zurückkehrt; als der Leichnam sich belebt, hat er die Gestalt, die Haare und die Augen Ligeias. Offen bleibt, ob der Held dies nur im Opiumrausch oder im Wahnsinn erlebt, von dem er auch spricht.

Eine natürliche Erklärung für das Zusammenstürzen des Gebäudes gibt es in *The Fall of the House of Usher,* da es von Anfang an einen Riß hat; doch möchte man eine andere und übernatürliche Erklärung annehmen. In *The Masque of the Red Death* (1842) wird die Erscheinung des Todes als Person auf einem Maskenball als wirklich dargestellt. Die Erklärungen zur Komposition in *The Raven* lassen aber das Übernatürliche, das das lyrische Ich zu empfinden glaubt, als Einbildung erscheinen.[90]

Die Skepsis scheint die meisten Dichtungen mit dem Thema des Übernatürlichen nach 1850 zu bestimmen. Flaubert legt es nahe, das Übernatürliche, das in seinen *Trois Contes* erscheint, wegzuerklären; so ist durchaus eine psychologische Erklärung dafür möglich, ja naheliegend, daß die Magd sterbend den Heiligen Geist zu sehen glaubt. Sein Schüler Maupassant verwendet in *La Chevelure* die Technik der Doppeldeutigkeit[91]: Der Held der Geschichte, aus dessen Tagebuch die berichteten Ereignisse stammen sollen, lebt in einem Irrenhaus. Die Sehnsucht nach einer toten Frau, deren Haare er aufbewahrt, läßt ihm diese erscheinen, so daß er in Liebe vereint mit ihr leben kann, bis man ihn einsperrt und ihm die Haare wegnimmt. Zweideutig ist die letzte Stellungnahme des Arztes: „L'esprit de l'homme est capable de tout." – Nicht nur diese Worte, sondern auch die gesamte Geschichte erinnert an Poe und Villiers de l'Isle-Adam. Trotz seiner eher aufgeklärten Haltung schreibt Maupassant auch einige Erzählungen, in denen das Grauen vor dem als wirklich empfundenen Übernatürlichen ausgesprochen scheint (*Lui?, Le Horla).*

Der als wissenschaftsgläubig geltende Zola hat am Ende seines Lebens das Thema der auf die Erde zurückkehrenden Toten ebenfalls behandelt. In *Angeline ou la maison hantée* erfährt der Erzähler das Geheimnis eines verfallenen Hauses: Ein von der Stiefmutter getötetes Mädchen, die Tochter von M. de G. . . , soll noch immer auf einen Ruf aus dem Jenseits ins Haus zurückkehren. Eine zweite Version wird dann vom Dichter V . . . gegeben: Angeline habe sich aus Eifersucht auf ihre Stiefmutter getötet. Die Tote suche wohl dieses Haus auf, weil das Leben für sie noch nicht begonnen habe und nichts verloren gehe. Schließlich sieht der Erzähler das nun lebensfroh und verjüngt aussehende Haus wieder und erfährt, daß sein Freund es gekauft hat.

Er glaubt, in einem jungen Mädchen, das Angeline gerufen wird, die Erscheinung der Toten zu sehen, hört dann, daß das Mädchen die Tochter seines Freundes und die Patentochter von M. de G . . . ist (die erste Angeline sei an einem plötzlichen Fieber gestorben). Zola gibt mit den Worten des V . . . und den abschließenden Erklärungen des Erzählers den Sinn: „Ah! la chère revenante, l'enfant nouvelle qui renaissait de l'enfant morte. La mort était vaincue. Mon vieil ami, le poète V . . . , ne mentait pas, rien ne se perd, tout recommence, la beauté comme l'amour. La voix des mères les appelle, ces fillettes d'aujourd'hui, les amoureuses de demain, et elles revivent sous le soleil et parmi les fleurs. C'était de ce réveil de l'enfant que la maison se trouvait hantée, la maison aujourd'hui redevenue jeune et heureuse, dans la joie enfin retrouvée de l'éternelle vie."[92] Zola benutzt ein für die Literatur des Phantastischen typisches Motiv, um seinen Glauben an das Leben zu erklären, einen Mythos des Lebens zu verkünden. Er ersetzt die unheimliche Erklärung schrittweise durch eine natürliche; diese bekommt freilich erst einen Sinn, wenn man sie als Erfüllung eines über dem bloß Kausalen, dem naturwissenschaftlich Erfaßbaren stehenden Gesetzes sieht: Etwas insofern Übernatürliches, aber nicht Außernatürliches, verwirklicht sich im Natürlichen, und dieses erweist sich dabei als nicht unheimlich, sondern als umfangend und heimatgebend. Zola leugnet so das Überirdische, aber entwickelt einen eigenen Mythos.

Auch Pascoli behandelt das Motiv der „revenante" und geht dabei auf die Möglichkeit einer solchen Erscheinung ein. In einem seiner Gedichte, *La tessatrice,* sitzt das lyrische Ich wie einst auf einer Bank neben der Weberin, doch fragt es, warum sie sich getrennt haben und warum jetzt ihr Schiff ohne Geräusch geht:

Und sie weint, weint. – Mein Heißgeliebter,
haben sie es dir nicht gesagt? Weißt du nicht?
Ich lebe nur in deinem Herzen.

Tot! Ja tot! Wenn ich webe, webe ich
nur für dich; wie, weiß ich nicht:
in diesem Tuch, unter der Zypresse,
werde ich neben dir schlafen –

E piange, piange – Mio dolce amore,
non t'hanno detto? non lo sai tu?
Io non son viva che nel tuo cuore.

Morta! Sì, morta! Se tesso, tesso
per te soltanto; come, non so:
in questa tela, sotto il cipresso,
accanto alfine ti dormirò – [93]

Pascoli will die Macht der Erinnerung und der mit der Poesie verwandten Vermögen der Seele darstellen, aber man kann in diesem Gedicht auch die Elemente der Geschichte von der Rückkunft der Verstorbenen feststellen: Die Tote ist, vom Liebenden angezogen, wieder da, sie hat auch einen Gegenstand, der den Lebenden mit ihr verbindet: das Tuch, das sie webt. Doch dieses Tuch kann man als ein immaterielles ansehen, es ist nicht Beweis für die Realität der Vision wie der Blutstropfen bei Mérimée oder der Schlüssel bei Villiers. Pascoli scheint beim ersten Lesen durch diesen Gegenstand (wenn man das Motiv kennt) die Existenz des Übernatürlichen zu behaupten, bei Kenntnis seiner Art und bei genauer Interpretation seines Gedichts zeigt sich, daß er die Diskrepanz von Empfinden und materieller Realität unterstreicht: „Ich lebe nur in deinem Herzen" – („Io non son viva che nel tuo cuore.")

Wir sahen schon, daß bei Thomas Mann der Erzähler des Romans *Doktor Faustus* den Bericht seines Helden über die Begegnung mit dem Teufel in Frage stellt, obwohl sie für den Sinn des Werkes wichtig ist. In *Der Zauberberg* wird von einer überirdischen Erscheinung berichtet. Im Kapitel „Fragwürdigstes" lesen wir von spiritualistischen Sitzungen. Wie stets bei Mann ist auch hier der Bericht ironisch gefärbt. Hans Castorp möchte seinen verstorbenen Vetter Joachim sehen, und er erscheint. Freilich ist seine Gestalt nicht sehr deutlich, und manches scheint sonderbar und unerklärlich. „Und wie war das mit der Kopfbedeckung? Sie sah aus, als hätte Joachim sich ein Feldgeschirr, einen Kochtopf aufs Haupt gestülpt und ihn durch ein Sturmband unter dem Kinn befestigt. Doch wirkte das altertümlich und landsknechthaft und kriegerisch kleidsam, merkwürdigerweise."

Hans Castorp macht der Erscheinung, nachdem er den Toten um Verzeihung gebeten hat, ein Ende, indem er gegen den Willen des Leiters der Sitzung das Licht anschaltet. Er verlangt durch Gesten den Schlüssel. „Da er den Schlüssel empfangen, nickte er dem Doktor mehrmals drohend ins Gesicht, machte kehrt und ging aus dem Zimmer."[94] Ist er dem Dr. Krokowski wegen der Störung des Toten, wegen einer Entweihung böse? Vermutet er einen Betrug? Mann geht ohne weitere Erklärung zum nächsten Kapitel und zu einem neuen Stoff über. Er nimmt also innerhalb des Romans nicht eindeutig Stellung.

Darin folgt er seinen meisten Vorgängern, die in ihren Dichtungen die Frage nach der Existenz des Übernatürlichen und nach der Möglichkeit seines Erscheinens recht deutlich stellen und diskutieren, aber meistens eine eindeutige und sich in ihrem Gesamtwerk wiederholende Antwort vermeiden. Es läßt sich in der Regel eine im Text der Werke enthaltene Unsicherheit gegenüber dieser Frage erkennen: Die Autoren scheinen zwar das Überirdische leugnen zu wollen, aber offenbar können sie nicht das Gefühl der Existenz höherer Mächte und vielfach das der Bedrohung durch sie abschieben (Maupassant) oder möchten nicht die Aussicht auf Erfüllung ihrer Hoffnungen, die naturwissenschaftlich nicht gerechtfertigt sind, aufgeben, oder wenigstens versuchen sie, der Enge und Nüchternheit einer nur naturwissenschaftlichen Weltauffassung zu entgehen. Die Dichtung aber bietet ihnen die Möglichkeit, ihren von der Ratio bekämpften Glauben zu gestalten und auszudrücken.

Das Abgründige in der Seele

Nach der Aussage der Literatur fühlte man sich nicht immer durch Gott geschützt und geborgen, sondern durch unheimliche Kräfte bedroht; doch war auch keine sichere Erkenntnis möglich, ob es das Überirdische gibt und wie es wirkt. Bot nun der Mensch einen Halt? Ließ sich der Mensch begreifen, so daß man mit ihm und auf ihn rechnen konnte? Durfte man der eigenen Regungen sicher sein?

Viele Dichtungen beschäftigen sich mit dem Abgründigen in der Seele. Das ist besonders deutlich beim Motiv der Seelenspaltung oder der Verdoppelung des eigenen Ich, so daß ein unentschiedener Kampf im Menschen ausgefochten wird. Zum Teil wird diese Spaltung durch das Motiv des Doppelgängers verdeutlicht.

Bisweilen scheint schon Mephistopheles einen Teil der Seele Fausts zu verkörpern: Er stellt die Regungen dar, durch die Faust versucht ist und denen er unterliegt. In „Wald und Höhle“ scheint Faust seinen ständigen Begleiter als in ihm wirkende Kraft zu bezeichnen: Er spricht von ihm als

> . . . einen Gefährten, den ich schon nicht mehr
> Entbehren kann, wenn er gleich kalt und frech
> Mich vor mir selbst erniedrigt . . .
> Er facht in meiner Brust ein wildes Feuer
> Nach jenem schönen Bild geschäftig an.
> So tauml ich von Begierde zu Genuß,
> Und im Genuß verschmacht ich nach Begierde.[95]

Dem Einfluß dieses unheimlichen Geistes, der ein *alter ego* wird, kann sich Faust nicht entziehen. Ohne das Eingreifen der Gnade würde Faust durch ihn zur ewigen Verdammnis geführt werden.

E. T. A. Hoffmann gibt in den *Elixieren des Teufels* (1816) seinem Helden und Ich-Erzähler einen Doppelgänger zur Seite. Medardus gleicht dem Grafen Viktorin und wird für ihn gehalten, gerät damit auch in Versuchung, das Klosterleben aufzugeben und sich der geliebten Frau zu nähern; die Grenzen der Persönlichkeit beider verschwimmen: „. . . ich bin selbst Viktorin. Ich bin das, was ich scheine, und scheine das nicht, was ich bin, mir selbst ein unerklärliches Rätsel, bin ich entzweit mit meinem Ich.“[96] Die Umstände der Verwechslung führen Medardus selbst tief in die Versuchung hinein. Aurelie sagt zuletzt sterbend zu ihm: „Medardus – nachgegeben hast du der bösen Macht!“[97] Nun konnte der Held das Schlimmste nicht vollbringen, doch scheint sein Doppelgänger stellvertretend für ihn es ausgeführt zu haben: „Fasse Mut, Medardus! Der wahnsinnige Tor, den der böse Feind verlockt hat, zu glauben, er sei du und müsse vollbringen, was du begonnen, war das Werkzeug des Himmels, durch das sein Ratschluß vollendet wurde.“[98] Die Rettung ist auch hier ein Werk der Gnade oder der Vorsehung, während die böse Regung im Doppelgänger gleichsam autonom wird und sich auslebt – man kann es auch so deuten, daß Medardus sich gegen einen Teil seiner Persönlichkeit nicht wehren kann und das Böse in ihm sich auf jeden Fall verwirklicht. Bis zu einem gewissen Grade scheint aber auch das von den höheren Mächten, dem Himmel, so gewollt, womit die Vorsehung doppeldeutig wird. Diesen Mächten und den Kräften in ihm kann der Mensch nicht widerstehen.

Kein Doppelgänger Frankensteins, aber doch vielleicht eine Projektion von Regungen, die er als Mensch in sich trägt, ist sein Geschöpf in Mary Shelleys Roman (1818). Das „Monster" sagt zu seinem Schöpfer: „Why did you form me in monster so hideous that even *you* turned from me in disgust? God, in pity, made man beautiful and alluring, after his own image; but my form is a filthy type of yours, more horrid even from the very resemblance."[99] Frankenstein nimmt dieses Wesen nicht an, aber dadurch wird es, das so häßlich und (wie wir eben sahen) doch nach seinem Bilde geschaffen (und insofern sein *alter ego*) ist, auch so böse. Als das Monster keine Liebe findet, wird es zum Ungeheuer: „There was none among the myriads of men that existed who would pity or assist me; and should I feel kindness towards my ennemies? No: from that moment I declared everlasting war against the species, and, more than all, against him who had formed me, and sent me forth to this unsupportable misery."[100] Die nicht akzeptierte Projektion des Wesens Frankenstein wird zur Verkörperung des Bösen und bewirkt das Böse. Der Bruder und die von Frankenstein geliebte Frau werden Opfer des Monsters, er selbst stirbt durch das ihm zugefügte Leid und bei der Verfolgung seines Geschöpfes. Da gibt sich auch dieses den Tod – es ist so, als könnte die Projektion des Bösen nicht ohne den bestehen, von dem sie ausgeht, als könnte die schlechtere, aber stärkere Hälfte der Persönlichkeit Frankensteins auch nicht mehr leben, wenn dieser stirbt. Das Monster kann nicht nur als das Böse, sondern auch als die Neigung zur Zerstörung des von Frankenstein Geliebten in ihm selbst (als mit der Liebe verbundener Zerstörungswille) und als Kraft der Selbstzerstörung gedeutet werden.

E. A. Poe gibt in *William Wilson* eine eigentümliche Version des Doppelgängermotivs, da er aus der Sicht des Bösen berichtet. Sein Held William Wilson haßt schon in seiner Schulzeit einen Knaben, der so heißt und sich so kleidet wie er, ihm sogar in der Stimme ähnlich ist, obwohl er stets wispert. Die Zutunlichkeit und die Protektion des anderen wie auch, daß er ihm dauernd in die Quere kommt, reizen den Helden, so daß er ihn eines Nachts mißhandeln will, aber feststellt, daß der andere auch im Schlaf seine Züge hat. Er verläßt die Schule, lebt vornehm, aber gibt sich dem Falschspiel hin, wird von jenem anderen öffentlich bloßgestellt, und als er unseren Helden auch bei einem Liebesabenteuer stört, tötet er ihn im Duell; der Sterbende, der ihm wie aus einem Spiegel entgegen zu kommen scheint, sagt ihm, daß er (der Held) nun für die Welt, für Himmel und Hoffen tot sei und er in diesem Bild, seinem eigenen, sehen solle, daß er sich selbst gemordet habe.

Am Anfang der Geschichte spricht der Held auch von einem gewissen kleinen Verhängnis, das mitgewirkt habe, daß er zum Verbrecher wurde, und er zeigt darüber Reue, daß er ein böser Mensch geworden ist, denn auch er sei nicht ganz zum Bösen veranlagt. Doch wird das Schlechte in ihm übermächtig, und das auch, weil er seinen Doppelgänger, der nachher das Gute verkörpert, haßt. Die im Helden angelegte Bipolarität wird daher (paradoxer- und verhängnisvollerweise) zum Grund für den Triumph des Bösen in ihm. Diese Entwicklung ist zwangsläufig und tragisch wie auch, daß der Held erst im Augenblick, da er den anderen tötet, ganz erkennt, daß dieser sein anderes Ich ist. Der Zwang zum Bösen und die Abgründigkeit der Seele tritt so ganz hervor.

Obwohl Mérimée unter dem Einfluß Hoffmanns steht und seine Kunst auch weitgehend selbständig entwickelt hat, wollte man in der späteren Erzählung *Lokis* den Einfluß Poes erkennen, der sich vor allem in der scheinbaren Wissenschaftlichkeit zeige.[101] Ein Gelehrter berichtet, daß er in Litauen einen Grafen kennenlernt, dessen Mutter vor seiner Geburt von einem Bären entführt worden war. Der Graf hat sonderbare Eigenschaften: Der Erzähler sieht ihn zum ersten Male, als er wie ein Bär an den

Bäumen vor seinem Zimmer emporsteigt; die Tiere fürchten ihn, als wäre er ein Raubtier; er ist des Nachts nicht immer seiner Herr und hat einmal fast einen Kameraden träumend erschossen.[102]

Im Grafen Michel lebt eine Tiernatur, die er zu unterdrücken sucht.[103] Er befragt den Erzähler nach „la *dualité* ou la *duplicité* de notre nature“ und gibt ein Beispiel: „Votre meilleur ami est là. L'idée vous vient de lui mettre une balle dans la tête. Vous avez la plus grande horreur d'un assassinat, et pourtant vous en avez la pensée.“[104] Die Ausführung schlechter Impulse komme vielfach der Überlegung und der Zurückweisung der Regung zuvor. In der Hochzeitsnacht tötet er durch Bisse seine Frau und verschwindet dann. Die Geschichte soll durch das Unheimliche und Grausige wirken, sie behandelt aber auch die Tragik eines Menschen, der gegen seine Veranlagung kämpft und sie nicht bezwingen kann.

Stevenson gestaltet das Problem der Duplizität der Seele in *The Strange Case of Dr. Jekyll and Mr. Hyde* (1866). Der ehrenwerte Dr. Jekyll kann sich durch ein Getränk körperlich und seelisch verwandeln, so daß er Mr. Hyde ist. Diese Person ist häßlich und boshaft. Jekyll kann dem Reiz nicht widerstehen, diese andere Persönlichkeit häufiger anzunehmen, und er tut es im Glauben, durch den wunderbaren Trank immer seine ursprüngliche Gestalt wiederzuerhalten. Schließlich aber gelingt ihm diese Rückverwandlung nur noch für kurze Zeit, dann wird er wieder von allein Hyde. Hyde aber hat Verbrechen begangen, so daß er verfolgt wird, und als er sich nicht mehr durch die Verwandlung in Jekyll der Nachstellung entziehen kann, tötet er sich selbst. Hyde ist ein zweites Ich Jekylls, das dieser nicht anerkennt, das ihn aber zuletzt beherrscht. Zwischen beiden Persönlichkeiten besteht Haß. „And certainly the hate that now divided them was equal on each part. With Jekyll, it was a thing of vital instinct. He had now seen the full deformity of the creature that shared with him some of the phenomena of consciousness, and was co-heir with him to death; . . . he thought of Hyde, for all his energy or life, as of somewhat not only hellish but inorganic.“ Hyde hingegen möchte Jekyll aufheben, um selbst zu existieren, wobei er selbst nur die Sünde und der Hang zum Bösen zu sein scheint. Jekyll empfindet: „This was the shocking thing; that the slime of the pit seemed to utter cries and voices; that the amorphous dust gesticulated and sinned; that what was dead, and had no shape, should usurp the offices of life.“[105] Er merkt aber auch, daß Hyde in ihm selbst liegt, in seinem „flesh“, aus ihm herausbricht und ihn übermannt – besonders wenn er schläft, und das kann man so deuten, daß Hyde stärker ist als Jekyll, wenn bei diesem die bewußte Steuerung aussetzt, daß also Hyde der Grund des Wesens Jekylls ist oder zu ihm gehört.[106]

In den Erzählungen von Poe, Mérimée und Stevenson wird die Aussage dadurch zurückgenommen, daß der Effekt einer Horrorgeschichte im Vordergrund steht; dementsprechend stehen wir zunächst auch nur dem Rätselhaften gegenüber, die Duplizität der Persönlichkeit wird erst zuletzt gezeigt und damit das bisher Geheimnisvolle erklärt; so kann der Leser die Tragik und die Reichweite der Duplizität nicht verfolgen, sondern sie nur vom Schluß her erschließen. Manches spricht dafür, daß die Autoren ein Thema, das sie selbst beunruhigen konnte, auf diese Weise abschoben. Mérimée, der abergläubisch war, neutralisiert ähnlich das Übernatürliche (in *La Vénus d'Ille*). Bei Stevenson kam der Stoff aus dem Unterbewußtsein: „One night he dreamt a considerable part of *Dr. Jekyll* . . .“ Der erste Entwurf gerät ihm nur als Thriller ohne deutliche Moral oder Allegorie, und auf diesen Fehler muß ihn seine Frau aufmerksam machen[107]: Auch darin kann man eine Verdrängung erkennen.

O. Wilde hebt ähnlich durch die ästhetische Wirkung, die er mit *The Picture of*

Dorian Gray anstrebt, die moralische Aussage auf; er wollte etwas gegen die realistische Literatur schreiben[108], und in den Vorbemerkungen leugnet er, daß eine Dichtung eine Aussage oder Lehre enthalten solle oder könne. Als von dem sehr jungen und sehr schönen Dorian Gray ein bezauberndes Bild gemalt worden ist, wünscht er, da er sich der Kürze der jugendlichen Schönheit und des Lebensgenusses gerade unter dem Einfluß des in vieler Hinsicht mephistophelischen Lord Henry bewußt geworden ist, daß das Bild statt seiner altern und häßlich werden solle. Die Züge der Härte, der Verlebtheit und des Verbrechertums prägen sich nun tatsächlich dem Bild ein, während Dorian unverändert bleibt. Doch als er zuletzt im Ekel das Bild mit einem Messer zerstört, fällt er selbst erstochen nieder, während das Bild wieder unversehrt und schön ist.

Die Begegnung mit dem Bild und dessen Vernichtung findet sich schon am Schluß von Poes Erzählung. Bei Wilde hat aber der Böse nicht sein anderes (besseres) Ich vor sich, sondern sein eigentliches Ich, das böse ist, während er selbst das Äußere seines einstigen (besseren) Ich behält. Am Schluß steht wie bei Poe eine nicht beabsichtigte Zerstörung des eigenen Ich, die durch Haß auf dieses Ich motiviert ist; Poes Held weiß nicht, daß er einen Teil seiner selbst tötet, Wildes Held hingegen nicht, daß er tötet. Aber der Versuch der Bildzerstörung enthält mit dem Ekel vor sich selbst (vor seinem Inneren) das entscheidende Motiv des Selbstmordes und endet daher mit dem eigenen Tode. Dieses Ende ergibt sich aber daraus, daß Dorian sich ganz ausleben will, wie Lord Henry ihm suggeriert.[109] Lord Henry treibt ihn dazu, um das im Menschen Angelegte beobachten zu können, da ja die herkömmliche Psychologie die Verbindung von Körper und Seele, von Böse und Gut nicht erfaßt.[110] Dorian verwirklicht seine Anlagen, auch die animalischen[111], und wird so zum Monster, obwohl er zur Schönheit (und zum Genuß in Schönheit) strebt. Die Ambiguität des Menschen tritt so schrecklich zutage.

Pirandello stellt die Vielschichtigkeit der Persönlichkeit des Menschen mit einer Ironie dar, die vermuten läßt, daß er die ganze Tiefe des damit gegebenen Problems etwas abschieben will – obwohl es ein Aspekt der ihn sehr beschäftigenden Unbegreifbarkeit der Realität ist. In der Tat steht bei Pirandello nicht das auf dem Grunde der Seele lauernde Böse im Vordergrund, sondern das Nebeneinander der verschiedensten Regungen in der Seele und der unterschiedlichen Aspekte eines Menschen. Diese Thematik behandelt er in vielen seiner Werke, etwa in *I vecchi e i giovani;* in diesem Roman haben die Personen immer wieder je nach Blickpunkt andere Eigenschaften, und sie sind sich selbst nicht begreifbar. „Lino Apes hatte mehrmals Lando Lauretano gezeigt, daß, wenn er sich Sozialist nannte, er mit der naivsten Aufrichtigkeit log; er sähe sich nicht, wie er war, sondern wie er hätte sein wollen. Das geschieht, behauptete jener, allen . . . In ihm (Lando) brach empört ein Protest aus: – Nein, nein, das ist es nicht! – Ohne daß er selbst hatte sagen können, was es statt dessen sein sollte!" – („Lino Apes aveva piú volte dimostrato a Lando Lauretano che, dicendosi socialista, mentiva con la piú ingenua sincerità; si vedeva non qual era, ma quale avrebbe voluto essere. Il che, sosteneva lui, avviene a tutti . . . Dentro di lui (Lando) scattava, esasperata, una protesta: – No, no non è questo! – senza che poi egli stesso sapesse dire che cosa dovesse essere in cambio.")[112]

Im Titel des Romans *Uno, nessuno o centomila* wird ausgesprochen, daß der Mensch einen bestimmten Charakter zu haben glaubt, aber keinen hat oder hunderttausend Persönlichkeiten zeigt. Der Held und Ich-Erzähler erfährt das und scheitert daran, da er im Versuch, seine Persönlichkeit sich und den anderen zu zeigen, allen zum Rätsel wird und nicht mehr in der Gesellschaft leben kann: „Ich hatte . . . wie ein Schwindelgefühl. Plötzlich merkte ich, daß jetzt auf der Stelle ihm und meiner Frau ... die Gründe dieser meiner starrköpfigen Entscheidung, die so ernst für alle war, zu erklären mir nicht möglich gewesen wäre. Diese Gründe, die ich doch in mir in jenem Moment aufgehäuft und verfeinert und von den langen Qualen meiner Überlegungen geformt fühlte, waren übrigens nicht einmal mehr für mich selbst klar ... Wenn ich auch nur einen einzigen gezeigt hätte, wäre ich dem einen und der anderen unheilbar verrückt erschienen ... Ich *hatte* mich bis vor kurzer Zeit *nie gesehen*, wie sie mich immer gesehen hatten." – („Ebbi ... come una vertigine. D'improvviso avvertii che spiegare lí per lí a lui e a mia moglie ... i motivi di quella mia testarda risoluzione, di tanta gravità per tutti, non mi sarebbe stato possibile. Quei motivi, che pur sentivo in me aggrovigliati in quel momento e sottili e contorti dai lunghi spasimi delle mie tante meditazioni, non erano piú chiari del resto neanche a me stesso ... a svelarne appena appena uno solo, sarei parso irremissibilmente pazzo all'uno e all'altra ... *non m'ero mai veduto* fino a poco tempo addietro com' essi mi avevano sempre veduto ...")[113]

Pirandello stellt unter den von uns untersuchten Autoren insofern eine Ausnahme dar, als er bei der Darstellung der Unbestimmbarkeit des Menschen nicht die Duplizität von Gut und Böse in der Seele, sondern die Vielfalt der Charaktereigenschaften und der Interpretationsmöglichkeiten für die Handlungen und Regungen herausstellt. Im allgemeinen interessiert sich das 19. und das beginnende 20. Jahrhundert eher für das Erscheinen des Bösen im Menschen oder für seine Schwäche gegenüber dem Bösen. Diese Themen finden wir auch in vielen Werken, die nicht die Verdoppelung der Persönlichkeit darstellen.

So behandelt auch B. Constant in *Adolphe* das Auseinanderklaffen von Wollen und Fühlen, da der Held weder seine egoistischen Pläne auszuführen die Kraft hat (etwa Elléonore zu verlassen), noch gemäß einer von ihm wohl wahrgenommenen Verpflichtung Elléonore wirklich und vorbehaltlos lieben kann. Barbey d'Aurevilly hingegen stellt sehr viel später die „gouffres de profondeur et de volonté" dar, die eine Frau einer Rache ihre Stellung in der Welt, ihre Gesundheit, ihr Leben und ihr Seelenheil opfern läßt: Um ihren adelsstolzen Mann zu treffen, lebt eine spanische Herzogin gegen ihre Neigung als niedrige Pariser Dirne. Dieses „sublime de l'enfer" nimmt Barbey mit Bewunderung und Entsetzen wahr.[114]

In anderen Erzählungen der *Diaboliques* zeigt Barbey die Grausamkeit, die in einem scheinbar weichen und schwachen Mann wohnen kann, oder die Verworfenheit, die eine vornehme Dame ihr neugeborenes Kind in einer Jardinière begraben läßt. Barbey steht damit in der Tradition der schockierenden Erzählung. Ein anderer Vertreter dieser Gattung, Léon Bloy, stellt in einer seiner *Histoires désobligeantes* dar, wie eine Mutter durch die Erklärung ihrer Tötungsabsicht einen perfekten Mord an ihrem an einem Aneurysma leidenden Sohn begeht, da er vor Entsetzen stirbt und so keine Mordindizien bleiben. *La Tisane* und andere Werke zeigen die Symptome auf, „welche Bloy bei seinen Zeitgenossen festgestellt hat und deren gewichtigstes er in einem grenzlosen Egoismus sieht, der das gesamte Denken und Handeln des Menschen beherrscht und jegliche ideellen Werte ignorieren läßt."[115] Doch auch ein eher realistisch schreibender Autor wie Maupassant kann in den scheinbar alltäglichen Begebenheiten Abgründe des Bösen im Menschen zeigen: In *Le diable* muß der Bauer Honoré auf Anordnung des Arztes eine Person anstellen, die bei seiner sterbenden Mutter wacht.[116] Er nimmt dafür Rapet und macht mit ihr einen festen Betrag für die ganze Zeit der Krankheit aus. Damit die Pflegezeit nicht zu lange dauert, erschreckt Rapet die alte Frau, indem sie eine Erscheinung des Teufels vorspielt, worauf die Kranke stirbt. Dann betet die Pflegerin die Totengebete „avec ferveur". Der heimgekehrte Sohn berechnet, daß er zu viel bezahlt hat. Diese Geschichte hat wie die *Contes cruels* Villiers de l'Isle-Adams, die *Diaboliques* Barbeys und die *Histoires désobligeantes* Bloys etwas Schokkierendes. Freilich ist dieser Effekt hier sehr viel schwächer, die Aussage aber, daß die Menschen ungeahnte Abgründe des Egoismus und der Bosheit in sich tragen, um so eindringlicher.

Kaum ein anderer Autor des 19. Jahrhunderts entlarvt den Menschen so sehr wie Maupassant in manchen seiner Erzählungen. Vielfach zeigen die Autoren die abgründige Schlechtigkeit des Menschen, nützen aber die Motive zu einem Effekt des Horrors und des Grauens (so findet man dieselbe Technik der langsamen Enthüllung des Schrecklichen in Poes *William Wilson* und in seiner reinen Horrorgeschichte *The Masque of the Red Death*). Zur Abmilderung der im Stoff oder Motiv enthaltenen Aussage sucht der Künstler den Kunstgriff, den der Leser genießen kann. Die Entdeckung eines der besorgniserregendsten und erschreckendsten Aspekte der Realität wird durch die Kunst sofort teilweise neutralisiert. Diese Werke verweisen insofern ebenso wie andere Erzählungen des Grauens auf die Kompensation der Schrecklichkeit des Lebens durch die Kunst.

In der Tat finden die meisten Autoren nichts Tröstliches, wenn sie die Seele des Menschen ausloten. Es offenbart sich nichts Gutes oder Sicheres, das ihnen Halt geben könnte. In einem Drama A. Schnitzlers sagt jemand, der die Duplizität der Seele an sich selbst erfahren hat: „Aber gerade, daß ich sie so sehr liebte – und trotzdem fähig war, sie zu betrügen . . . das machte sie irre an mir und an der ganzen Welt. Nun gab es überhaupt keine Sicherheit mehr auf Erden . . . Sollt' es Ihnen noch nicht aufgefallen sein, was für komplizierte Subjekte wir Menschen im Grunde sind? So vieles hat zugleich Raum in uns –! Liebe und Trug . . . Treue und Treulosigkeit . . . Wir versuchen wohl die Ordnung in uns zu schaffen, so gut es geht, aber diese Ordnung ist doch nur etwas Künstliches . . . Das Natürliche . . . ist das Chaos."[117]

Der Genuß der Schönheit und der Kunst

Der Genuß des Schönen und der Kunst, die ästhetische Haltung zum Leben wird zu einem häufigen Thema der Dichtung. Schon Lessing stellt im Maler Conti aus *Emilia Galotti* (I, 4) einen Menschen vor, der aus seiner Fähigkeit, ästhetisch zu empfinden, einen Anspruch auf Würde ableitet.[118] Das ästhetische Vermögen sieht Schiller als edel an; durch das Gefühl für die Schönheit wird der Mensch zum Hohen hingeführt, er bekommt Würde:

> Dein Wissen teilst du mit vorgezognen Geistern,
> Die *Kunst*, o Mensch, hast du allein.
> Nur durch das Morgentor des Schönen
> Drangst du in der Erkenntnis Land.
> An höhern Glanz sich zu gewöhnen,
> Übt sich am Reize der Verstand.
> Was bei dem Saitenklang der Musen
> Mit süßem Beben dich durchdrang,
> Erzog die Kraft in deinem Busen,
> Die sich dereinst zum Weltgeist schwang.[119]

Für Schiller ist die Kunst insofern wertvoll, als sie Moralität und Erkenntnis vorbereitet und den Menschen für seine geschichtliche Aufgabe fähig macht.[120] Bei der

Hochschätzung der ästhetischen Begabung und Haltung kann man aber sehr bald vergessen, daß sie ihren Wert zunächst dadurch bekam, daß sie den Menschen insgesamt, auch in seinen übrigen Fähigkeiten, weiterausbilden soll und nicht nur Abstand von den Dingen und der realen Welt bewirken darf, sondern daß aus diesem Darüberstehen Erkenntnis und sittliches Handeln kommen müssen. Tieck formuliert deutlich Einwände gegen die Neigung (und Begabung), in allem die ästhetischen Werte zu empfinden und zu schätzen. *Ein Brief Joseph Berglingers* schildert die Selbstvorwürfe eines vom Ästhetizismus versuchten Eremiten: „Aber ach! wenn ich auf dieser verwegenen Höhe stehe, und mein böser Geist mich mit übermütigem Stolz auf mein Kunstgefühl und mit frecher Erhebung über andere Menschen heimsucht, – dann, dann öffnen sich auf einmal, rings um mich her, auf allen Seiten, so gefährliche, schlüpfrige Abgründe, . . . Die Kunst ist eine verführerische, verbotene Frucht; wer einmal ihren innersten, süßesten Saft geschmeckt hat, der ist unwiederbringlich verloren für die tätige, lebendige Welt. Immer enger kriecht er in seinen selbsteignen Genuß hinein, und seine Hand verliert ganz die Kraft, sich einem Nebenmenschen wirkend entgegenzustrecken.“[121] Tiecks Einwand gegen ein Streben, das allein auf den Genuß von Schönheit und Kunst gerichtet ist, findet in vielen Dichtungen anderer Autoren eine Entsprechung. Aber vielfach werden auch die Fähigkeiten und der Wille, eine ästhetische Haltung zum Leben und zu den Dingen einzunehmen, positiv dargestellt. Vorerst wird das ästhetische Verhältnis zur Welt noch nicht das Thema großer oder wichtiger Dichtungen, auch wenn es – vor allem in theoretischen Exkursen – innerhalb mancher Werke diskutiert wird. So läßt Madame de Staël Corinne in ihrem Roman die Meinung vertreten, die Dichtung müsse nicht unbedingt einen Sinn haben, sondern es genüge, wenn sie „coloris“ und „mélodie brillante“ habe und damit gefangen nehme; es wird damit eine Entgegnung Oswalds vorbereitet, der mehr von der Poesie fordert. Eine nur genießende Haltung in der Kunst wird abgelehnt.[122]

Flaubert, der in den Jahren der Reife von der moralischen Wirkung der Kunst, die über das Niedrige erhebt, spricht, zeigt in seinem Jugendwerk, der ersten *Education sentimentale*, die Haltung, zu der Jules nach den Enttäuschungen durch Liebe und Welt kommt. Dieser junge Mann zieht sich zurück, versucht nicht, die Welt aktiv zu gestalten. Er betrachtet die Gesellschaft und die Natur. Freilich genießt er das Schauspiel der Welt nicht, doch ist der Abstand, den er von der Welt und den Dingen hat, der ästhetischen Distanz verwandt, zumal es auch die Distanz des Romanciers Flaubert selbst ist. Flaubert läßt seine Zustimmung erkennen. Die Bildung findet nicht mehr wie bei Goethe durch die Tätigkeit in einer pädagogischen Provinz ihren sinnvollen Abschluß, sondern in der inaktiven Betrachtung.

In Huysmans' *A rebours*, d'Annunzios *Il piacere*, Georges *Algabal* und weitgehend auch in Wildes *The Picture of Dorian Gray* ist dann die ästhetische Haltung des Helden zur Welt wichtiges Thema. In *A rebours* ist des Esseintes durch seine Erschöpfung zum Rückzug aus der Welt gezwungen, so daß ihm nur die Möglichkeit der ästhetischen Haltung bleibt. Es scheint mir aber nicht auszuschließen, daß Huysmans hier noch der naturalistischen Technik folgt, das Handeln der Personen aus Vererbung, Milieu und Konstitution zu erklären. Am Schluß des Buches spricht der Erzähler so von der (nun ärztlich angeordneten) Rückkehr nach Paris, als wäre des Esseintes' Leben in der ästhetisch gestalteten Einsamkeit freiwillig gewählt worden: „comme un raz de marée, les vagues de la médiocrité humaine montent jusqu'au ciel et elles vont engloutir le refuge dont j'ouvre, malgré moi, les digues.“[123] Der Autor selbst sympathisiert vielfach mit dem Schwächling des Esseintes, und in *En route* und *La cathédrale* wertet er die ästhetische Haltung (freilich als eine Etappe in der Entwicklung zur Frömmigkeit) durchaus positiv. Des Esseintes verzichtet bisweilen auch da auf Aktivität, wo er sie entfalten könnte. Es genügt ihm die Wahrnehmung statt der Tat. So reist er nicht nach England, weil er im Restaurant schon alle Eindrücke, die ihm jenes Land geben könnte, verspürt. „En somme, j'ai éprouvé et j'ai vu ce que je voulais éprouver et voir. Je suis saturé de vie anglaise depuis mon départ; il faudrait être fou pour aller perdre, par un maladroit déplacement, d'impérissables sensations. Enfin quelle aberration ai-je donc eue pour avoir tenté de renier des idées anciennes, pour avoir condamné les dociles fantasmagories de ma cervelle, pour avoir, ainsi qu'un véritable béjaune, cru à la nécessité, à la curiosité, à l'intérêt d'une excursion?"[124] Die Empfindungen des Esseintes' sind übrigens nicht nur angenehm und ihre Gegenstände nicht nur schön, aber sie können als Empfindungen eigener Art wahrgenommen werden: „Des Esseintes frissonnait délicieusement (!) à se sentir (!) confondu dans ce terrible (!) monde de négociants, dans cet isolant brouillard . . ."[125] Das Bewußtsein des so ästhetisch Wahrnehmenden genießt nicht die ästhetischen Qualitäten des Wahrgenommenen, sondern sich selbst als Wahrnehmendes. Dies zu ermöglichen, ist das eigentliche Anliegen des Esseintes', und er wählt die Erlebnisse danach aus: So hält er imaginäre Englandeindrücke für besser als reale, die wahrscheinlich aus der gewohnten alltäglichen Welt doch nicht heraustreten lassen. Er sucht in der Literatur nicht nur die gute Ausführung, die richtige Behandlung des Gegenstandes, sondern die Möglichkeit, ungewöhnliche Empfindungen zu verspüren und das Gefühl, das in ihm erweckt wird, zu beobachten: „Il voulait, en somme, une œuvre d'art et pour ce qu'elle était par elle-même et pour ce qu'elle pouvait permettre de lui prêter; il voulait aller avec elle, grâce à elle, comme soutenu par un adjuvant, comme porté par un véhicule, dans une sphère où les sensations sublimées lui imprimeraient une commotion inattendue et dont il chercherait longtemps et même vainement à analyser les causes."[126] Das ist eine (oder die einzige) Möglichkeit, dem Gewöhnlichen und dem, wogegen man abgestumpft ist, zu entkommen; so schätzt er gewisse Romane, welche „l'enlevaient, lui aussi, plus haut que les autres, hors de cette vie triviale dont il était si las."[127] Damit hängt auch zusammen, daß des Esseintes seine Umwelt ästhetisch gestaltet. Sie soll ihm andere und reine Empfindungen gestatten, die künstlich sind: So formt er einen Teil seines Hauses wie das Innere eines Schiffes; er schafft die Verbindung von Reichtum und Armut, wenn er in einem anderen Raum den Eindruck des Ärmlichen durch die raffinierte Verwendung kostbarer Materialien erreicht, und sucht, lebendes Geschmeide (durch die mit Edelmetallen und Edelsteinen besetzte Schildkröte) herzustellen oder experimentiert mit der Verbindung von Sensationen, wenn er eine Geschmacksorgel konstruiert. Des Esseintes will sich durch das ästhetische Erleben keineswegs darauf vorbereiten, in der Welt aktiv zu werden und die Gesellschaft zu bessern oder selbst moralisch zu handeln. Er empfindet es zuletzt als Qual, sein „refuge" preisgeben zu müssen. Das Ästhetische ist nicht mehr auf die Gesellschaft bezogen. Des Esseintes kann den Plan verfolgen, einen jungen Mann, den er an die erotischen Genüsse gewöhnt und dem er die Mittel dafür plötzlich entziehen will, so zum Mörder werden zu lassen; des Esseintes will damit gleichzeitig seine Feindschaft gegen die Gesellschaft befriedigen.

Ist ein solches Leben nur für den ästhetischen Genuß sinnvoll und möglich? Des Esseintes' Versuch, einen Mörder heranzubilden, fällt in die Zeit vor der Abgeschiedenheit, im Laufe des Romans verfällt er keineswegs in größere moralische Verderbtheit, und die Schärfe seines Geistes und seines Urteilsvermögens kann uns eher Bewunderung abnötigen. So läßt Huysmans seinen Helden die Gedichte von Mallarmé entdecken und würdigen – und damit macht Huysmans diesen Dichter erst einem weiteren Publikum bekannt. Aber des Esseintes findet immer weniger Befriedigung: Je verfeinerter er wird, desto mehr bildet sich seine Empfindlichkeit aus und desto schwieriger wird es ihm, noch Reize und Genüsse zu verspüren, „perdant la faculté d'admirer indifféremment la beauté sous quelque forme qu'elle se présente".[128] Zugleich hat er nicht mehr die Kraft, sich mit dem zu beschäftigen, was ihn noch anzieht: „ . . . maintenant que sa névrose s'était exaspérée, il y avait des jours où ces lectures le brisaient . . . Aussi devait-il se modérer, toucher à peine à ces redoutables élixirs, de même qu'il ne pouvait plus visiter inpunément son rouge vestibule et s'enivrer la vue des ténèbres d'Odilon Redon et des supplices de Jan Luyken."[129] Die ästhetische Existenz erweist sich als unmöglich.

Die Suche nach ihr wird als tragisch und zugleich als lächerlich dargestellt. Der Autor macht seinen Helden zu einem Versager, dessen sexuelle Potenz erschöpft ist und der in jedem seiner Unterfangen scheitert (so stirbt die Schildkröte, die er zu einem sich bewegenden Geschmeide hat machen lassen): Sein Zusammenbruch am Schluß des Romans kommt vorbereitet. Huysmans, der im (später geschriebenen) Vorwort doch selbst die Suche nach neuen künstlerischen (also auch ästhetischen) Möglichkeiten als Ziel seines Buches bezeichnet, scheint von einer eigenen Neigung Abstand zu suchen, da er die Identifikation (seine wie die des Lesers) mit dem Helden immer wieder stört. Er erkennt wohl die Schwierigkeit der ästhetischen Existenz, die später auch bei d'Annunzio, Wilde und George aufscheinen wird, und er kann offenbar den Amoralismus und die Nutzlosigkeit im Leben des Esseintes' nicht ganz akzeptieren. Später wendet sich Huysmans der Religion zu.

Ähnlich zwiespältig wie die Einstellung Huysmans' zu seinem Helden ist die d'Annunzios zu Andrea Sperelli. Dieser junge Mann aus gräflichem Hause ist für den Autor – im Gegensatz zur „grauen demokratischen Sintflut von heute, die viel Schönes und Seltenes elend untergehen läßt" (zum „grigio diluvio democratico odierno, che molte belle cose e rare sommerge miseramente") – der „Ideal-Typ des jungen italienischen Herren im 19. Jahrhundert, der legitime Vertreter eines Stammes von eleganten Edelleuten und Künstlern, der letzte Abkomme einer intellektuellen Rasse" („ideal tipo del giovine signore italiano nel XIX secolo, il legittimo campione d'una stirpe di gentiluomini e di artisti eleganti, l'ultimo discendente d'una razza intellettuale").[130] Aber d'Annunzio äußert (ähnlich wie Huysmans) bei der Erklärung, welche Eigenart der Held von seiner Familie ererbt, auch Einwände gegen seine Geisteshaltung. „Sein Geist war . . . von der hochgezüchteten Kultur verdorben" – („ Lo spirito di lui . . . era . . . corotto dall'alta cultura").[131] Der Einfluß des Vaters und seiner Lebensführung läßt Andreas Begierde wachsen, Erfahrungen und Empfindungen zu sammeln, aber auch die moralische Kraft, die „forza morale", abnehmen. Der Vater lehrt ihn, sein Leben als Kunstwerk aufzufassen und zu gestalten: „Man muß sein eigenes Leben *gestalten,* wie man ein Kunstwerk gestaltet. Das Leben eines Menschen von Intellekt muß sein Werk sein." – („Bisogna *fare* la propria vita, come si fa un'opera d'arte. Bisogna che la vita d'un uomo d'intelletto sia opera di lui"). Er lehrt aber auch: „Das Bedauern ist die unnütze Beschäftigung eines untätigen Geistes. Man muß vor allem das Bedauern vermeiden, indem man stets den Geist mit neuen Empfindungen und neuen Vorstellungen beschäftigt." – („Il rimpianto e il vano pascolo d'uno spirito disoccupato. Bisogna sopra tutto evitare il rimpianto occupando sempre lo spirito con nuove sensazioni e con nuove imaginazioni.")[132] Das Ziel des Lebens ist auch hier das Ästhetische, und damit verbindet sich das Streben nach einer möglichst großen Menge von Empfindungen, die man suchen muß, weil sie das Leben – und den Genuß – ausmachen. Die Empfindungen sollten auf künstliche (und künstlerische) Weise gesteigert werden:

„‚Das Sophisma‘, so sagte dieser unbedachte Erzieher, ‚ist auf dem Grunde jedes Vergnügens und jedes Schmerzes der Menschen. Die Sophismen zu erhöhen oder zu vervielfältigen, bedeutet, sein eigenes Vergnügen oder seinen eigenen Schmerz zu erhöhen und zu vervielfältigen. Vielleicht besteht die Kunst des Lebens im Verbergen der Wahrheit. Das Wort ist eine tiefe Sache, in der für den Menschen von Intellekt unerschöpfliche Reichtümer verborgen sind. Die Griechen, die Künstler des Wortes waren, sind in der Tat die verfeinertsten Genießer des Altertums. Die Sophisten blühen in größerem Ausmaß im Jahrhundert des Perikles, im freudevollen Jahrhundert!“ – („‚Il sofisma‘, diceva quell'incauto educatore 'è in fondo ad ogni piacere e ad ogni dolore umano. Acuire e moltiplicare i sofismi equivale ad acuire e moltiplicare il proprio piacere o il proprio dolore. Forse, la scienza della vita sta nell'oscurare la veritá. La parola è una cosa profonda, in cui per l'uomo d'intelletto sono nascoste inesauribili ricchezze. I Greci, artefici della parola, sono infatti i più squisiti goditori dell'antichità. I sofisti fioriscono in maggior numero al secolo di Pericle, al secolo gaudioso!“)[133] In dieser Lehre liegt Pessimismus: An sich sind Welt und Leben nicht geeignet, Freude zu geben. Wer diese sucht, muß sich in eine künstliche Welt flüchten, in die des Selbstbetruges oder der künstlich zubereiteten Empfindung. Andrea steigert nun die Empfindung nicht nur künstlich, sondern (wie auch schon sein Vater) künstlerisch, indem er die Umstände ästhetisch gestaltet. Er sucht dabei nicht nur jedes einzelne Erleben zu verfeinern, sondern auch die Erlebnismöglichkeiten auszuschöpfen, bis zur Erfahrung des Idealen zu steigern. So sagt er auf die Frage, ob er viel geliebt habe: „Glaubt Ihr, daß darin mehr Adel des Geistes und der Kunst wäre, in einer einzigen Frau das Ewigweibliche sich vorzustellen, oder darin, daß ein Mann von feinen und starken Empfindungen alle Lippen, die ihm begegnen, durchspielt wie die Noten eines idealen Klaviers, bis er das freudenvolle C findet.“ – („Credete voi che ci sia più nobiltà di animo e di arte ad imaginare in una sola unica donna tutto l'Eterno feminino, oppure che un uomo di spiriti sottili ed intensi debba percorrere tutte le labbra che passano, come le note d'un clavicembalo ideale, finché trovi l'Ut gaudioso?“)[134] Er selbst hat diese Frage noch nicht beantwortet, glaubt aber, in der sinnlichen und verführerischen Elena die Erfüllung zu finden; als ihn nun Elena verläßt, sucht er, in der reinen Maria eine andere und doch ähnliche Verkörperung des „Eterno feminino“ zu finden; die tugendhafte und opferbereite Maria ist in der Tat das Gegenteil Elenas und ihr in manchem doch ähnlich. Als nun Andrea in der ersten Nacht mit ihr Elenas Namen ausspricht, verläßt sie ihn. Zu dieser Entwicklung trägt bei, daß Sperelli durch die im Sophisma enthaltene Lüge unaufrichtig wird.[135] Das läßt ihn gegen sich selbst und gegen Maria die Natur seiner Beziehungen zu ihr verbergen, und als ihm im entscheidenden Augenblick das verräterische Wort entfährt, wird auf eine die Beziehung zerstörende Weise die Wahrheit aufgedeckt. So zeigt sich, daß Andreas Suche den Keim des Scheiterns in sich trägt, die künstlerische Gestaltung und Vertiefung des Erlebens ihm nicht gelingen kann.

D'Annunzio scheint vor den moralischen (oder amoralischen) Implikationen in den Prämissen des Romans und vielleicht vor dem tragischen Ausgang des Ästhetizismus zu erschrecken, denn häufig gibt er negative Urteile über Andrea und seine Grundsätze ab und schreibt ihm so die Schuld an seinem Scheitern zu, das nun gerechte Strafe scheint, obwohl doch der Autor immer wieder seine Identifikation mit dem Helden zu erkennen gibt. D'Annunzio läßt Andrea Selbstvorwürfe wegen seiner Neigung zur Liebe, deretwegen er die ideale Kunst vernachlässigt, vorbringen[136], doch bleibt an dieser Stelle das Ziel immer noch der Genuß, hier derjenige der Kunst oder der durch die Kunst erlebten Welt. Diese Selbstverurteilung, die wohl auch die Meinung d'Annunzios ausdrücken soll, hebt letztlich die oben genannten Prinzipien Andreas nicht auf.[137] Wie Huysmans durch Ironie die Tragik, seine eigene Tragik, aufheben will, die in der Suche nach dem ästhetischen Vergnügen liegt, so versucht es d'Annunzio mit dem moralischen Urteil. In beiden Werken ist diese Suche als Flucht aus einer sonst lebensunwerten und unerträglichen Welt motiviert; beide Werke zeigen, daß sie nicht gelingen kann.

O. Wildes Dorian Gray ist ein Verwandter von des Esseintes und Andrea Sperelli. Er liebt die Schönheit, freilich seine eigene[138], und liebt auch in seiner Verlobten Sibyl Vane die Kunst und die Künstlerin. Aber letztlich sucht er nicht das Erlebnis des Ästhetischen, sondern das des Reizes; er ist, wie es ihm Lord Henry vor der Vollendung seines Bildes empfiehlt, Hedonist.[139] Dennoch hat die Schönheit beim Genuß für ihn große Bedeutung, und Lord Henry kann ihn etwa über den Tod Sibyl Vancs trösten, indem er ihm die Schönheit in der Tragödie ihres Lebens und Sterbens zeigt.[140] Dorian möchte die Ereignisse vom Künstlerischen her betrachten und selbst einen ästhetischen Abstand von seinem Leben gewinnen: „Was is not Gautier who used to write about *la consolation des arts?*... I love beautiful things that one can touch and handle. Old brocades, green bronzes, lacquer-work, carved ivories, exquisite surroundings, luxury, pomp, there is much to be got from all these. But the artistic temperament that they create, or at any rate reveal, is still more to me. To become the spectator of one's own life, as Harry says, is to escape the suffering of life."[141] Sein Lebenshunger läßt ihn die Steigerung des Genusses durch das ästhetische Raffinement suchen, und „to him Life itself was the first, the greatest of the arts."[142] Doch bleibt ihm das Kunstwerk nur Mittel des Trostes oder der Steigerung der Freude; er sucht nicht eigentlich die sittlich-geistige Veredelung seines Lebens oder seiner Empfindungen, er gibt sich den Sinnen vorbehaltlos hin und will das Leben durch das Geistige nur hedonistisch steigern.[143] Seine Beschäftigungen ähneln denen von des Esseintes bisweilen sehr: Er spürt den Reizen des Katholizismus nach, macht synästhetische Experimente, sammelt Edelsteine ...[144] Aber während des Esseintes sich von den Dichtungen und Malereien auch innerlich anrühren läßt, so daß er sie bei zunehmender Névrose nicht mehr aushält, und während Sperelli im Genuß des Schönen etwas Höheres (die Vereinigung der Gegensätze und das Ideal) greifen will und die Kunst ihm am Herzen liegt, ergötzt sich Dorian als Kenner an den ästhetischen Werten; so kann er, als er Campbell erwartet und von ihm die Leiche Basils vernichten lassen will, die Eigenarten der Gautierschen Gedichte und die in ihnen enthaltene Darstellung des romantischen Hintergrundes Venedig genießen.[145] Im Grunde ist zwar Dorian ästhetisch begabt, aber seine Tragödie ist die des Unmoralischen und Hartherzigen. Des Esseintes und Sperelli scheitern vor allem daran, daß das Schöne ihnen kein Ersatzglück oder keine Erfüllung geben kann; Dorian hingegen hält das Programm der Gewissenlosigkeit nicht durch, und die wachsende Häßlichkeit seines Bildes erträgt er moralisch nicht, sie ist kein ästhetisches Problem für ihn. Die Suche nach dem Ästhetischen ist ein freilich sehr wichtiges Begleitmotiv. Doch wird sie durch den Zusammenhang mit dem moralischen Niedergang des Helden auch verdächtig.

Stefan George widmet *Algabal* „Albert Saint-Paul / dem dichter und dem freund / in langen erlebnissen / und genießendem künstlertum / Paris MDCCCXCII".[146] Auch der Herrscher, den die Gedichte dieses Werkes darstellen, ist dem Autor nicht nur in seiner Vorliebe für die Absonderung von der Menge und für die feierliche Gebärde verwandt, sondern offenbar auch im genießenden Künstlertum. Er schafft zu seinem eigenen und einsamen Genuß eine künstliche Welt, die ganz sein ist, unterirdische Gärten und Säle:

Der schöpfung wo er nur geweckt und verwaltet
Erhabene neuheit ihn manchmal erfreut.[147]

Algabal zieht sich in die hoheitsvolle Kontaktlosigkeit zurück, die ihm ein reines Dasein der Wunschlosigkeit und des ästhetischen Genusses erlauben soll.[148] Da politische Ränke, deren Mitte sein Bruder ist, ihn hindern könnten, daß er seinen Geist „achtlos ohne tat verhauche“[149], läßt er den Bruder töten, und er schreitet in schöner Gebärde (nur leise die Purpurschleppe raffend) die Marmortreppe an dessen Leiche vorbei hinab.[150] Freilich scheint der reine Genuß nach der Auffassung Algabals (und Georges) nicht dem Leben anzugehören: Zweimal läßt Algabal diejenigen, die eine Stunde der Erfüllung erlebt haben, sterben: unter Blumen die vom Fest Ermüdeten[151] und die „Nach unbedachtem seligem vermählen“ eingeschlafenen Liebenden, denen nun „der kalten väter strafen“ drohen:

Begnadete! da ich euch gütig nahte
Und kein erwachen euch ein glück ermattet
Das nur der traum so herrlich euch gestattet
Als ich es jezt (sic) aus euren zügen rate.[152]

Selbst dem Kaiser ist nicht der dauernde ästhetische Genuß möglich: Die Vollendung seines künstlich-künstlerischen Unterweltreiches bleibt aus, da er nicht die „Dunkle große schwarze blume“ zeugen kann.[153] Die wegen ihrer makellosen Schönheit zur Gemahlin erwählte Frau sendet er „zurück zu ihrem herde / Sie hatte wie die anderen ein mal“.[154] Der Herrscher verspürt bisweilen die Sehnsucht nach dem echten Gefühl, das Religiöse und das Leben ziehen ihn an. Das reine Dasein genießenden Ästhetentums bleibt ein Glück, „das nur der traum so herrlich ... (ihm) gestaltet“; selbst der Kaiser bezahlt es mit der dauernden Drohung des Todes[155], mit lebensferner Isolation und mit leise bohrendem Vorwurf „vermeinte(r) schulden“.[156] Das genießende Künstlertum bleibt Wunschbild und Illusion.

Im Gegensatz zu Huysmans, d'Annunzio und Wilde ist George ganz bereit, den Ästhetizismus anzuerkennen; während Huysmans mit Ironie vom schwachen Neurotiker des Esseintes spricht, der Engländer in Dorian auch den moralischen Niedergang schildert und der Italiener Sperellis Haltung nur insofern halb anerkennt, als er die elitäre ästhetische Kultur in einen Gegensatz zur grauen Flut der demokratischen Zeit bringt, läßt George Algabal „Der eignen artung härte recht ermess(en)“[157] und sich vom „leeren lärm“ der Menge isolieren; mit moralischer Größe verbirgt er das Menschlich-Schwache, seine zum Tode führende Krankheit:

Es ziemt nicht in irdischer klage zu wanken
Uns die das los für den purpur gebar.[158]

Algabal sieht die Gefahren, die durch Revolution und Umsturz dem harten Herrscher drohen, läßt aber ihretwegen nicht von seiner Art und akzeptiert lieber den Tod:

Euer gebieter ist von euch geschieden
Ehe die stadt sich zu murren vermißt.[159]

Nach der versteckten und halben Anerkennung des Ästhetizismus bei anderen Autoren zollt ihm George ganzen Herzens Tribut. Damit kommt eine für das 19. Jahrhundert wichtige Tendenz, gegen alle Widerstände, die ihr die gängige Moral und Gesellschaftsbewertung bereiteten, in diesem Werke ganz zum Ausdruck.

Der Künstler

Weitaus häufiger als der ästhetische Genuß begegnet uns als Thema der Dichtung das Künstlertum; das ist sehr verständlich, wenn man bedenkt, daß der Autor, der ja über das Thema entscheidet, die Problematik des ästhetischen Gegenstandes vor allem als Produzent und nicht als Rezipient erlebt.[160] Der Wert des ästhetischen und künstlerischen Gegenstandes wird also auch vom Standpunkt des Produzenten diskutiert.

In den theoretischen Teilen der Bücher, d. h. in den Vorworten, findet man sehr viel Rechtfertigungen der Kunstwerke und der Künstler. Von der Mission des Dichters zu sprechen, war in Frankreich und in Spanien in der Romantik ein Gemeinplatz. Doch soll uns jetzt nicht beschäftigen, wie in der Theorie etwa der Anspruch des direkten Nutzens, der moralischen oder der anderen Belehrung ersetzt wurde durch den der Weckung oder Stärkung der den Menschen ausmachenden Fähigkeiten. Freilich hängt das Bild des Künstlers in der Dichtung mit diesen Problemen zusammen.

Für Goethe ist der große Dichter noch nicht ohne weiteres ein höherer Mensch. In *Torquato Tasso* kann der Fürst (wohl im Sinne des Dichters) als Ermahnung und Programm aussprechen: „Der Mensch gewinnt, was der Poet verliert.“[161] Künstlertum kann zur Weltverkennung und so zur Isolierung führen, die noch nicht als Zeichen der Würde, sondern als Fehler erscheint. Das Ideal ist die Verbindung des in der Welt stehenden praktischen Menschen (Antonio) mit dem geistigen und schöpferischen (Tasso). Die Aufgabe des Künstlers ist es aber nicht, durch Fiktionen zu belehren und zu unterhalten; das gelungene, also ästhetische Eigenständigkeit besitzende Werk ist seine Rechtfertigung. Den Künstler nicht in seiner Eigenart voll anzuerkennen und neben sich bestehen zu lassen, ist ein Fehler des praktischen Menschen, dem freilich in diesem Fall es noch ansteht, „als Freund und Vater“[162], also mit einer gewissen Überlegenheit, zum Dichter zu sprechen – Tasso ist auch jünger als Antonio. Künstler und Weltmann leben und wirken in verschiedenen Welten und werden dementsprechend anerkannt: „Denn ein Verdienst, das außerirdisch ist, / Das in den Lüften schwebt, in Tönen nur, / In leichten Bildern unsern Geist umgaukelt, / Es wird denn auch mit einem schönen Bilde, / Mit einem holden Zeichen nur belohnt / . . . / Ein unfruchtbarer Zweig ist das Geschenk, / Das der Verehrer unfruchtbare Neigung / Ihm gerne bringt, damit sie einer Schuld / Aufs leichtste sich entlade.“[163] Hier wird schon erklärt, daß die Dichtung eine eigene Welt mit eigenem Wert ist, wenn sie auch noch nicht im Vergleich mit der Lebenspraxis als einzig wertvolle Welt erscheint, ja unter einem gewissen Gesichtswinkel als die niedrigere erscheinen mag. Die Unvereinbarkeit zweier Welten, ihre Unvergleichlichkeit für eine Wertung führt dann auch den Konflikt des Dramas herbei, dessen Lösung noch die gegenseitige Anerkennung der Vertreter beider Ansprüche ist.

Daß der Dichter nicht die Anerkennung der Welt finden kann, ist seine Tragik bei Madame de Staël und Vigny. Corinne, in der sich Madame de Staël selbst darstellt, hat die englische Gesellschaft, der sie durch den Vater angehörte, verlassen und lebt in Italien. Oswald sieht sie zum ersten Mal im Augenblicke ihres gesellschaftlichen Triumphes, da sie auf dem Kapitol (wie Petrarca und Tasso) als Dichterin gekrönt wird und das römische Volk sie feiert, und er „oublie les préjugés mêmes de son pays, au milieu d'une nation si vive dans l'expression des sentiments qu'elle éprouve.“[164] Die „Vorurteile“ richten sich freilich gegen die „grande publicité donnée à la destinée d'une femme“[165], aber sie bedeuten auch, daß der dichterischen Begabung nicht das Recht gegeben wird, aus den Schranken des in der Gesellschaft Üblichen herauszutreten. Der Dichter (oder die Dichterin) kann seinen (ihren) Anspruch gegenüber der Welt nicht durchsetzen. Freilich gibt Madame de Staël anders als Goethe dem Vertreter der Gesellschaft (Oswald) so gut wie alle Schuld am Scheitern und Unglück des Dichters (der Dichterin), auch wenn sein Verhalten durch den Verstoß Corinnes gegen die (von der Autorin noch weitgehend anerkannten) Gesetze von Familie und Anstand motiviert und auch entschuldigt wird. Als Folie für die Tragik Corinnes malt die Autorin das Bild eines Landes, das die Würde der Dichtung und des Künstlers anerkennt und das insofern ideale Züge hat: Die Spannung zwischen Kunst und Gesellschaft ist hier aufgehoben. „Le peuple, qui ne se rassemble d'ordinaire que sur les pas de la fortune ou de la puissance, était là presque en rumeur, pour voir une personne dont l'esprit était la seule distinction. Dans l'état actuel des Italiens, la gloire des beaux-arts est l'unique qui leur soit permise . . ."[166] Wenn es freilich um die Eigengesetzlichkeit der Kunst geht, gibt Madame de Staël bewußt Oswald das zweite Wort, damit er bestreiten kann, daß die bloße Schönheit der Dichtung Wert geben könne.[167] Insofern bleibt die Dichtung der Gesellschaft untergeordnet.

Wenn Goethe den Konflikt zwischen Künstler und Gesellschaft noch mit einem gewissen Ausgleich schloß und Madame de Staël außer dem Künstlertum ihrer Heldin auch die persönlichen Beziehungen zwischen Corinne und Oswald als Grund für diesen Konflikt ansah, ist er für A. de Vigny notwendig und unabwendbar. In *Stello* (1831) warnt der Docteur Noir den Dichter Stello davor, sich einer politischen Partei anzuschließen. Drei Geschichten, die unter dem *ancien régime,* in England und unter der Schreckensregierung spielen, geben Beispiele davon, daß der Dichter immer mißachtet und zugrundegerichtet wird. In der zweiten Geschichte, die Vigny auch zu seinem Drama *Chatterton* verarbeitet, geht der Dichter an der Mißachtung der Gesellschaft zugrunde, die persönlichen Beziehungen zu Kitty Bell sind dafür nun nicht mehr der Anlaß. Der Vertreter der Herrschaft und Gesellschaft, Lord Beckford, erklärt, daß die Dichtung nur Abendbeschäftigung sein dürfe, und Chatterton antwortet dann, daß man England als Schiff ansehen könne, den Dichter aber als denjenigen, der dem Schiff den Weg weise. Der Dichter hat eine eigene Würde, sein Werk muß nicht mehr durch den unmittelbaren Dienst an der Gesellschaft gerechtfertigt werden, der tragische Gegensatz zur Sozietät ist unaufhebbar. Eine gewisse Nützlichkeit der Dichtung wird noch behauptet, aber im folgenden Satz des Docteur Noir als die des Bewunderten (also des Bewunderungswürdigen, des weiter nicht bestimmbaren Genialen) dargestellt: „La mission du poète ou de l'artiste est de produire, et tout ce qu'il produit est utile, si cela est admiré."[168] Der Dichter steht über der Welt und wirkt wie Gott lichtschaffend: „Il dit le mot qu'il faut dire, et la lumière se fait. Il dit ce mot de loin en loin et, tandis que le mot fait son bruit, il rentre dans son silencieux travail et ne pense plus à ce qu'il a fait."

Eine Rechtfertigung braucht dieser „apôtre de la vérité toujours jeune"[169] nicht mehr, und wenn sein Reich „nicht von dieser Welt" ist[170], so liegt alle Schuld bei der Gesellschaft und den Herrschenden. Der Dichter ist zum höheren Sachwalter der Wahrheit und des Wesentlichen und Richtigen aufgerückt. Vigny stellt in den Vordergrund seiner Erzählungen das Unglück des Dichters in der Gesellschaft, die „malédiction (qu'il a) sur sa vie"[171], aber es gibt keine Problematik der Selbstrechtfertigung und der Rechtfertigung, auch nicht (wie doch bei Goethe) des künstlerisch und menschlich richtigen Bezuges zur Welt. Statt des Konfliktes zwischen Künstlertum und Zugehörigkeit zur Gesellschaft wird das Martyrium des Künstlers dargestellt, dessen Erhabenheit nicht fraglich ist. So ist es verständlich, wenn nun nicht mehr die Spannung zwischen Künstler und Gesellschaft, sondern das Ringen des Künstlers um sein Werk, das Warten auf Inspiration, das Streben nach der Erkenntnis des Schönen und des Wahren Thema vieler Künstlerdarstellungen wird.

Die von Vigny vorgeführte Spannung zwischen Dichter und Gesellschaft bzw. Weltordnung ist freilich noch in der ersten *Education sentimentale* des jungen Flaubert an Jules dargestellt. Aber schon Balzac behandelt in *Le Chef-d'œuvre inconnu* (1932) den Schöpfungsprozeß. Der Künstler Frenhofer, der mit großem Sachverstand auch über die Werke anderer spricht und sie korrigiert, zeigt das Meisterwerk, an dem er arbeitet, nicht vor, doch ist er bereit, es sehen zu lassen, wenn er Poussins Geliebte, Gilette, nackt betrachten und mit seinem Bild vergleichen kann. Gilette willigt ein, um so zu sehen, ob Poussin die Liebe oder die Kunst höher schätzt. Frenhofer empfindet Triumphgefühle, da ihm sein Werk schöner als Gilette scheint, doch erkennt er, daß Poussin sein Bild für verdorben hält; es ist in der Tat nur ein sehr schöner Fuß in einer Ecke zu erkennen, alles andere ist wirr. Ihm gehen selbst die Augen auf; er vernichtet seine Bilder und stirbt in der Nacht, Gilette aber sagt Poussin, daß sie ihn verachte. Hier scheitert Gilettes und Poussins Liebe an dessen Kunstbesessenheit, aber auch Frenhofers imaginäre Liebe, die ein Produkt der Kunst ist, scheitert an der Nichtrealisierung des Ideals. Das Streben nach der Schönheit wird so zur Tragik, in gewisser Weise gibt es auch eine Schuld des Künstlers, der der Kunst wegen die zwischenmenschliche Beziehung verrät oder zum Sonderling wird. Doch wird die Kunst- und Schönheitsbesessenheit der beiden Maler verständlich gemacht, erscheint sogar als erhaben. Balzac wertet insofern anders als in *La maison du chat-qui-pelote*, denn in dieser Erzählung wird der Künstler Sommervieux durch einen ästhetischen Eindruck zur Liebe und dann zur Heirat mit einer nach Bildung und sozialer Stellung nicht zu ihm passenden Kleinbürgerin, Augustine, verleitet, aber die Erhabenheit der Tragik verklärt nicht ihn, sondern die Frau. In beiden Erzählungen deutet sich jedoch nicht nur der romantische Gegensatz zwischen Künstlertum und menschlichem Glück an, sondern es wird auch die Kunst der Grund menschlicher Fehler des Künstlers und der Abwendung des Schönheitsbesessenen von der Realität und dem Mitmenschen.[172]

Die bei den (vorromantischen und) romantischen Autoren herausgearbeiteten Züge des Künstlers und Dichters kehren nun immer wieder:

- Er steht in einem Spannungsverhältnis zur Gesellschaft (d'Annunzio in *Il Piacere*, Joyce, Th. Mann);
- er ist aber auch Führer der Gesellschaft oder der Menschheit im Politischen (d'Annunzio, *Il Fuoco*), in der Bewußtwerdung (Pascoli, d'Annunzio, Joyce) oder auf dem Wege zur Menschlichkeit (Mann);
- er ist vielfach bereit (und es ist für ihn bisweilen wichtig, aber es ist auch eine Versuchung, des bloß Artistischen), nur die Wirkung oder den Erfolg zu suchen (Verga, Villiers, Goncourt, Th. Mann);
- er kann auch aus einem tieferen Gefühl oder Drang schaffen oder soll und muß es (Fogazzaro, Pascoli, d'Annunzio, Mann);
- er muß nach der höchsten Leistung im Ästhetischen, nach dem makellosen Werk streben (Balzac, Zola, Eça de Queiroz, Hofmannsthal, Th. Mann);
- er kann mit seinem Werk die Welt ausloten und ihre Tiefe begreifbar machen (Hofmannsthal, Th. Mann, Joyce);
- er hat eine besondere Weihe (Pascoli, d'Annunzio, Hofmannsthal, Joyce, Mann), ja sogar etwas von einem Erlöser (d'Annunzio, Hofmannsthal, Joyce, Mann).

Diese Züge werden verschieden stark vertieft, aber die Konzeption des Künstlers bleibt recht konstant. Die folgende (nicht dieser systematischen Anordnung, sondern vor allem chronologisch vorgehende) Übersicht soll das weiter erhärten.

Die bei Balzac angedeutete Amoralität des von der Kunst besessenen Künstlers wird im 19. Jahrhundert bisweilen herausgearbeitet. Bei Verga löst sich Pietro Brusio von der Gräfin, die ihm ihre Stellung geopfert hat, um seine Karriere als Dichter nicht aufzugeben und sich eine „posizione" zu erarbeiten.[173] Als sich Narcisa das Leben nimmt, um nicht ohne ihn leben zu müssen, verläßt ihn seine Begabung. Hier wird der auch auf die Karriere gerichtete Egoismus des Helden bestraft. Freilich kommt es Verga nicht darauf an, das Problem des Künstlertums zu vertiefen, und der Egoismus Brusios ist eher der des Bürgers als der des Künstlers.

Villiers de l'Isle-Adam hingegen zeigt, wie amoralisch und unmenschlich das Streben nach dem künstlerischen Effekt sein kann. In *Sombre récit, conteur plus sombre* berichtet der Erzähler davon, wie bei einem Souper von Theaterautoren einer von ihnen die Geschichte eines tödlichen Duells erzählt, dessen Zeuge er war. Zunächst hat er selbst die Vorgeschichte des Duells nur als Teil eines Dramas gesehen, also nach der möglichen Wirkung auf ein Publikum beurteilt, zuletzt hat er sogar noch dem Tode des Freundes Applaus gespendet. Seine Zuhörerschaft ist auch beeindruckt und applaudiert. Der Ich-Erzähler muß sich den Glückwünschen anschließen, will aber nur einen Achtungserfolg anerkennen. Als er wenige Tage später die Szene einem „littérateur" darstellt, rät dieser ihm, eine „nouvelle" daraus zu machen, da es schon fast eine sei: „Je le regardai fixement. – Oui, lui dis-je, *maintenant* je puis l'écrire: elle est complète."[174] Keiner der Künstler kann die Realität und ihre Tragik anders als unter dem Gesichtspunkt des Effektes betrachten. Der Ich-Erzähler sieht die Pointe darin, daß auch der Schriftsteller, nicht nur der Theaterautor, keine andere Regung, also keine Menschlichkeit zeigt. Er selbst aber beurteilt im Grunde die Geschichte auch nur auf die Rundung hin, die sie durch diesen empörenden letzten Zug bekommt, entgeht also der Versuchung des Effektstrebens auch nicht.[175]

Nur auf den möglichen künstlerischen Effekt achtet die Heldin, eine Schauspielerin, in E. de Goncourts Roman *La Faustin* beim Sterben ihres Geliebten. Freilich werden die achtenswerten Züge dieser Frau herausgestellt. Sie opfert ihrem Freunde ihre Karriere, sie verzichtet auf die Heirat mit ihm, da sie gesellschaftlich nicht zu ihm paßt. Ihre Schauspielleidenschaft aber läßt sie ihr Leben immer wieder der Bühnenkunst unterordnen: Sie sucht die Empfindungen zu verspüren, die sie spielen soll; und sie bedauert auch, für die Liebe auf ihren Beruf verzichtet zu haben. Beim Sterben des Lords wird sie daher vom sardonischen Lachen fasziniert, das er im Koma hat, und ahmt es nach, um es für die Bühne zu üben; da kommt er zu Bewußtsein; er läßt sie aus dem Sterbezimmer bringen. Hier wird weniger das Amoralische, vielmehr das Tragische am Künstler gezeigt, dessen Erleben immer wieder vom ästhetischen Anliegen verfälscht oder umgebogen wird. Die tiefste menschliche Beziehung wird vom Künstlertum zerstört.

In diesen Werken Balzacs, Vergas, Villiers und Goncourts geht der Künstler über die allgemein geltenden Normen der zwischenmenschlichen Beziehungen und der Moral hinweg. Er tut es bei Verga des äußerlichen Erfolges wegen, sonst aber um der Kunst willen. Die Autoren stehen den dargestellten Regungen des Künstlers durchaus kritisch gegenüber, sie müssen aber ihre Möglichkeit konstatieren; Villiers tut mit seiner Erzählung selbst das, was vorzuschlagen er dem „littérateur" durch den Ich-Erzähler vorwirft, und Goncourt scheint die Faustin mit Sympathie und Anteilnahme darzustellen und auch ihre Sehnsucht nach der Ausübung ihrer Kunst zu verstehen. Das sind Anzeichen dafür, daß die Kunst und die Schöpfung als ebenso wertvoll wie das moralische Verhalten und die menschliche Beziehung empfunden werden. Vor allem Th. Mann geht darauf ein.

Wenn jedoch die Kunst diesen hohen Rang bekommt, kann man vom Künstler nicht mehr nur handwerklich einwandfreie, sondern wirklich erhabene Werke verlangen. Dementsprechend muß er höheren Ansprüchen genügen. Emile Zola stellt in *Madame Sourdis* dar[176], wie ein hochbegabter Künstler (Ferdinand Sourdis), dem der Fleiß fehlt, seine Frau an seinen Bildern mitarbeiten läßt – sie entwickelt „métier" und „facture", wie auch er anerkennt, aber die Bilder verlieren an Kraft, sind nur noch glatt. Ein anderer Maler hat schon vorher bemerkt: „Encore un de nettoyé! . . . Elle l'empêchera de descendre trop bas, mais jamais elle ne le laissera s'élever très haut. Il es foutu!"[177] Die Genialität, deretwegen man auch die Gefahr des Zugrundegehens auf sich nehmen kann, ist wertvoller als Erfolg und sauberes Handwerk; sie zu verraten, ist die Schuld und die Tragik Ferdinands.

In Eça de Queiroz' fiktiver Biographie hat ein begabter Mensch, Fradique Mendes, der in seiner Jugend bewunderte Gedichte veröffentlicht hat, den Gedanken verfolgt, einen Roman zu schreiben; wahrscheinlich hat er ihn aber nicht verfaßt, weil er nicht sicher war, daß seine Ideen *„endgültigen* Wert" („valor *definitivo*") hatten und daß er eine Prosa schreiben konnte, die unabhängig vom Inhalt die Wirkung des Schönen hätte, denn er träumt von einer „Prosa, *wie es sie noch nicht gibt,* einer „prosa *como ainda não ha!*"[178] Obwohl Eça seinen Helden mit einer gewissen Ironie sieht, schreibt er ihm eigene Gedanken und Gefühle zu. Der Verzicht auf das Künstlertum ist achtbar, wenn er aus dem Zweifel kommt, das hochgesetzte Ziel zu erreichen; das Ziel niedrig zu wählen, scheint in jener Zeit, wie man aus Zolas Erzählungen entnehmen kann, verwerflich.

In solchen Werken zeigt sich die Auffassung, daß die Kunst etwas Erhabenes ist; wenn der Dichter seiner Aufgabe entspricht, ist er verehrungswürdig. Pascoli stellt mehrmals in seinen Gedichten dar, daß der Künstler (anders als seine Mitmenschen) nicht ganz stirbt, da er die Menschheit um eine neue Empfindung bereichert. In *Il Fuoco* von d'Annunzio erkennt der Dichter Stelio Èffrena die Tiefe, die in der Inspiration und dem ausgeführten Kunstwerk liegt: „Von jedem unreinen Wunsch befreit . . . hörte er die unkörperliche Stimme aus der Tiefe des Orchesters aufsteigen, um den Teil ewiger Wahrheit zu enthüllen, die in der kurzlebigen Tatsache liegt, im vergänglichen Ereignis." – („Liberato da ogni desiderio impuro . . . udiva la voce incorporea sorgere dalla profondità dell'orchestra per rivelare la parte di verità sempiterna ch'era nel fatto efimero, nell'evento passeggero.")[179] Stelio denkt daran, daß er mit der Dichtung die Menschen über sich erhebt und befreit: „In die rohen und unwissenden Seelen trug seine Kunst, auch wenn sie nicht begriffen wurde, durch die geheimnisvolle Macht des Rhythmus eine tiefe Aufgewühltheit, die der des Gefangenen ähnelt, der aus den harten Fesseln befreit zu werden im Begriff ist. Das Glück der Befreiung breitete sich aus . . ." – („Nelle anime rudi e ignare la sua arte, pur non compresa, per il potere misterioso del ritmo recava un turbamento profondo, simile a quello del prigioniere che sia sul punto di essere liberato dai duri vincoli. La felicitá della liberazione si spandeva . . .") Die Kunst wird zur eigentlichen Leistung eines Volkes: „In der Existenz eines Volkes wie dem unseren . . . zählt eine Leistung in der Kunst viel mehr als ein Bündnisvertrag oder ein Tributgesetz. Was nicht stirbt, ist wertvoller als das, was vergänglich ist." – („Nell'esistenza di un popolo come il nostro . . . una grande manifestazione d'arte conta assai più d'un trattato d'alleanza o di una legge tributaria. Ciò che non muore val più di ciò che è caduco.") Die Kunst ist auch die Führerin der Gemeinwesen. Stelio begreift die Möglichkeiten der neuen Kunst („l'arte nuova"): „Sollte sie nicht in sich alle Kräfte, die in der Erbsubstanz der Nation verborgen waren, zusammenfassen, eine bestimmende und aufbauende Kraft im dritten Rom werden . . . ?" – („Non doveva essa riassumere in sé tutte le forze latenti nella sostanza ereditaria della nazione, divenire una potenza determinante e construttiva nella terza Roma . . . ?")[180] Stelio darf das Hochgefühl des Schöpfers erleben.[181] Die Empfindungen, die für die von ihm geliebte Frau Leiden bedeuten, erheben ihn, da er ja aus ihnen Eingebung für seine Werke gewinnt.[182] Doch auch sie, die Schauspielerin, gewinnt durch ihr Leiden an Kunst, und sie sublimiert ihre Gefühle und bringt sie zugleich zum Opfer, wenn sie ihre Kunst ausübt.[183] Die Dichtung rechtfertigt die Tragik, die der Mensch auf sich nehmen muß. Der Roman endet mit den Ehrungen, die der Künstler Richard Wagner bei seiner Beerdigung erfährt.

Die Kunst ist Weihe nicht nur bei d'Annunzio, sondern auch bei Hofmannsthal. In *Der Tod des Tizian* finden wir ein Motiv wieder, das auch schon Balzac verwandt hat: Ein Künstler erkennt, daß seine Werke, die sein Leben bisher ausgefüllt haben, nicht dem Ideal der Kunst gerecht werden. Hier ist es der greise Tizian, der todkrank ist. Er malt trotz seiner Krankheit und läßt sich seine früheren Gemälde bringen. Er will:

Die alten, die erbärmlichen, die bleichen,
Mit seinen neuen, die er malt, vergleichen . . .
Sehr schwere Dinge seien ihm jetzt klar,
Es komme ihm ein unerhört Verstehen,
Daß er bis jetzt ein matter Stümper war . . .[184]

Bei ihm ist darin aber anders als bei Frenhofer keine Verzweiflung, sondern die Verklärung durch eine Offenbarung, die freilich die Kraft des Menschen übersteigt, aber ihn auch beglückt:

Er sprach schon früher, was ich nicht verstand,
Gebietend ausgestreckt die blasse Hand . . .
Dann sah er uns mit großen Augen an
Und schrie laut auf: „Es lebt der große Pan."
Und vieles mehr, mir wars, als ob er strebte,
Das schwindende Vermögen zu gestalten,
Mit überstarken Formeln festzuhalten,
. . .
Jetzt ist er wieder ruhig, und es strahlt
Aus seiner Blässe, und er malt und malt.
In seinen Augen ist ein guter Schimmer.[185]

Daß Künstlertum Weihe ist, geradezu Heiligkeit, und daß daher auch nur wenige Auserwählte Künstler sein dürfen, sagen seine Schüler:

DESIDERIO
Wer lebt nach ihm, ein Künstler und Lebendiger,
Ein Geiste herrlich und der Dinge Bändger
Und in der Einfalt weise wie das Kind?
ANTONIO
Wer ist, der seiner Weihe freudig traut?
BATTISTA
Wer ist, dem nicht vor seinem Wissen graut?
PARIS
Wer will uns sagen, ob wir Künstler sind?[186]

Wie ein Heiliger scheint Tizian mit dem Tode in die Vollendung einzugehen.[187] Weniger strahlend als d'Annunzio und Hofmannsthal zeichnet James Joyce den Künstler in *A Portrait of the Artist as a Young Man.* Wie bei den Romantikern steht bei dem Iren der Künstler in einer gewissen Spannung zur Gesellschaft. Stephen fühlt sich niemandem in Liebe verbunden[188]; er hat die Sicherheit, die ihm die Religion bietet, aufgegeben, aber er will eine Funktion erfüllen. Nachdem er die Versuchung überwunden hat, sich nicht der Aufgabe zu stellen[189], macht er sich in die Welt auf, um Erfahrungen zu sammeln. Sie sollen ihm dazu dienen, das Bewußtsein seines Volkes auszudrücken, ja sein ungeschaffenes Bewußtsein erst in seiner Seele zu schmieden.[190] Stephen Dedalus wird dabei die Welt in ihrer ganzen Tiefe, in ihren verwirrenden Dimensionen erfassen und aufweisen. Darin liegt auch eine hohe Funktion, eine Art Weihe.

Thomas Mann nimmt in *Tonio Kröger* und *Doktor Faustus* die wichtigsten Züge auf, die das 19. Jahrhundert dem Künstler gab. Kennzeichnend ist dabei, daß die Überlegenheit des Dichters über die Gesellschaft und die Berechtigung seines Schaffens letztlich erhalten bleiben. In *Tonio Kröger* empfindet der junge angehende Dichter Schmerz darüber, daß er anders ist als die bürgerlichen Normalmenschen, deren Repräsentanten Hans und Inge er liebt; später leidet der schon anerkannte Dichter an der Trennung von Kunst und Leben, von Dichtung und Empfindung: „Man arbeitet schlecht im Frühling, gewiß, und warum? Weil man empfindet. Und weil der ein Stümper ist, der glaubt, der Schaffende dürfte empfinden . . . Denn das, was man sagt, darf ja niemals die Hauptsache sein, sondern nur das an und für sich gleichgültige Material, aus dem das ästhetische Gebilde in spielender und gelassener Überlegenheit zusammengesetzt ist . . . Das Gefühl, das warme, herzliche Gefühl ist immer banal und unbrauchbar, und künstlerisch sind bloß die Gereiztheiten und kalten Ekstasen unseres verdorbenen, unseres artistischen Nervensystems.“ Tonio ist „hie und da imstande . . . (sich) vor dem Frühling (seines) . . . Künstlertums ein wenig zu schämen“.[191] Er begreift, warum der Dichter den Bürgern auch verdächtig ist; bei seiner Reise über seine Heimatstadt nach Dänemark erlebt er wieder die Sehnsucht nach Nähe zu Menschen wie Hans und Inge, aber begreift auch, daß diese Empfindung für seine Kunst wichtig ist: „Denn wenn irgend etwas imstande ist, aus einem Literaten einen Dichter zu machen, so ist es diese meine Bürgerliebe zum Menschlichen, Lebendigen und Gewöhnlichen. Alle Wärme, alle Güte, aller Humor kommt aus ihr . . . Ich schaue in eine ungeborene und schemenhafte Welt hinein, die geordnet und gebildet sein will, ich sehe in ein Gewimmel von Schatten menschlicher Gestalten, die mir winken, daß ich sie banne und erlöse: tragische und lächerliche und solche, die beides zugleich sind, – und diesen bin ich sehr zugetan . . . diese Liebe . . . ist gut und fruchtbar.“[192] Kröger sieht die Trennung von den anderen, die Schau und Gefühl erlaubt, nun für gut an, ist sich seiner Überlegenheit und der geradezu erlösenden Funktion der Dichtung bewußt. Er nimmt die Aufgabe des Dichters auch mit ihren Schmerzen an und überwindet die von Villiers etwa getadelte kalte Effektsuche, hält aber auch das Artistische für einen wichtigen Teil der Kunst.

Diese glückliche Synthese zwischen Artistik und Menschlichkeit finden wir in *Doktor Faustus* nicht mehr. Der Komponist Adrian Leverkühn wird hier aus der Perspektive seines bürgerlichen Freundes und Bewunderers dargestellt. Dieser erkennt die Größe und Erhabenheit des Werkes Adrians an, ist aber über die mit der Begabung Adrians verbundene Kühle und Überheblichkeit besorgt. Die Stellung Adrians ist die eines Teufelsbündners, der für das Schaffensvermögen das warme Fühlen aufgegeben hat. Die Bedingungen des Teufelspaktes werden wie folgt formuliert: „Liebe ist dir verboten, insofern sie wärmt. Dein Leben soll kalt sein – darum darfst du keinen Menschen lieben . . . Eine Gesamterkältung deines Lebens und deines Verhältnisses zu den Menschen liegt in der Natur der Dinge . . . Kalt wollen wir dich, daß kaum die Flammen der Produktion heiß genug sein sollen, dich darin zu wärmen. In sie wirst du flüchten aus deiner Lebenskälte ... Es ist das extravagante Dasein, das einzige, das einem stolzen Sinn genügt. Dein Hochmut wird es wahrlich nie mit einem lauen vertauschen wollen."[193] Tonio Kröger glaubte, daß der zunächst nicht gewählte, dann aber bejahte Abstand von den Mitmenschen und die Sehnsucht nach Wärme dem Künstler die Möglichkeit des Schaffens mit Liebe geben würde, so daß er dem Mitmenschen etwas zu sagen hätte: Adrian Leverkühn leidet in seiner künstlerischen Laufbahn zwar am Abstand, hat ihn aber gewählt, und das Werk schafft nun nicht die Brücke zu den Mitmenschen, sondern ist eine Kompensation für die mangelnde Liebe und Wärme. Der Künstler ist ein unheimlicher Meister der Form und der Kunstgriffe. Er führt die Gesellschaft nicht. Mann weist immer wieder darauf hin, daß nach Leverkühn die politischen Verirrungen des Dritten Reiches und die Katastrophe des Krieges kommen. Der Autor überdenkt hier die Möglichkeiten einer artistischen Kunst, der er selbst ja nicht fernsteht. Wenn er nun dabei die Funktion jeder Kunst in Frage stellt, wird doch nicht die These grundsätzlich verworfen, daß die Kunst etwas Erhabenes ist, der Künstler über den normalen Menschen steht. Der bürgerliche Biograph Adrians sieht zu ihm auf trotz der mit Befremdung festgestellten Fehler des großen Mannes. Thomas Mann hinterfragt und kritisiert die seit Balzac konstatierte Kälte des Künstlers, seine von Villiers attackierte artistische Effektsuche. Er kann aber nicht auf einen anderen, neuen Leiter und Erlöser der Menschen hinweisen. Der Künstler selbst muß diese Rolle übernehmen. Adrian ist zuletzt, obwohl seine Schaffensweise auch auf einen Teufelspakt hinweist, einem Erlöser ähnlich: so verleiht sein Bart „wohl zusammen mit einer wachsenden Neigung, den Kopf zur Schulter geneigt zu tragen, dem Antlitz etwas Vergeistigt-Leidendes, ja Christushaftes." Adrian schreibt nun ein „Werk, sein letztes und etwas geschichtlich Letztes und Äußerstes in der Tat"[194], in dem der Untergang des Doktor Faustus dargestellt wird. Nachdem der Komponist die Möglichkeiten der Form ausgeschöpft und die mit seinem Künstlertum verbundenen Schmerzen erlitten hat, kann er wieder die Brücke zum Menschen herstellen. Sein Biograph schreibt: „Bedeutet es (das Werk) nicht den ‚Durchbruch', von dem zwischen uns, wenn wir das Schicksal der Kunst, Stand und Stunde derselben, besannen und erörterten, so oft als von einem Problem, einer paradoxen Möglichkeit die Rede gewesen war, – die Wiedergewinnung, ich möchte nicht sagen und sage es um der Genauigkeit doch: die Rekonstruktion des Ausdrucks, der höchsten und tiefsten Ansprechnung des Gefühls auf einer Stufe der Geistigkeit und der Formenstrenge, die erreicht werden mußte, damit dieses Umschlagen kalkulatorischer Kälte in den expressiven Seelenlaut und kreatürlich sich anvertrauende Herzlichkeit Ereignis werden könne?"[195] Freilich ist dieses Werk nicht mehr Hinweis auf ein zu erreichendes Ziel und stellt nicht mehr den Zugang zu einer höheren Welt dar, sondern zeigt den Untergang und die Verzweiflung, ist vielleicht sogar Parabel für die unglückliche Geschichte der Nation, aber auch Wiedergewinnung des Menschlichen, die durch das (christushafte) Opfer des Künstlers möglich wird.

Der Optimismus, daß die Kunst dem Menschen schönere Reiche eröffnet und zum Guten hinführt, scheint nun vergangen. Es bleibt der Glaube, daß das Werk etwas Erhabenes, die größte Leistung des Menschen ist, da er in ihm bis an die Grenzen der ihm möglichen Vergeistigung und Formung geht und zugleich doch volles Zeugnis von sich und der Tragik seines Weges der Vertiefung ablegen kann. Insofern scheint der Künstler immer noch einen sehr hohen, vielleicht den höchsten Rang unter den Menschen innezuhaben.

Anmerkungen

1 Doppelgänger Christi. In: Hans Hinterhäuser: Fin de siècle. München 1977. S. 13 ff.
2 Nicht sicher bin ich, ob man Foscolos *Jacopo Ortis* hier anführen soll. Ist die Nacht, in der Jacopo um einen gnädigen Gott ringt, bewußt in Analogie zur Ölbergszene gestaltet? Jacopo spricht anfänglich davon, daß Gott eifersüchtig und schrecklich ist, er will ihm Züge des Verstehenden und Gütigen abgewinnen und damit den Sinn seines Leidens wie auch Anrecht und Aussicht auf Glück retten; es gelingt ihm nicht.
3 Madame de Staël: De l'Allemagne. Bd. 3. Paris 1959. S. 286 ff. Vgl. Jean Paul: Sämtliche Werke. Bd. 6. Weimar 1928. S. 246 ff.
4 A. de Vigny: Œuvres complètes. Bd. 1. Paris 1955 (= Bibl. de la Pléiade. 74). S. 121 ff.
5 Ebd. S. 171.
6 Ebd. S. 208.
7 Benito Pérez Galdós: Novelas y Misceláneas (= Obras completas. Bd. 6). Madrid 1971. S. 576.
8 Ebd. S. 499.
9 Ebd. S. 496 f.
10 Ebd. S. 524.
11 Der Narr in Christo Emanuel Quint. In: G. Hauptmann: Sämtliche Werke. Bd. 5. Romane. Berlin 1962 (Der Roman entstand 1901–1902 und 1907–1910 und erschien 1910).
12 Ebd. S. 26.
13 „In bezug auf Emanuel und die Art seiner Bildung darf jedenfalls nicht vergessen werden, daß sie überall einer leidenschaftlichen, tiefen Einbildung gleichzusetzen ist. Er bildete Jesum in sein Inneres, er bildete ihn und sein Schicksal tief in sein eigenes Wesen hinein." (S. 300)
14 S. 414. Hier aber sei daran erinnert, daß ja die letzten Worte Christi am Kreuz einen Zweifel oder Verzweiflung auszudrücken scheinen.
15 Ebd. S. 258.
16 Ebd. S. 394 f., 74.
17 Ebd. S. 199 f.
18 Ebd. S. 362.
19 Antonio Fogazzaro: Il Santo. Milano 1906. S. 464.
20 Aldo Palazzeschi: I romanzi della maturitá. Mondadori 1960. (= Tutte le opere. Bd. 3). S. 869.
21 Ebd. S. 871.
22 W. Krömer: Flaubert. Darmstadt 1980. Vor allem S. 58 ff.
23 Mario Praz: La carne, la morte e il diavolo. Firenze 1930, ^{3}1948.
24 Akt IV, Szene 5. Friedrich Schiller: Sämtliche Werke. Bd. 1. München 1960, S. 589 f. Dante verbannt Brutus wie Judas in die tiefste Hölle, ins Maul Lucifers.
25 Akt IV, Szene I. Ebd. S. 569.
26 Victor Hugo: Thèâtre complet. Bd. 1. Paris 1963 (= Bibl. de la Pléiade. 166). S. 1227 f.
27 Byron's Poems. Bd. 2. London 1963 (= Everyman's Library. 487). S. 307.
28 Die Zurücknahme kennzeichnet vielleicht sogar Goethes scheinbar uneingeschränkte Verherrlichung des Empörers, seinen *Prometheus.* Der Held wirft dem höchsten Gott, Zeus, vor, sich nicht des Bedrängten zu erbarmen: „Ich dich ehren? Wofür? / Hast du die Schmerzen gelindert / Je des Beladenen? / . . . / Hier sitze ich, forme Menschen / Nach meinem Bilde / . . . / zu genießen und zu freuen sich, / Und dein nicht zu achten, / Wie ich!" Hier wiederum ist die Rolle der mythischen Gestalt, die sich gegen Zeus empört, eine gewisse Einschränkung der Aussage. Goethes poetische Werke. Bd. 1. Stuttgart o. J. S. 319 ff.
29 Barbey d'Aurevilly: Œuvres romanesques complètes. Bd. 2. Paris 1966 (= Bibl. de la Pléiade. 184). S. 254.
30 Balzac, der doch in *La peau de chagrin, Séraphita, Melmoth réconcilié* dem Überirdischen einen Platz in der normalen Welt gibt, läßt nicht leicht erkennen, ob der teuflische Vautrin in *Le père Goriot* und der Abbé am Schluß von *Illusions perdues* als der Teufel selbst aufzufassen sind. Diese Personen haben an sich dafür zu menschliche Züge, da sie sich persönlich für ihre Schützlinge zu interessieren scheinen.
31 Als Teufel scheinen ihn auch sein Aussehen und Auftreten wie sein Wissen zu kennzeichnen. Marianne Beyerle: „Madame Bovary" als Roman der Versuchung. Frankfurt a. M. 1975.
32 J. K. Huysmans: Là-bas. Paris 1908. S. 306 f.
33 Bei Balzac hat sich das Übernatürliche in einigen Werken sehr viel deutlicher gezeigt.
34 Thomas Mann: Doktor Faustus. Frankfurt 1965. S. 295.

35 Bernanos: Œuvres romanesques. Paris 1963 (= Bibl. de la Pléiade. 155). S. 1114.
36 Jean-Paul Sartre: Le Diable et le bon Dieu. Paris 1951. S. 220 f.
37 Ebd. S. 233.
38 A. Thomalla: Die „femme fragile": Ein literarischer Frauentypus der Jahrhundertwende. Düsseldorf 1972. Hans Hinterhäuser: Präraffaelitische Frauengestalten. In: H. Hinterhäuser: Fin de siècle. München 1977. S. 107 ff. Literaturangaben S. 107.
39 Goethes poetische Werke. Bd. 5. Stuttgart 1951. S. 277 ff., 312 f., 321.
40 Ebd. S. 581 f., 586.
41 A. de Vigny: Œuvres complètes. Bd. 1. Paris 1955. S. 82 f.
42 Belegen läßt sich das auch mit Lenaus Faustdichtung, in der die Prinzessin eine Möglichkeit der Rettung zu bieten scheint, das Verhängnis oder der Teufel eine Erlösung nicht zulassen.
43 Es wird nun auch das Thema der Erlösung oder Verdammnis durch die Liebe mit dem des Don Juan verbunden. Bei Tirso de Molina, Molière, Goldoni und Da Ponte ist Don Juan ein Sünder gegen die Gebote des Himmels und ein Verstockter, zwar ein Verführer, aber kein *homme fatal.* Wenn Donna Elvira bei Da Ponte-Mozart ihre Liebe zu ihm zurückkehren fühlt, als er ihr erneuert Liebe heuchelt, will sie ihm verzeihen, aber sie ist ihm nicht (wie einem Teufel) verfallen. Ihr Seelenheil ist wie das der anderen Frauen nicht durch Don Juan gefährdet. Anders ist es bei Zorrilla. In seinem zweiteiligen Drama *Don Juan Tenorio* steht Don Juan am Ende des ersten Teils durch die Liebe zu Doña Inés an der Schwelle der Erlösung (vgl. Akt IV, Szene 3). Der vierte Akt heißt dementsprechend: „Der Teufel an den Pforten des Himmels" („El diablo a las puertas del cielo"). Im zweiten Teil erklärt ihm der Schatten der toten Inés, daß sie Gott um Rettung des Geliebten gebeten hat und nun mit ihm erlöst oder verdammt werden wird: Gott hat ihr gesagt: „Und da du einer / Satansliebe so treu sein willst, / wirst du dich mit Don Juan retten / oder mit ihm verdammt werden." („Y pues quieres ser tan fiel / a un amor de Satanás, / con don Juan te salvarás, / o te perderás con él." – José Zorrilla: Obras complètas. Bd. 2. Valladolid 1943. S. 1307.) Es gelingt Inés, Don Juan und sich zu erlösen, da er im letzten Augenblick bereut.
44 Akt III, Szene 14; vgl. Akt IV, Szene 8.
45 Tiecks Werke. Erster Teil. Berlin usw. o. J. S. 135.
46 Im Französischen bedeuten „perdre" und „sauver" nicht nur „zugrunde richten" und „retten", sondern auch „ins Verderben, in Verdammnis führen" und „erlösen". P. Mérimée: Romans et nouvelles. Bd. 2. Paris 1967. S. 366 ff., 400 ff. Micaela hat bei Bizet deutlich den Aspekt einer guten, aber schwachen Macht. Sie ist die Retterin, deren Kraft zu gering ist.
47 Es ist freilich zu berücksichtigen, daß der Räuber eine große Affinität zu Satan hat.
48 Que diras-tu ce soir. In: Baudelaire: Œuvres complètes. Paris 1961. S. 41.
49 Ebd. S. 42.
50 L'Aube spirituelle. S. 44.
51 A celle qui est trop gaie. S. 141.
52 Causerie. S. 54.
53 Chanson d'après-midi. S. 57.
54 O. Wilde. The Works. London u. Glasgow. ^{2}1949. S. 559. Die französische Fassung des Dramas stand mir nicht zur Verfügung.
55 Juan Valera: Pepita Jiménez. Madrid 1959. S. 431.
56 Ebd. S. 427.
57 Ebd. S. 512 f.
58 Ebd. S. 525.
59 Gerhart Hauptmann: Der Ketzer von Soana. In: Sämtliche Werke. Bd. 6. Berlin 1963. S. 169.
60 Ebd. S. 129.
61 Ebd. S. 163.
62 H. Hinterhäuser: Fin de siècle. A.a.O., S. 110 ff.
63 Bevor wir aber dem nachgehen, müssen wir noch eine andere (etwas weniger scharf ausgeprägte) Sinnvariante des Themas der *femme fatale* erwähnen. – Vor d'Annunzio und auf andere Weise haben manche Autoren dargestellt, daß die Frau den Mann verlocken und vernichten kann, nicht weil sie für den Teufel oder für das Böse steht, sondern weil sie Inkarnation einer mit dem Leben nicht vereinbaren Schönheit ist. Gautier evoziert in *Une nuit de Cléopâtre* eine klassische männermordende *femme fatale.* Wie Karl Hölz (Gautier – Une nuit de Cléopâtre. In: W. Krömer (Hrsg.): Die französische Novelle. Düsseldorf 1976) darlegt, stellt die Königin die ideale Schönheit dar, und da man sie im Leben nicht besitzen kann, muß der Liebhaber, der sich ihr genähert hat, sterben. Insofern ist der Tod hier nicht mehr Verderben oder Besiegelung der Verdammnis, sondern Ergebnis des Strebens nach einem Gut oder Ideal, das es in

dieser Welt nicht gibt, und gleichsam auch eine höhere Weihe. – Eine ähnliche Auffassung deutet sich auch in Mallarmés unvollendeter *Hérodiade* an, deren Heldin ja die *femme fatale* schlechthin ist. Schönheit und Tod setzt Hérodiade etwa in der Scène II gleich. Wie Cléopâtre möchte diese Frau, die als Verkörperung der Schönheit mit dem Leben, auch mit der Liebe, nichts zu tun haben kann, sich doch dem Leben nähern. Am Schluß der Dichtung muß der Tod eines Mannes stehen, der das Ideal sucht (und der deswegen keine Verbindung mit Hérodiade eingehen wollte, den sie aber vielleicht gerade darum als ihrer würdig ansah). – D'Annunzios Sperelli sucht, so kann man es auffassen, die Schönheit schlechthin, ferner das Ideal der Frau. Er möchte daher Elena und Maria verschmelzen, und er scheitert daran. Dieser Roman, den man auch als psychologischen Roman über die Figur des Ästheten lesen kann, nimmt eine Reihe von Motiven auf, zu denen nicht nur das der Frau gehört, die den Mann gefährdet, und das der Frau, die vom Mann zerbrochen wird. In ihm wie in einigen anderen Werken der europäischen Literatur laufen das Thema der fatalen und erlösenden Liebe und das des Strebens nach dem Ideal und der höheren Existenz zusammen. Das erklärt auch, daß etwa schon bei Stendhal wie bei Mérimée die *femme fatale,* die aus Liebe mordende Frau und die gefährliche Schönheit gern dargestellt werden. Diese Frauen und die sich ihnen nähernden Männer haben ein intensiveres, geradezu ideales Leben, auch ihre Art, den Tod zu geben oder zu empfangen, ist eine dem Ideal nahe Selbstverwirklichung, und der Autor und der Leser können sich durch Identifikation in dieses höhere Dasein versetzen. –
Eine gewisse Ähnlichkeit hat Heinrich Manns Roman *Die Jagd nach Liebe* im Handlungsschema und in manchen Motiven mit Gautiers Erzählung und noch mehr mit Mallarmés Fragment. Die angehende Schauspielerin Ute will ganz ihrer Kunst leben; aus diesem Grund kann der Held Claude ihr nicht näherkommen, und obwohl er manche Frau besitzen kann, bleibt sein Leben unerfüllt, wie auch – trotz mancher sexueller Erlebnisse – das ihre. Das ist einer der Gründe, warum Claude süchtig und krank wird. Erst als er stirbt, will Ute sich ihm hingeben – Sterben und Vereinigung mit ihr werden eins. Obwohl Ute als normale Frau gezeichnet ist, wird sie zuletzt als das blühende Leben selbst dargestellt, nachdem sie vorher von der Kunst besessen war. Sie wird zunächst bis zu einem gewissen Grade die Verkörperung der lebensfeindlichen Kunst, dann zu der des Lebens. Die Liebe zu ihr ist schicksalshaft; sie kann sich ihm erst nähern, als sie das ursprünglich ihr Wesen bestimmende Streben nach Kunst aufgibt. Anders als bei Gautier und Mallarmé haben jedoch beide Helden keine Idealität; sie, und besonders Claude, sind in Täuschung befangene und vor allem schwache Personen, ihr Streben scheint nicht erhaben, sondern eher eine verhängnisvolle Fixiertheit (auch ist Ute keine überragende Künstlerin, ihre erste Wahl beruht auf einem Irrtum, zumal das Theater eine recht niedrige Welt darstellt). Mit Ute hat die *femme fatale* wie auch die Inkarnation der Kunst ihren erhabenen Charakter verloren. Das normale Leben kann in seiner Alltäglichkeit und Niedrigkeit den Menschen nicht befriedigen, aber der Ausbruch aus diesem Leben durch die Hingabe an die ideale Kunst oder Schönheit erlöst vom Niedrigen nicht mehr, auch wenn das Leben dadurch zerstört wird. In *Professor Unrat* wird das noch krasser ausgedrückt.

64 Madame de Staël: De l'Allemagne. Bd. 2. Paris 1958. S. 189 f.

65 Ebd. S. 193

66 „Presque toutes les opinions vraies ont à leur suite une erreur; elle se place dans l'imagination comme l'ombre à côté de la réalité: c'est un luxe de croyance qui s'attache d'ordinaire à la religion comme à l'histoire; je ne sais pourquoi l'on dédaignerait d'en faire usage." Ebd. S. 193.

67 Vgl.: G. Berchet: Lettera semiseria di Grisostomo, con introduzione del Prof. A. Galletti. Genua [2]1934. S. 146. L. di Breme: Grand commentaire. Genf 1817. S. 145 ff.

68 Tzvetan Todorov: Introduction à la littérature fantastique. Paris 1970.

69 Vgl. E. T. A. Hoffmann: Die Elixiere des Teufels. Wien 1952. S. 402: „Ein besonderer Ratschluß des Ewigen hatte uns bestimmt, schwere Verbrechen unseres freveligen Stammes zu sühnen, und so vereinigte uns das Band der Liebe, die nur über den Sternen thront und die nichts gemein hat mit irdischer Liebe. Aber dem listigen Feind gelang es, die tiefe Bedeutung unserer Liebe uns zu verhüllen, ja uns auf entsetzliche Weise zu verlocken, daß wir das Himmlische nur deuten konnten auf irdische Weise."

70 E. Teichmann: La fortune d'Hoffmann en France. Genf 1961.

71 Balzac: La comédie humaine. Bd. 9. Paris 1965 (= Bibl. de la Pléiade. 41). S. 272.

72 Ebd. S. 273.

73 Ebd. S. 308.

74 Ebd. S. 246 f.

75 Ebd. S. 865.

76 Reginald W. Hartland: Walter Scott et le roman frénétique. Paris 1928.
77 Guy de Maupassant: Contes et nouvelles. Bd. 2. Paris 1960. S. 776 ff.
78 Ebd. S. 997 ff. Vgl. die Erzählung gleichen Titels S. 957 ff.
79 Ebd. S. 852 ff.
80 Ebd. S. 1186.
81 A. Fogazzaro: Le poesie. Milano 1908. S. 329 f.
82 Ebd. S. 341.
83 G. d'Annunzio: Versi d'Amore e di Gloria. Bd. 1. Mondadori ^{3}1959. S. 30 ff.
84 H. von Hofmannsthal: Dramen II. Frankfurt 1979. S. 168 f.
85 T. Todorov: Introduction à la littérature fantastique. Paris 1970.
86 Eichendorffs Werke. Dritter Teil. Berlin usw. o. J. S. 120.
87 Charles Nodier diskutiert das Übernatürliche in *M. de la Mettrie, Le pays des rêves, M. Cazotte;* vgl. auch *Paul ou la ressemblance, Une heure ou la vision.*
88 Villiers de l'Isle-Adam: Contes cruels. Paris 1956. S. 19 ff.
89 Léon Lemonnier: Edgar Allan Poe et les conteurs français. Paris 1947.
90 Edgar Allan Poe: The Works. New York 1914. Bd. 1. S. 11 ff., 70 ff., 151 ff. Bd. 6. S. 36 ff., vor allem 53 ff.
91 Guy de Maupassant: Contes et nouvelles. Bd. 2. Paris 1960. S. 935 ff.
92 Angeline ou la Maison hantée. In: E. Zola: Les œuvres complètes. Bd. 37. Contes et nouvelles. Bd. 2. Paris 1928. S. 654.
93 G. Pascoli: Poesie. Verona ^{16}1941. S. 65 ff.
94 Thomas Mann: Der Zauberberg. Frankfurt 1959. S. 946 f.
95 Goethes poetische Werke. Bd. 5. Stuttgart o. J. S. 271.
96 E. T. A. Hoffmann: Die Elixiere des Teufels. Wien 1952. S. 81.
97 Ebd. S. 402.
98 Ebd. S. 402.
99 Mary W. Shelley: Frankenstein. London u. New York 1973. S. 136.
100 Ebd. S. 143.
101 Léon Lemonnier: Edgar Poe et les conteurs français. Paris 1947.
102 Mérimée: Romans et nouvelles. Paris 1957 (= Bibl. de la Pléiade. 21) S. 724.
103 Er hat im Schlafzimmer keine Schußwaffen bei sich, um niemanden träumend gefährden zu können, wohl weil er, wie auch der Erzähler bemerkt, im Schlaf Mordlust verspürt. S. 745.
104 Ebd. S. 747.
105 Robert Louis Stevenson: Dr. Jekyll und Mr. Hyde. The Merry Men. And other Tales. London u. New York 1977. S. 60 f.
106 Ähnlich scheint bei Mérimée der Graf besonders im Schlaf seinen unrationalen Regungen ausgesetzt zu sein.
107 Stevenson. A.a.O. S. V f.
108 Rainer Gruenter: Versuch über Oscar Wilde. In: Oscar Wilde: Werke in drei Bänden. Bd. 3. München und Wien ^{3}1977. S. 375.
109 Oscar Wilde: Works. London u. Glasgow. ^{2}1949. S. 31 f.
110 Ebd. S. 55 f.
111 Ebd. S. 56.
112 L. Pirandello: Tutti i romanzi. Mondadori 1959 (= Opere. Bd. 3). S. 945.
113 Ebd. S. 1380. Im Drama *Ciascuno a suo modo* können die Personen sich nicht selbst erkennen und vertreten sich widersprechende Auffassungen von ihren eigenen Motiven. Maschere nude. Bd. 1. Mondadori 1971. Vor allem S. 146 ff.
114 La vengeance d'une femme. In: Les Diaboliques. Barbey d'Aurevilly: Œuvres romanesques complètes. Bd. 2. Paris 1966. S. 229 ff.
115 L. Zörner: Léon Bloy – La tisane. In: Die französische Novelle. Hrsg. v. W. Krömer. Düsseldorf 1976. S. 237.
116 G. de Maupassant: Contes et nouvelles. Bd. 1. Paris 1962. S. 234 ff.
117 A. Schnitzler: Das weite Land. In: Das dramatische Werk. Bd. 6. Frankfurt a. M. 1979. S. 71.
118 Lessing macht dann nicht beim Maler, aber vielleicht beim Prinzen die Kunstliebhaberei als mit Amoralität verbunden verdächtig.
119 Die Künstler. In: F. Schiller: Sämtliche Werke. Bd. 1. München ^{2}1960. S. 174.
120 Vgl. S. 186 ff.
121 Tiecks Werke. Erster Teil. Berlin usw. o. J. S. 265.
122 Madame de Staël: Corinne. Paris o. J. S. 132 (Beginn des 7. Buches).
123 J. K. Huysmans: A rebours. Paris 1955. S. 269.

124 Ebd. S. 179.
125 Ebd. S. 168.
126 Ebd. S. 223.
127 Ebd. S. 223.
128 Ebd. S. 223.
129 Ebd. S. 237.
130 Il Piacere. In: G. d'Annunzio: I romanzi della rosa. Prose di Romanzi I. Mondadori 1940. S. 35 f.
131 Ebd. S. 37.
132 Ebd. S. 37.
133 Ebd. S. 38.
134 Ebd. S. 57.
135 „Langsam wurde in Andrea die Lüge nicht so sehr den anderen gegenüber als sich selbst gegenüber ein so am Bewußtsein haftendes Kleid, daß er schließlich niemals mehr vollständig aufrichtig sein konnte und auch über sich selbst niemals die volle Gewalt wiedererlangen konnte." – („A poco a poco, in Andrea la menzogna non tanto verso gli altri quanto verso sé stesso divenne un abito così aderente alle coscienza ch'egli giunse a non poter mai essere interamente sincero e a non poter mai riprendere su sé stesso il libero dominio.") Ebd. S. 38.
136 Ebd. S. 146 f.
137 „Das Heil bestand also in einem Goetheschen Gleichgewicht zwischen einem bedachten und feinen Epikureismus in der Praxis und dem tiefen und leidenschaftlichen Kult der Kunst. / – Die Kunst! Die Kunst! Sie war die treue, immer junge, unsterbliche Geliebte. Sie war die Quelle der reinen Freude, die der Menge verwehrt, den Erwählten gestattet war: . . . Wie hatte er andere Freuden suchen können, nachdem er die höchste genossen hatte?" – („La salute dunque stava in una specie di equilibrio goethiano tra un cauto e fine epicureismo pratico e il culto profondo e appassionato dell'Arte. / – L'Arte! L'Arte! – Ecco l'Amante fedele, sempre giovine, immortale; ecco la Fonte della gioia pura, vietata alle moltitudini, concessa agli eletti; . . . Come aveva egli potuto ricercare altri gaudi dopo aver gustato il supremo?") Ebd. S. 146.
138 Oscar Wilde: The Works. A.a.O., S. 78 f.
139 Ebd. S. 32, vgl. S. 69.
140 Ebd. S. 84 ff., 90.
141 Ebd. S. 91.
142 Ebd. S. 103.
143 Ebd. S. 103 f.
144 Ebd. S. 105 ff.
145 Ebd. S. 126 f.
146 Stefan George: Werke. Ausgabe in zwei Bänden. Bd. 1. München u. Düsseldorf 1958. S. 44.
147 Ebd. S. 45.
148 Ebd. S. 52.
149 Ebd. S. 49.
150 Ebd. S. 50.
151 „Aller ende / Ende das fest!" S. 50.
152 Ebd. S. 57.
153 Ebd. S. 47.
154 Ebd. S. 57.
155 Ebd. S. 53.
156 Ebd. S. 56.
157 Ebd. S. 52.
158 Ebd. S. 53.
159 Ebd. S. 53.
160 Das weist darauf hin, daß das Kunstwerk weitgehend durch die Produktionsästhetik, nicht durch die Rezeptionsästhetik begriffen werden kann. Im übrigen ist etwa W. Isers Rezeptionsästhetik weitgehend eine Beschäftigung mit den vom Künstler z. T. bewußt produzierten Rezeptionsmöglichkeiten, also mit den Intentionen des Autors.
161 V, 2. Goethes poetische Werke. Bd. 5. Stuttgart o. J. S. 897.
162 II, 5. Ebd. S. 893.
163 III, 4. Ebd. S. 907.
164 Madame de Staël: Corinne ou l'Italie. Paris o. J. S. 21.
165 Ebd. S. 21.

166 Ebd. S. 22.
167 Ebd. S. 132.
168 Œuvres complètes. Bd. 1. Paris 1964 (= Bibl. de la Pléiade. 74). S. 752.
169 Ebd. S. 752 f.
170 „Votre royaume n'est pas de ce monde.“ Ebd. S. 753.
171 Ebd. S. 753. Auch Almeida Garrett stellt in *Camões* die Diskrepanz zwischen Verdienst und Würde des Dichters einerseits und Anerkennung durch die Gesellschaft andererseits dar.
172 Die Erzählung von Th. Gautier: *La toison d'or* (in: Fortunio et autres nouvelles. Hrsg. v. A. Boschot, Paris 1930) aus dem Jahre 1839 hat manche Züge mit Balzacs *Le chef-d'œuvre inconnu* gemein. Ein Maler sieht in einem jungen Mädchen nur die Übereinstimmung mit der Magdalena in Rubens' Kreuzabnahme. Obwohl er, aus herber Enttäuschung „dans le monde de la beauté morale“ (S. 177) heraus, nur die „beauté physique“ sieht und sucht, bringt sie ihn dazu, sie zu lieben und daher zu heiraten. Sie hat ihm schon gesagt, daß der Bürger, der die Schönheit nicht zu schätzen weiß, doch dem Künstler überlegen sein kann, da er u. U. ein an Poesie reiches Herz haben und der Liebe und der Hingabe fähig sein kann (S. 219). Ihr Verhalten lehrt ihn, das zu sehen und anzuerkennen und selbst Liebe und Hingabe zu entwickeln. Er kann so „un grand peintre“ werden, da Gretchen sein Genie entdeckt hat (S. 231). Der Künstler muß also mehr als nur Schönheit suchen. Einen Gegensatz zwischen Kunst und menschlicher Erfüllung stellt hingegen Musset in *Le fils de Titien* dar.
173 Una peccatrice. In: G. Verga: Una peccatrice. Storia di una capinera. Eva. Tigre reale. Mondadori 1973. S. 131 f.
174 Villiers de l'Isle-Adam: Contes cruels. Nouveaux contes cruels. Paris 1968. S. 217.
175 Sehr viel herkömmlicher und flacher sieht der Italiener Fogazzaro das Wesen des Dichters in *Il mistero del poeta* (Milano 1930). Wirklicher Dichter ist, wer die Modeströmungen, etwa die des Raffinierten und Aristokratischen, nicht mitmacht (S. 20) und in Innerlichkeit, Gefühl und Versenkung in die Natur Inspiration findet (S. 21, S. 9). Der Roman erzählt die Geschichte von der Liebe eines Dichters zu seiner sofort nach der Hochzeit verstorbenen Frau; diese Liebe ist der innere Schatz, aus dem er schreibt.
176 E. Zola: Œuvres complètes. Bd. 37. Contes et nouvelles. II. Paris 1928. S. 473 ff.
177 Ebd. S. 501.
178 Eça de Queiroz: A correspondência de Fradique Mendes. Lisboa o. J. S. 102 f., 105 f.
179 G. d'Annunzio: Prose di romanzi. Bd. 2. Mondadori [6]1959. S. 659.
180 Ebd. S. 661.
181 Ebd. S. 681.
182 Ebd. S. 678, vgl. S. 673.
183 Ebd. S. 814, 817.
184 H. v. Hofmannsthal: Gedichte, Dramen I. Frankfurt 1979. S. 250.
185 Ebd. S. 250.
186 Ebd. S. 255.
187 Hofmannsthal arbeitete sein Dramenbruchstück zu einer „Totenfeier für Arnold Böcklin“ um.
188 James Joyce: A Portrait of the Artist as a Young Man. Harmondsworth 1969. S. 240 f.
189 Ebd. S. 252.
190 „Welcome, o life! I go to encounter for the millionth time the reality of experience and to forge in the smithy of my soul the uncreated conscience of my race.“ S. 253.
191 Thomas Mann: Erzählungen. Frankfurt 1960. S. 295 f.
192 Ebd. S. 338.
193 Thomas Mann: Doktor Faustus. Frankfurt 1965. S. 332 f.
194 Ebd. S. 640.
195 Ebd. S. 643.

3. Kunstmittel

Mittel der Aussageverweigerung und der Ambiguität

Die Autoren, die die Kunst hochschätzten, achteten auf die Vorgangsweisen oder Mittel, die der Dichtkunst eigen sind. Mit diesen Mitteln wollte man besondere Wirkungen erreichen. Bestimmte Vorgangsweisen wurden daher weiterentwickelt, die folgenden Zwecken dienten: Der Leser soll in ein ästhetisches Spiel eingefangen werden und sich dessen auch vielfach bewußt sein; oder er soll emotional angesprochen werden, wobei ihm der Künstler die Möglichkeit des Abstandnehmens vom Dargestellten und der Illusionsauflösung nehmen will; oder die Kunst überwindet mit ihren spezifischen Mitteln die dem (lesenden oder schreibenden) Menschen sonst gesetzten Grenzen der Erkenntnis oder der Weltdurchdringung; schließlich wird eine neue andere Welt der Realität entgegengesetzt, eine Welt, die geordnet ist und insofern dem ästhetischen Bedürfnis entspricht.

Ich behandele in diesem Abschnitt meiner Untersuchung die Mittel der Aussageverweigerung, der Effektsuche, der Erfassung der tieferen Wirklichkeit und der ästhetischen Ordnung; diese vier Arten entsprechen ungefähr (nicht ganz) den oben genannten vier Zwecken. Es kann jedoch ein Mittel, das eine ästhetische Ordnung erstellt, gleichzeitig das ästhetische Spiel erleichtern und Gesetze der Welt oder Realität oder Analogien in ihr erkenntlich machen (so das Leitmotiv).

Im allgemeinen wurde in der Kunst etwas als bedeutsam oder bedeutend dargestellt. Bedeutend aber ist eigentlich, was eine Bedeutung, einen Sinn hat oder auf einen Sinn verweist. Nun wird der Glaube erschüttert, daß ein Sinn in der Wirklichkeit oder in der Welt erkannt werden kann. Der mit der Darstellung des Gegenstandes verbundene Anspruch oder die durch sie erweckte Erwartung, daß eine Deutung gegeben oder ein Sinn aufgewiesen wird, muß nun neutralisiert oder wenigstens so enttäuscht werden, daß die Enttäuschung nicht als ästhetische Enttäuschung, als künstlerischer Mangel empfunden wird. Das leisten die im 19. Jahrhundert entwickelten oder verfeinerten Mittel der Aussageverweigerung und Ambiguität.

Der Künstler kann die Stellungnahme verweigern und die Aussage vermeiden, wenn er in seinem Werk mehr als eine mögliche Aussage anbietet, mehrere Interpretationsmöglichkeiten offen hält. Einer der Beweggründe für ein solches Vorgehen kann sein, daß er einen Sinn andeuten will, der der geltenden Weltanschauung so sehr widerspricht, daß dieser (und deswegen auch die ihn ausdrückende Dichtung) vom Publikum nicht angenommen wird. Dann liegt es nahe, zwar eine der herrschenden Meinung, etwa dem Rationalismus, entsprechende Erklärung des Dargestellten zu ermöglichen, aber daneben eine andere (etwa übernatürliche) Erklärung zu insinuieren. Auffällig ist jedoch, daß früh eine solche Doppeldeutigkeit in Werken zu finden ist, die nicht weltanschauliche Probleme behandeln, sondern eher unterhalten wollen.

Eine nicht rationale Weltsicht und die Möglichkeit übernatürlicher Erklärung scheinen viele Werke der deutschen Romantik ernsthaft zur Diskussion zu stellen. Bei E. T. A. Hoffmann ist die Neigung zur Darstellung des Übernatürlichen und Geheimnisvollen jedenfalls so groß, daß man in seinen (vielfach zwei Erklärungen offenlassenden) Werken über solche Themen ein ernsthaftes Anliegen erkennen muß. Auch Eichendorff läßt es im *Marmorbild* ungeklärt, ob Florio nicht die Begegnung mit der schönen geheinmisvollen Dame nur geträumt hat, will aber aussprechen, daß „die wilden Erdengeister ... aus der Tiefe nach uns langen."[1] Ähnlich stellt Tieck die übernatürlichen Kräfte in seinen Märchennovellen dar, doch ist bei ihm die Komponente des Spiels stärker.

Vor allem unter dem Einfluß E. T. A. Hoffmanns schreiben französische Autoren phantastische Geschichten und treiben dabei ein ästhetisches Spiel mit der Doppeldeutigkeit. Dabei ist zu bedenken, daß die Prosaerzählung noch länger als in Deutschland um die Anerkennung als vollgültige Gattung kämpfen mußte.[2] Es lag daher nahe, in der wenig geachteten Prosaerzählung, vor allem der kurzen, ein ästhetisch reizvolles, aber unverbindliches und unernstes Spiel mit dem Sinn zu treiben.

Hoffmann verwendet (wie Eichendorff) die Perspektive eines nicht allwissenden Erzählers, vor allem die des Helden. Ähnlich geht in den dreißiger Jahren Mérimée vor, denn er stellt nur die Sicht eines Helden oder Zeugen dar, und er fügt doch Details ein, die den Leser vermuten lassen, daß die mit dieser Perspektive verbundene Auffassung nicht ausreicht oder gar falsch ist und man etwa eine übernatürliche Erklärung des als natürliches Ereignis Dargestellten annehmen muß. In der Geschichte von der boshaft handelnden und sogar mordenden Venusstatue, *La Vénus d'Ille*, ist der Erzähler ein Zeuge, der eine eigene rationale Deutung des Geschehens hat, ohne dadurch alle Einzelheiten befriedigend aufklären zu können. Die Novelle endet mit einer Notiz, die den Widerspruch zwischen Standpunkt des Erzählers und vielleicht richtiger Erklärung unterstreicht – doch auch hier äußert sich der Autor nicht klar. Umgekehrt kann in *Les âmes du Purgatoire* die für die Deutung der Geschichte wichtige Vision des Helden (aus dessen Sicht in der entscheidenden Szene auch berichtet wird) Einbildung sein. Die Darstellung aus der Perspektive Don Juans legt zwar nahe, daß er die Seelen aus dem Fegefeuer wirklich gesehen hat, aber es ist denkbar, daß er unter dem Eindruck eines Bildes geträumt hat.

Wie sehr solche Geschichten als *Tour de force* verstanden und gewürdigt wurden, zeigt sich bei Nodier: Er stellt – wohl unter dem Eindruck Mérimées – in *Inès de las Sierras* ein übernatürlich wirkendes Geschehnis dar, erklärt es dann aber natürlich, obwohl er diese Deutung dann teilweise zurücknimmt. Mit einigem Recht kann man als ursprüngliche Absicht des Autors ansehen, ähnlich virtuos wie Mérimée mit dem Phantastischen zu spielen.

Einen Effekt strebt auch Poe an, wenn er verschiedene Erklärungsmöglichkeiten offen hält, etwa in *The Fall of the House of Usher* den Riß im Gemäuer des Hauses als möglichen Grund für dessen Einsturz früh erwähnt. Nach der eigenen Aussage kommt es diesem Autor auf die ästhetische Wirkung, nicht auf die Aussage an.

Die phantastischen Geschichten nutzen die Doppeldeutigkeit vielfach zu einem ästhetischen Spiel. Diese Ambiguität wird häufig durch die Darstellung aus der Perspektive einer Person in der Geschichte erreicht. Die Perspektiventechnik kann nun auch eins der Mittel werden, mit denen im Roman die Aussage zugunsten der Form zurückgedrängt wird. Balzac stellt aus der Sicht des allwissenden Erzählers dar, und er kommentiert und interpretiert das Geschehen und zieht eine Lehre aus ihm. Flaubert hingegen möchte keine Lehre aussprechen, und er verfolgt das Ideal eines Werkes, in dem das Sujet nichts, der Stil alles ist. Er verwendet nun immer konsequenter die Darstellung aus der Sicht des Helden und kommentiert immer weniger. Daher bleibt es etwa am Schluß von *Un coeur simple* offen, ob man die Vision der sterbenden Magd durch ihre Dummheit und Beschränktheit erklären oder als Zeichen einer Erlösung oder Vereinigung mit dem Göttlichen auffassen soll. Flaubert sieht die Verständlichkeit eines Werkes als der Kunst abträglich an.[3]

Fast ein ästhetisches Spiel werden auch viele Werke des Ironikers Anatole France durch die Verwendung der mehrfachen Perspektive. André Gide sieht die Möglichkeiten einer Darstellung aus der Sicht mehrerer Personen. In *Les Faux-Monnayeurs* stellt er die Perspektive des Erzählers und die einer anderen (tagebuchschreibenden) Person nebeneinander, die im übrigen ein *alter ego* des Erzählers ist und selbst den Plan fassen kann, wieder in einem Roman ihre Beobachtungsweise einem Schriftsteller zuzuschreiben. Gide will so „présenter d'une part la réalité, présenter d'autre part cet effort pour la styliser".[4] Die Arbeit mit mehreren Stimmen, die dasselbe Thema variieren, wird so zu einer Fuge gestaltet (und innerhalb des Romans wird dieses Ziel auch ausgesprochen).[5] Die Aussage verschiebt sich dabei auf die Möglichkeiten der Kunst, die Realität wird nicht mehr gedeutet und bleibt dunkel. Die Kunst ist wenigstens bis zu einem gewissen Grade etwas der Realität Abgerungenes und von ihr Losgelöstes: „... j'invente un personnage de romancier, que je pose en figure centrale; et le sujet du livre, si vous voulez, c'est précisément la lutte entre ce que lui offre la réalité et ce que, lui, prétend en faire."[6] Wenn diese Absicht im Roman selbst ausgesprochen wird, muß der Leser schon der angeblichen Realität gegenüber mißtrauisch sein, da sie als zur Kunst der Fuge geeignet ausgewählt sein kann, und der Roman verliert somit auch den Anspruch, Wirklichkeit zu geben; er erscheint als Ergebnis des Vorganges, der in ihm behandelt wird: Stilisation.

Stärker und früher, als Gide es im Roman tut, stellt Mallarmé in der Lyrik den Gegenstand, die Realität des Behandelten, in Frage. Dabei geht es für Mallarmé in der „poésie pure" darum, alle realen Inhalte zu löschen. H. Friedrich sieht in diesem Begriff der „reinen Dichtung": „... alle sonstigen Merkmale moderner Lyrik ...: Absehen von alltäglichen Erfahrungsstoffen, von lehrhaften oder sonstwie zweckhaften Inhalten, von praktischen Wahrheiten, von Jedermannsgefühlen, von der Trunkenheit des Herzens. Durch die Entäußerung von solchen Elementen wird die Dichtung frei zum Waltenlassen der Sprachmagie. Im Spiel der Sprachmächte, die unterhalb und oberhalb der Mitteilungsfunktion liegen, gelingt das zwingende, sinnentbundene Tönen, das dem Vers die Kraft eines Zauberspruchs erteilt."[7] Mallarmé spricht in einem Gedicht aus, daß Realität und Sinn aus dem Werk ausgeschlossen werden müssen: „Ainsi le choeur des romances / A la lèvre vole-t-il / Exclus-en si tu commences / Le réel parce que vil / Le sens trop précis rature / Ta vague littérature."[8] Im Gedicht *Sainte* geht Mallarmé von der Nennung der Gegenstände zu ihrer Negierung, denn es wird zunächst vom Sandelholz, der Viola und dem Buch gesprochen, die bei der Heiligen sind, dann aber gesagt, daß sie ohne Sandel und ohne Buch musiziert, doch auch dies wird im letzten Vers aufgehoben: „Musicienne du silence".[9]

Im Grunde entwickelt Mallarmé, der von älteren Ansätzen bei Baudelaire etwa ausgeht, für die französische Literatur die Technik, die Realität und den Sinn durch die Negation des vorher Gesagten aufzuheben, so daß allein die Existenz der Sprache oder des sprachlichen Kunstwerks bleibt.

Die Tendenz zur Aufhebung des Gegenstandes und der Aussage findet sich nicht nur in der französischen Literatur, sondern auch in Italien und Deutschland. Der Italiener Pascoli beschäftigt sich gern mit vorgestellten, geträumten Welten. In *Fides* kontrastiert er die Paradiesesträume des Kindes mit der Realität; in *Orfano* hingegen bleibt es vom Wortlaut her offen, ob die Vorstellung des Kindes, es schliefe in einem schönen Garten ein, nicht so viel Realität beinhaltet wie der fallende Schnee.

Im schönen Garten schläft das Kind ein.
Der Schnee fällt langsam, langsam, langsam.

Nel bel giardino il bimbo s'addormenta.
La neve fiocca lenta, lenta, lenta.[10]

Ebenso bleibt es in *Festa lontana* ungeklärt, ob die Andeutung von einem Fest „hinter dem Schleier des Vergessens" („dietro un vel d'oblio") Realität oder Einbildung ist.[11] In *La tessatrice*[12] sagt die Person, mit der das lyrische Ich spricht, daß sie nur Einbildung sei. Das Dargestellte wird (wenigstens in seiner Normalrealität) wieder aufgehoben.[13]

Auf ein Mittel der romantischen Ironie greift Thomas Mann zurück. Wie Cervantes das Höhlenabenteuer im zweiten Teil des *Don Quijote* durch den Autorenkommentar als fraglich hingestellt hat, bezeichnet Mann im *Zauberberg* die okkultistischen Erlebnisse in der Überschrift des Kapitels als fragwürdig. Ebenso läßt der Erzähler des *Doktor Faustus* die Richtigkeit der Aufzeichnung über die Unterhaltung des Helden mit dem Teufel anzweifeln, und in dieser Darstellung selbst sind Anzeichen des Fieberwahns. Besonders in *Joseph und seine Brüder* hebt Mann durch den Autorenkommentar das Gesagte wieder auf. So gibt er schon zu Anfang sein Anliegen als unerfüllbar an: „. . . mit unserer Forscherangelegentlichkeit treibt das Unerforschliche eine Art von foppendem Spiel", und daher ist auch der „Ur-beginn" einer Gemeinschaft zugleich darzustellen und gar nicht vorhanden; wenn man sich der Überlieferung zuwendet, so ergibt sich, daß „die Erinnerung, wenn auch wohl belehrt darüber, daß die Brunnenteufe damit keineswegs ernstlich als ausgepeilt gelten kann, sich bei solchem Ur denn auch national beruhigen und zum persönlich-geschichtlichen Stillstande kommen mag."[14] Die Wahrheit der Erzählung ist fraglich, und indem der Autor das foppende Spiel des Unerforschlichen wiederholt, fragt er etwa nach der Richtigkeit der von ihm selbst akzeptierten Überlieferung und erklärt scheinbar beruhigend, daß „deren Wahrheit die Überlieferung noch besonders dadurch unterstreicht und erhärtet, daß sie sie ein zweites Mal berichtet" (allerdings wie in einem dritten Fall mit Unterschieden), aber erwägt auch die Möglichkeit, daß die Individualität der Personen, von denen so berichtet wird, gar nicht zu bestimmen sei.[15]

Thomas Mann verwendet besonders fein das Mittel der romantischen Ironie, das nach der deutschen Romantik in Europa auch von scheinbar realistisch erzählenden Autoren verwendet wurde, wenn es ihnen darauf ankam, zur Wahrscheinlichkeit oder Möglichkeit des Erzählten nicht definitiv Stellung nehmen zu müssen. Wir besprachen die Doppeldeutigkeiten im Schluß von Pérez Galdós' *Nazarín*, da ja der zum Helden sprechende Christus seine Erscheinung eben als Halluzination eines kranken Geistes bezeichnet. Auch Hauptmann beseitigt ähnlich in *Emanuel Quint* absichtlich nicht die Ambiguität, sondern erzeugt sie zum großen Teil erst durch den Autorenkommentar.

Ein den besprochenen Fällen von Mehrdeutigkeit und Wirklichkeitsaufhebung gemeinsamer Zug ist der Widerspruch in den dargestellten Geschehnissen oder in den Kommentaren und Erklärungen. Für die Ereignisse werden mehrere Deutungen bereitgehalten. Das Geschilderte wird als nicht bestehend, als nicht gegenwärtig bezeichnet. Das für die Handlung Wichtige soll nicht in sie passen oder nicht möglich sein. Der Wahrheitsbeweis für das Erzählte erfolgt so, daß er neue Zweifel erweckt.

Erst im *Nouveau roman* und besonders bei Robbe-Grillet scheint die Tendenz, durch Widersprüchlichkeit eine Aussage zu verweigern, auf ihren Höhepunkt zu kommen. In *Dans le labyrinthe* von Robbe-Grillet heben etwa die Wetterangaben in den ersten Absätzen einander auf.[16] Der Autor beschreibt sein Vorgehen wie folgt: „Il n'est par rare . . . dans ces romans modernes, de rencontrer une description qui ne part de rien . . . elle se contredit, se répète, se reprend, bifurque, etc. Pourtant, on commence à entrevoir quelque chose, et l'on croit que ce quelque chose va se préciser. Mais les lignes de dessin s'accumulent, se surchargent, se nient, se déplacent, si bien que l'image est mise en doute à mesure qu'elle se construit. Quelques paragraphes encore et, lorsque la description prend fin, on s'aperçoit qu'elle n'a rien laissé debout derrière elle: elle s'est accomplie dans un double mouvement de création et de gommage, que l'on retrouve d'ailleurs dans le livre à tous les niveaux et en particulier dans sa structure globale . . ."[17] Robbe-Grillet hat recht, wenn er als Grund für diesen Kunstgriff bei sich und bei anderen angibt, daß ein ästhetisches Spiel angestrebt wird: „. . . le véritable écrivain n'a rien à dire. Il a seulement une manière de dire."[18]

Wir werden aber sehen, daß es ein Anliegen des Schriftstellers seit der Romantik (und im Grunde bis zu Robbe-Grillets Zeitgenossen) sein kann, die Realität zu sehen oder das Wesen der Welt hinter der Realität aufscheinen zu lassen. Auch das Alogische und Widersprüchliche kann diesem Zweck dienen. Zum andern ist das Arbeiten mit dem Widerspruch nur eines der vielen Mittel, welche die Schriftsteller verwenden können, denen es nicht auf die Aussage, sondern auf die ästhetische Wirkung allein ankommt. Mit diesen anderen Mitteln wird sich das folgende Kapitel beschäftigen.

Mittel des Effekts

Starke Effekte wurden in der Dichtung schon vor der Romantik häufig angestrebt. Die barocken Dichter suchten deswegen die „acutezze", „agudezas", „Pointen", mit denen sie ähnlich wie Marini überraschen und Staunen hervorrufen wollten. Doch wurden die Effekte auch immer wieder zugunsten der Wahrheit und der Nützlichkeit eingeschränkt. Besonders die Klassizisten des 17. und 18. Jahrhunderts wandten sich gegen die Effekthascherei. Die im 19. Jahrhundert aufkommenden Richtungen des *l'art pour l'art* und des Ästhetizismus mußten aber dazu führen, daß die bloße Wirkung als Ziel anerkannt wurde.

Freilich gab es auch Widerstände gegen eine nur auf Wirkung abzielende Dichtung. Manzoni kritisierte in seiner *Lettre à M. C. . . .* die klassizistische Tragödie, weil sie zwar mit der Darstellung der Leidenschaft starke Wirkungen erreichen, aber die Wahrheit verfehlen müßte – er zog die Hinführung zur Meditation dem Mitreißen des Publikums vor. Emile Zola, der den Roman als Parallele zum Experiment des Arztes und Naturwissenschaftlers verstand, tadelte es, daß E. de Goncourt die Wirkung des „chic" anzustreben schien. Belehrung und Ethos schienen diesen Autoren (und vielen anderen) in der Dichtung das Wichtigste.

Wegen seiner starken Effekte fällt E. T. A. Hoffmann sehr früh auf. In *Das Fräulein von Scuderi* wird ein grauenvolles Geheimnis angedeutet, dann die Spannung des Lesers auf dessen Lösung immer mehr gesteigert, bis diese endlich auf geradezu paradoxale Art erfolgt. Die Absicht, das Abgründige im Menschen darzustellen, scheint zwar vorhanden, aber nicht der einzige Beweggrund für die Abfassung dieser meisterhaften Geschichte des Horrors zu sein.

Der Effekt des Horrors wird im 19. Jahrhundert immer wieder gesucht. Er kann durch das Geheimnisvolle gesteigert werden, wenn etwa übernatürliche Kräfte in die Handlung einzugreifen scheinen. Wenn Eichendorff *Das Marmorbild* mit einer friedlichen Stimmung beschließt und so andeutet, daß die verlockenden und verderblichen Kräfte besiegt werden können, endet Mérimée seine Geschichte über eine Götterstatue, *La Vénus d'Ille*, nicht mit einem guten Ausgang, auch nicht mit einer Lösung des Problems, wer den jungen Mann getötet hat, und er läßt nicht das Böse und Bedrohliche überwindlich erscheinen. Er schafft vielmehr die ganze Erzählung hindurch eine sich dauernd verdichtende Stimmung des Unheimlichen durch die Schilderung der böse aussehenden Statue und dann durch die sonderbaren Ereignisse, vor allem durch ihre Häufung, bis er mit dem Tode des Bräutigams den Höhepunkt erreicht hat, und er unterstreicht das Unerklärliche oder nur durch das Übernatürliche Erklärbare des Erzählten abschließend durch die Notiz vom Zusammentreffen von Unglück und Gegenwart des Erzes, aus dem die Statue gegossen war. Er erreicht Wirkung durch die Steigerung und durch die abschließende pointierende Bemerkung.[19]

Aus Mérimées Vorliebe für die Themen des Unheimlichen und Teuflischen kann man auf seine Weltsicht schließen. Es kommt ihm aber wohl nicht auf die Aussage, sondern die Wirkung an. Seine Erzählungen ähneln in mancher Hinsicht denen E. A. Poes. Dieser erklärt, daß er in seinen Dichtungen einen „effect" anstrebt und er dafür die Kürze und Einheitlichkeit seiner Erzählungen für notwendig hält.[20] Er läßt zu Anfang eine beunruhigende Frage aufkommen (Will der Narr sich rächen? Welche Beziehung besteht zwischen dem Helden und dem wispernden, ihm so ähnlichen Jungen? Kann der Fürst dem roten Tod entkommen?) und schafft dann eine Erwartung der Katastrophe (durch zunächst undurchdringliche Vorbereitungen, durch Teilkatastrophen oder durch den Kontrast zwischen der Grausigkeit des Geschehens, vor dem der Fürst flieht, und der Heiterkeit der Welt, in die er sich zurückzieht). Am Schluß tritt das Erwartete oder Gefürchtete ein, aber es enthält noch unerwartete Details. Ein Sinn soll nicht gegeben werden.

Auf den Effekt zielt auch der erste Dramatiker der spanischen Romantik in seiner neoklassizistischen Tragödie *Edipo* und in seinem Drama *La conjuración de Venecia* ab: Martínez de la Rosa erklärt, daß es im Theater auf die Wirkung ankommt, er rät deswegen zur Verwendung des absurden und unbegründeten, aber effektvollen Fatalismus. Er schafft die Stimmung des Bedrohlichen und Mysteriösen bewußt, etwa wenn er (im Drama) früh betont, daß Rugiero nicht weiß, wer sein Vater ist, wenn er bei dem Treffen der Liebenden in der Gruft Häscher hinter den Gräbern lauern läßt, und er schließt seine beiden erfolgreichen Stücke mit einer plötzlichen Enthüllung (es zeigt sich in der *Conjuración*, daß Rugieros Feind und Verfolger, der ihn auch aufs Schaffott bringt, sein Vater ist). Das schreckliche Ereignis, die Enthüllung, ist so sehr an das Ende des Stückes gerückt, daß der Zuschauer nicht mehr über seinen möglichen Sinn nachdenken kann, zumal die pathetische Situation des jungen Mannes, der bei der Verurteilung zum Tode in seinem Richter seinen Vater erkennt, und der Blick auf die Hinrichtungsstätte die Aufmerksamkeit und das Gefühl ganz gefangen nehmen.

Diese Autoren arbeiten mit den herkömmlichen spannungssteigernden Kunstgriffen (sie stellen eine Frage, lassen auf die Lösung eines früh gestellten Problems warten, deuten immer wieder auf ungelöste Fragen hin), aber bei ihnen richtet sich dann die Spannung auf einen Faktenzusammenhang oder auf das Eintreten eines Ereignisses, ohne daß damit schon ein Sinn aufscheint; vielmehr bleibt dunkel, welche Macht (etwa das Dämonische im Menschen, das Fatum oder eine richtende Vorsehung) die Ereignisse so geführt hat, oder das Hauptaugenmerk liegt nicht auf der Beantwortung der Frage nach dem Sinn: Es bleibt keine Zeit, zwischen Katastrophe und Schluß des Werkes darüber nachzudenken, und der Autor gibt vor dem abrupten Ende keinen Kommentar.[21]

Auch nach den dreißiger und vierziger Jahren suchen viele Werke die Wirkung einer starken Spannung auf das Eintreten einer erwarteten (und vielfach gefürchteten) Lösung. Emile Zola stellt die steigende Angst eines Lebendbegrabenen in *La mort d'Olivier Bécaille* dar.[22] Villiers de l'Isle-Adam versetzt den sich mit dem Helden identifizierenden Leser von *La torture par l'espérance* ähnlich in eine aussichtslose Lage und läßt ihn die Angst und hier auch eine steigende Hoffnung verspüren.[23] Wenn Zola den größten Effekt durch die nicht mehr erwartete Rettung erreicht, läßt Villiers seine Erzählung in der Enttäuschung im Augenblick der scheinbar erreichten Rettung kulminieren.

Auf andere Weise erreicht Nerval in *La main enchantée* starke Effekte. Er überrumpelt den Leser durch das Phantastische und Grausige, so daß er zwar rational das Unwahre der Erzählung durchschauen kann, aber fasziniert dem Autor folgt. In der Geschichte von der einem Zauberer verpfändeten Hand, die nun selbständig handelt und zuletzt, nachdem sie abgeschlagen wurde, wie ein Tier zum Haus des Hexenmeisters springt, erzählt Nerval zugleich zielstrebig und *désinvolte*. Er scherzt mit dem Wahrheitsanspruch, und er überrascht von Anfang an mit dem Außerordentlichen und Unglaublichen: Er beginnt mit der Darstellung eines Richters, der die fixe Idee hat, die großen und intelligenten Betrüger lieben zu wollen. Ironisches und Grausiges, Schokkierendes und Banales mischen sich weiterhin, andauernd widerspricht die Schilderung nach Einzelheit und Stimmung unserer Erwartung, und dieses Bunte fesselt den Leser, obwohl er verspottet wird. Die Handlung ist zwar vorhersehbar und vorausbestimmt, doch nicht logisch und natürlich, und der Autor zwingt uns, das Unmögliche und Grausige zu akzeptieren, weil es frappiert und die Neugier reizt.[24]

Ohne Ironie, aber mit immer neuen Details des Schrecklichen und moralisch Schockierenden frappiert auch Emile Zola in *Pour une nuit d'amour* den Leser. Er kombiniert diese Technik mit der des Ausmalens einer nur langsam vorbeigehenden schrecklichen Situation, als der Held sich abmüht, eine Leiche zu beseitigen.[25]

Horrorgeschichten, die vor allem eine starke Wirkung auf den Leser, aber keine Aussage anstreben, findet man bei Nodier, Mérimée, Poe, Nerval, Barbey d'Aurevilly, Maupassant, Villiers de l'Isle-Adam, Léon Bloy. Zu unterscheiden sind wohl zwei Arten der Schreckensgeschichten: Die eine versucht, den Leser allmählich vom Schrecklichen zu überzeugen (sie behandelt das Unheimliche und Grausige, normalerweise das Grauenhafte des Übernatürlichen). Die andere konfrontiert den Leser mit dem Entsetzlichen, das nicht übernatürlich sein muß; sie mischt das Entsetzen häufig mit schwarzem Humor und erreicht vielfach die Faszination durch das Übermaß des nicht mehr glaubhaften Entsetzlichen. Eine besondere Variante ist die von Th. Gautier verwandte verniedlichende Darstellung des Unheimlichen.[26]

Die nur auf Wirkung abzielende Darstellung des Unheimlichen ist in Frankreich besonders rein und häufig zu finden. Doch stehen viele Werke in ganz Europa diesen Dichtungen nahe, selbst wenn wir eine gewisse Aussage finden können. Sind Bürgers Darstellung der wilden Jagd und seine auch in Italien viel besprochene Ballade *Lenore* mehr als ein Spiel mit der Faszination des Unheimlichen und Grausigen? Wollen die Autoren der englischen *Gothic story* viel mehr als spannen, frappieren, erschrecken, also Thriller bieten? Ist nicht die Figur Frankensteins so entstanden?

José de Espronceda verherrlicht in *El estudiante de Salamanca* den Empörer gegen Gott, aber in den ersten Teilen des Werkes wird der Held in den Abenteuern eines Don Juan gezeigt, ohne daß er schon eine erhabene Auflehnung an den Tag legt. Vielmehr wird die Atmosphäre des Bedrohlichen geschaffen, Montemars Taten scheinen ihn in unbekannte Gefahren zu führen, und Lichteffekte werden vom Autor mit Bedacht eingesetzt. Auch der letzte Teil der Dichtung ist sehr effektvoll gestaltet. Felix de Montemar kommt in die Unterwelt und findet dort den Tod. Espronceda beginnt mit sehr kurzen Versen, läßt sie bis zum Höhepunkt der Dramatik immer länger werden, darauf verringert er die Silbenzahl langsam wieder, und beim Verscheiden des Helden sind sie sehr kurz. Die Effekte des Schreckens werden so unterstrichen. Die Darstellung und Verherrlichung der Empörung kann sogar als Mittel für diese Effekte angesehen werden, und die Revolte stellt insofern nicht das eigentliche Anliegen des Dichters oder den Kern dieses Werkes dar.

Victor Hugo hat in einem Gedicht der *Orientales* ganz ähnlich mit zunächst immer länger, dann immer kürzer werdenden Versen gearbeitet und dabei auch den Effekt wachsender und dann verebbender Dramatik, die mit dem Schrecken verbunden ist, erreicht: In *Les Djinns*[27] schildert er das nächtliche Heranreiten und Vorüberbrausen der Djinns, die nicht mehr orientalisch scheinen, sondern Gespenstern oder Vampiren gleichen. Die Effekte der Rhythmen unterstützen die Wirkung des turbulenten und erschreckenden Schauspiels. Eine Aussage enthält das Gedicht eigentlich nicht.

Mit allen Mitteln evozierender Sprache und Rhythmen gestaltet Hugo auch sonst Szenen, durch die er nichts mehr aussagen will. Seine Balladen in den *Odes et ballades* nennt er in der Vorrede „esquisses d'un genre capricieux", und wenn seine Oden mehr von seiner „âme" enthalten sollen, so will er in die Balladen mehr von seiner „imagination" gelegt haben.[28] Die zweite der *Ballades, Le Sylphe*, stellt nur dar, wie ein Sylph vor dem erleuchteten Fenster eines alten Turms um Einlaß bei einem jungen Mädchen, einer Dame, bittet, und es wird nicht einmal klar ausgesprochen, ob sie ihn einläßt. Auf die poetische Szene und den Reiz ihrer Stimmung kommt es allein an.[29]

Nicht nur Hugo, sondern auch viele andere Zeitgenossen lieben das wenigstens vordergründig aussagelose kleine Gedicht, in dem nur eine Stimmung suggeriert, ein Effekt erreicht wird. So schildert Th. Gautier in *En allant à la Chartreuse de Mireflores*[30] zunächst den Weg durch die herbe und staubige spanische Landschaft und dann den plötzlichen Blick auf die Kirche, in der der Cid und Jimena begraben liegen. In *Sainte Casilda*[31] beschreibt er ein Gemälde, das ihn wegen des „effet puissant" gefangennahm: Es stellt das Martyrium einer Heiligen dar, und Gautier zeigt, wie die Frau, deren abgeschnittene Brüste, „beaux lis coupés en fleur, / Blancs comme les morceaux d'une Vénus de marbre", in einem silbernen Gefäß liegen, ihren Schmerz vergißt und

> Comme aux bras d'un amant, de volupté se pâme,
> Car aux lèvres du Christ elle suspend son âme!

Die Verbindung einer Erotik, die sadistische und masochistische Nuancen einschließt, mit dem heiligen Sujet (wobei auch der Vergleich mit einer heidnischen Götterstatue nicht gescheut wird) sieht vom eigentlichen Sinn des Dargestellten ab und erreicht so einen ins Blasphemische spielenden ästhetischen Effekt.

Man kann bei Gautier noch andere Effekte finden. Das Gedicht *Symphonie en blanc majeur* erwähnt – mit Bezug auf eine kühle Frau – Dinge weißer Farbe und endet dann mit der Erwähnung eines erhofften Rosa. Wie Gedichte aus den *Émaux et Camées* wirken können und wohl auch sollen, erfährt man bei Oscar Wilde. Dorian Gray genießt Verse mit einer Darstellung Venedigs: „How exquisite they were! As one read them, one seemed to be floating down the green waterways of the pink and pearl city, seated in a black gondola with silver prow and tra ling curtains. The mere lines looked to him like those straight lines of turquoise-blue that follow one as one pushes out to the Lido. The sudden flashes of colour reminded him of the gleam of the opal-and-iris-throated birds that flutter round the tall, honey-combed Campanile, or stalk, with such stately grace, through the dim, dust-stained arcades."[32] Der Leser hat keinen Sinn nachzuvollziehen, sondern sich sinnlichen Eindrücken hinzugeben. Die Gautier nachfolgenden Parnassiens suchen ähnliche Wirkungen, auch bei ihnen ist die Beschreibung eines Dinges, einer Szene, eines Bildes häufig. Typisch ist *Lucrèce Borgia* in Banvilles *Les princesses*.[33]

Ganz allgemein können wir in der Lyrik die Tendenz feststellen, statt bestimmter Inhalte und Aussagen musikalische Wirkungen und plastische oder malerische Reize zu suchen. Paul Valéry drückt diese Tendenz klar aus, die übrigens bei ihm besonders deutlich zum Verzicht auf einen Sinn führt. Valéry legt dar, welche Bedeutung für die Entstehung des *Cimetière marin* die Vorstellung einer „figure rythmique vide“ hatte, die er mit Wörtern, Bildern, „mouvements“ gefüllt habe. Es ist sein Ziel, die Mittel zum Ausgangspunkt des Dichtens zu machen und mit ihnen die auf den Leser oder Hörer wirkende Form und damit den Effekt zu erarbeiten: „Je rêve donc que je trouve progressivement mon ouvrage à partir de pures conditions de forme, de plus en plus réfléchies, – précisées jusqu'au point qu'elles proposent ou imposent presque . . . un *sujet*, ou du moins, une famille de sujets. / Observons que des conditions de forme précise ne sont autre chose que l'expression de l'intelligence et de la conscience, que nous avons des moyens dont nous pouvons disposer, et de leur portée, comme de leurs limites et de leurs défauts.“[34]

Der Lyriker sagt nichts mehr aus, sondern er bringt durch seine Konstruktionen, seine Rhythmen und Bilder, durch den Klang der Wörter beim Leser eine Wirkung hervor. Das finden wir nicht nur in Frankreich, sondern auch im übrigen Europa. Der Portugiese Cesário Verde kommentiert sein Gedicht *Cristalizações*: „Es sind einige spitze, gefrorene Verse, die der vergangene Winter mir zu konstruieren half, sie erinnern an einen Polyeder von Kristall und rufen daher fast keine psychische oder intime Emotion auf.“ – („São uns versos agudos, gelados, que o Inverno pasado me ajudou a construir, lembram un poliedro de cristal e não sugerem, por isso, quase nenhuma emoção psicólogica e íntima.“)[35] Eugénio de Castro, der sich in seinen programmatischen Aussagen auf Gautier beruft, arbeitet in Versen, die keinen genauen Inhalt mehr haben müssen, mit Rhythmen, Alliterationen, fast sinnlosen, aber Stimmung suggerierenden Wortzusammenstellungen.[36]

Man fühlt sich an Verlaine erinnert. Dieser Dichter stellt Eindrücke, Nuancen von Impressionen nebeneinander, der logische Zusammenhang ist aufgehoben, auch wo er wie in den Versen: „Il pleure dans mon cœur / Comme il pleut sur la ville“ durch das „comme“ vorgespiegelt ist (tatsächlich enthalten die beiden Sätze nichts rational Vergleichbares). Diese beiden Verse stellt Camilo Pessanha seinem ähnlichen Gedicht *Aguas morrentes* voraus.[37] Ein ähnlich musikalisches, aber logisch sinnloses Gedicht *Bruxelles (Chevaux de bois)* mit dem Thema des Karussells findet eine Nachahmung bei Antonio Machado y Ruiz („Pegasos, lindos pegasos / cabillitos de madera“)[38] und bei Rilke (*Das Karussell*)[39]

Ganz andere Wirkungen, nämlich den Schock des Lesers streben Werke an, in denen sich auch die Spannung zwischen Autor und Gesellschaft ausdrückt. In Frankreich gibt es eine Gattung der schockierenden Geschichte, und die Zugehörigkeit zu ihr zeigt sich schon vielfach im Titel, so bei *Champavert Contes immoraux* von Pétrus Borel, bei den *Contes cruels* von Villiers de l'Isle-Adam, bei den *Histoires désobligeantes* von Léon Bloy.[40] Barbey d'Aurevilly erzählt in *Le cachet d'onyx* von der Rache eines gleichgültig gewordenen, aber aus Eitelkeit eifersüchtigen Mannes, der seine ehemalige Geliebte versiegelt, oder in *Léa* von Réginald, der umso mehr vom Wunsch, die geliebte Frau zu überwältigen, besiegt wird, als er weiß, daß jede Gefühlsaufwallung und natürlich besonders das Liebeserlebnis ihr Tod sein wird.[41] Villiers de l'Isle-Adam stellt in *A s'y méprendre* nur die überraschende Ähnlichkeit des Inneren von Leichenhaus und Börse und der Personen in ihnen fest.[42] In *Les demoiselles de Bienfilâtre* läßt er die Dirnen eine ganz bürgerliche Einstellung zur Arbeit und zur Ausschweifung haben (unter diese fällt natürlich nicht der organisierte und geregelte Broterwerb durch den Verkauf von Liebe) und demaskiert so die Einstellung des materialistisch-spießerischen Bürgers. Gleichzeitig treibt er ein ins Blasphemische gehendes Spiel mit „racheter" („erlösen" und „loskaufen, wiederkaufen") und anderen Ausdrücken der religiösen Sprache[43]

Solche Werke sind Angriffe auf den Stand, dem der Normalleser angehört. Sie sind Publikumsbeschimpfungen, wobei aber die Bloßstellung des Menschen, Bürgers und Lesers zu einem besonderen Reiz werden kann, zu einer klug eingesetzten Pointe, so daß der Leser zugleich auch unterhalten wird und die Aggressivität zu einem Spiel neutralisiert scheint. Nur in Frankreich tritt einem die Gattung der schockierenden Erzählung so deutlich entgegen, aber ähnliche Wirkungen sucht Oscar Wilde in *The Picture of Dorian Gray* und manchen Erzählungen, wie auch A. Schnitzler etwa in *Um eine Stunde* oder in *Wohltaten, still und rein gegeben.*[44] Selbst die Erzählung *Leutnant Gustl* kann man als psychologische Studie, die in die damals noch ungewöhnliche Form des inneren Monologs gekleidet ist, lesen, oder aber als Enthüllung der Scheinmoral des Normalmenschen: Dieselbe Behandlung, die der Offizier empfangen hat, ist eine zum Selbstmord zwingende Beleidigung, wenn sie bekannt wird, oder etwas ganz Unwichtiges und sofort Verdrängtes, wenn niemand davon weiß. An diesem Offizier, der einem besonders geachteten Stande angehört, erkennen wir, daß uns nicht wahres Ehrgefühl bestimmt, sondern daß wir mit der Anerkennung zufrieden sind, die uns zuteil wird, wenn wir ganz äußerlichen Ehrgesetzen entsprechen.[45]

Mit vielen Mitteln sucht der Autor im 19. Jahrhundert, den Leser zu packen und zu ergreifen. Die Wahl solcher Mittel und die Entwicklung neuer Kunstgriffe und Reize sahen die Goncourt als das Geheimnis der guten Literatur an. In Rußland hielten die Formalisten Anfang des 20. Jahrhunderts den Kunstgriff, mit dem der Dichter seinen Stoff reizvoll macht, für das Wesen der Dichtung. Sie erfaßten mit ihrer Theorie eine wichtige Tendenz in der Literatur des 19. und beginnenden 20. Jahrhunderts, doch war der Effekt nicht das einzige Ziel der Dichter. Daß viele Autoren mit den Mitteln, die sie einsetzten, nicht nur fesseln oder neue Reize bieten, sondern die tiefere Wirklichkeit erfassen wollten, die sonst nicht greifbar wird, ist Gegenstand des folgenden Abschnittes.

Mittel der Erfassung der tieferen Wirklichkeit

Die Mittel, die der Aussageverweigerung und der Effektsuche dienen können, erfüllen bisweilen auch andere Aufgaben. Ein Dichter, der etwas nicht der Vernunft Entsprechendes und von rational denkenden Lesern Abgelehntes mitteilen will, kann durch die Mittel der Aussageverweigerung eine rationale Deutung ausschließen und so eine andere nahelegen, diese aber mit Mitteln, die eine Stimmung oder eine Erwartung entstehen lassen, noch eindringlicher machen.

Die deutschen Romantiker drücken vielfach mit Mitteln, die später in Frankreich und bei Poe der artistischen Wirkung wegen eingesetzt werden, eine Deutung der Welt aus. Mérimée läßt in seiner Geschichte von der Venusstatue eine rein rationale Erklärung offen, suggeriert aber eine übernatürliche, um Horror-Effekte zu erreichen.

Eichendorff aber möchte in seiner sehr lyrischen Novelle *Das Marmorbild* zeigen, daß in der Seele wie in der Natur unbekannte und sogar verderbliche Kräfte wirken, und er umgeht den Einspruch der Vernunft, indem er nicht ausschließt, daß es sich bei den Erlebnissen Florios um Traumgesichte handelt. Ähnlich läßt Tieck Geschichten, in denen er vom Unheimlichen spricht, als Märchen oder Sagen erscheinen; zu diesen Gattungen gehörende Werke beanspruchen ja scheinbar keinen Glauben, wecken also nicht die Kritik der Vernunft.

In Frankreich geht Nodier ganz ähnlich vor. Seine Erzählung *Inès de las Sierras* soll im Wettstreit mit Mérimées Erzählungen des Unheimlichen, also des Effekts wegen geschrieben worden sein. Nodier suggeriert zunächst die Annahme, das Dargestellte sei durch das Übernatürliche zu erklären, gibt dann aber eine rationale Erklärung (der scheinbare Geist ist in Wirklichkeit eine wahnsinnige Sängerin, die mit der Toten verwandt ist und daher auch wie sie heißt usw.), doch enthält diese rationale Geschichte, die sich nun abzeichnet, wieder Hinweise auf das Irrationale, da z. B. ein Fluch wichtig ist – letztlich liegt es auch hier nahe, das Wirken geheimnisvoller Mächte anzunehmen, und das unterstreicht Nodier mit seinen beiden Lehren („Tout croire est d'un imbécile, / Tout nier est d'un sot" und „De las cosas mas seguras / La mas segura es dudar", d. h. etwa: „Von den sicher(st)en Dingen ist zu zweifeln das Sicherste").[46] In vielen anderen Erhählungen, in denen der Autor auch eine natürliche Erklärung offenhält, will er das Übernatürliche zeigen. Er arbeitet mit Traumgesichten und Visionen, die als Einbildung und Halluzination abgetan werden können, aber nicht vollständig beiseite geschoben werden sollen.

Das Problem des Leidens und seines Sinnes beschäftigt Nodier, und er sucht im Übernatürlichen eine Antwort. *Une heure ou la vision*, eine schon 1806 entstandene Erzählung, ist ganz ähnlich angelegt wie die 1839 veröffentlichte *Lydie ou la Résurrection*. Eine leidbeladene Person, die als wahnsinnig gilt, erfährt eine Offenbarung aus dem Jenseits, die Erlösung oder Belohnung verheißt. Der eigentliche Sinn des Lebens zeigt sich erst in der anderen Welt. Nodier kommt dabei durch die Sehnsucht nach der Evasion oder Tröstung zur Darstellung des Religiösen und Übernatürlichen, aber er suggeriert erzähltechnisch nicht die Sicherheit, daß es das Übernatürliche gibt; vielleicht waren seine eigenen Einwände, sicher die Vorbehalte der Leserschaft gegen das Irrationale zu stark. Die Technik der Aussageverweigerung und der Doppeldeutigkeit bietet ihm denselben Ausweg wie den deutschen Romantikern Tieck und Eichendorff.

Ähnlich gehen noch viele andere Autoren vor. Villiers de l'Isle-Adam erzählt in *Véra*,[47] wie ein Graf nach dem Tode seiner geliebten Gattin diese zu sich zurückkommen läßt. Es ist die Deutung möglich, daß die Kraft, die das Übernatürliche sich ereignen läßt, allein vom Gatten ausgeht; man kann im „charme sombre et persuadeur" seiner Existenz, im „magnétisme effrayant", mit dem er allmählich die Atmosphäre erfüllt, bloße Autosuggestion sehen, zumal er selbst, wie sich auf den Tod der Gattin besinnend, ihre Erscheinung verschwinden läßt. Übrig bleibt dann nur der von der Toten mitgebrachte Schlüssel des Grabes; dieser entspricht dem Blutfleck, der in Mérimées phantastischer Erzählung *La vision de Charles XI* auf dem Pantoffel des Zeugen des übernatürlichen Geschehens zurückbleibt, und gibt bei einer skeptischen Auslegung der Geschichte einen bloßen Effekt ab; doch beabsichtigt der Autor eine solche Deutung nicht. Nach der Meinung E. Drougards, des Herausgebers dieser Geschichte, will Villiers darstellen, daß die gestorbene Heldin „mit ihrem Astralleib, indem sie ihren Willen mit dem des Gatten vereinigt, sich ihm nähern kann",[48] und der Hinweis auf das Grab, den der Graf durch den Schlüssel zum Mausoleum erhält, wäre als Hinweis auf das Geistige zu verstehen, da der Graf bisher nur eine irdische und körperliche Liebe kannte.

Wie Eichendorff, Nodier und Villiers setzen Pérez Galdós und Hauptmann die Doppeldeutigkeit ein: Galdós gestaltet den Schluß von *Nazarín* so, daß unter Umständen der Geistliche sich die Vision mit den Worten Christi nur eingebildet haben kann, doch soll diese Stelle wohl eine Stellungnahme des Autors zur Richtigkeit des Glaubens und des Handelns dieses Christusnachfolgers enthalten. Hauptmann will in *Der Narr in Christo Emanuel Quint* und in *Der Ketzer von Soana* trotz der Doppeldeutigkeit, die er bestehen läßt, dem Leser suggerieren, daß sich göttliche Kräfte offenbaren und der Held sie erlebt.

Villiers de l'Isle-Adam gibt mit *Véra* ein Beispiel dafür, daß das nicht mehr Rationale durch die Stimmung, die der Autor herstellt, für den Leser annehmbar wird und der Dichter so persönliche Ansichten gestalten und vermitteln kann, die nicht dem herrschenden Geiste entsprechen. Im 19. Jahrhundert können die Dichter sich dem Thema des Numinosen und des Übernatürlichen nähern, indem sie sich und den Leser durch eine vielfach geradezu lyrische Sprache und durch eine langsame Verdichtung der Atmosphäre in eine besondere Welt entrücken. Villiers tut das deutlich in *L'Annonciateur*. Die im ursprünglichen Titel der Erzählung ausgedrückte Gattungsbezeichnung „poème en prose" und die Widmung an Richard Wagner, „prince de la profonde musique", zeigen, daß Villiers die Mittel der stimmungsschaffenden, nicht logisch vorgehenden Musik für solche Stoffe angemessen hält und wohl im Wortkunstwerk ähnlich wie der Komponist vorgehen will.[49] Er verwendet eine lyrische und vielfach hymnische Sprache bei der Darstellung einer Engelsvision, die der König Salomon hat.

Villiers greift auf ein in der Lyrik schon vielfach verwendetes Mittel zurück. Novalis hat für seine Darstellung des religiös bestimmten Erlebnisses von Liebe und Todeserwartung einen lyrisch-hymnischen Ton gewählt und so die *Hymnen an die Nacht* geschaffen. Eichendorff stellt in seinem Gedicht *Mondnacht* die nicht rationale Sicht einer Einheit von Himmel und Erde und einer Liebesbeziehung zwischen beiden dar. Victor Hugo suggeriert etwa in *Booz endormi* durch die Stimmung die Auffassung, daß das Göttliche wirkt und geheimnisvolle gütige Mächte über die Sterblichen und über die Geschichte wachen.

In der zweiten Jahrhunderthälfte begegnet uns ein solcher lyrischer Ton häufig in Legenden und legendenhaften Geschichten. Traumhaft und halluzinatorisch ist der Ton in Flauberts *Légende de Saint Julien l'Hospitalier*. Weitgehend ist diese Erzählung eine poetische *Tour de force*, da Flaubert trotz seiner Sehnsucht nach der Religion zu sehr ein Skeptiker war, um sich dem religiösen Thema hinzugeben. Flaubert widerruft am Schluß die Aussage der Geschichte, da er nur den Inhalt einer bildlichen Darstellung wiederzugeben behauptet. Stärker ist die religiöse Stimmung am Schluß der sonst wenig religiös bestimmten Erzählung *Hérodias*, da die Jünger das Haupt des Propheten Jaokanann in die aufgehende Sonne hineintragen und sein Wort von der Notwendigkeit des Vergehens verstehen. Eine religiös-pantheistische Auffassung wird hier – auch mit Mitteln des Symbols – gestaltet. Eça de Queiroz verwendet zwar in *O crime do Padre Amado* einen realistischen Ton, da er die soziale und psychische Wirklichkeit beschreibt; in den *Lendas de Santos* wird jedoch sein Ton lyrisch, da er sich mit dem Rätsel des Leides und dem Sinn des Lebens und der Welt beschäftigt, also nicht exakt Feststellbares behandelt.

Da wegen des scheinbar herrschenden Rationalismus das Irrationale und Geheimnisvolle nicht ausgesprochen werden kann, verwendet man Zeichen, Symbole, allegorische und mythische Gestalten. Hugo beschreibt diese Vorgangsweise, die er bei

Albrecht Dürer erkannt haben will, im Gedicht *A Albert Dürer*. Dieser Maler, für den in einem Wald „Le songe et le réel s'y mêlent tous les deux“, sieht in ihm Götter und Halbgötter:

On devine, devant tes tableaux qu'on vénère,
Que dans les noirs taillis ton oeil visionnaire
Voyait distinctement, par l'ombre recouverts,
Le faune aux doigts palmés, le sylvain aux yeux verts,
Pan, qui revêt de fleurs l'antre où tu te recueilles,
Et l'antique dryade aux mains pleines de feuilles.[50]

In manchen Gedichten läßt Hugo selbst solche Wesen auftreten und ein Geheimnis verkünden.[51] In diesem Gedicht hingegen, in dem er auch von der Ähnlichkeit seines Welterlebens mit dem Dürers spricht, personifiziert er oder verwandelt in belebte Gestalten abstrakte Dinge oder unbestimmte Offenbarungen des Wesenhaften und Geheimnisvollen: Er sehe wie Dürer

... par le vent bercées,
Pendre à tous les rameaux de confuses pensées.

Genauso geht Baudelaire vor, wenn er sein Gedicht *Correspondances* wie folgt beginnt:

La Nature est un temple où de vivants piliers
Laissent parfois sortir de confuses paroles;
L'homme y passe à travers des forêts de symboles
Qui l'observent avec des regards familiers.

Baudelaire verwendet häufig die Metapher[52] und die Personifizierung.[53] Das letzte Gedicht der *Fleurs du Mal* endet mit dem Bild der Schiffahrt, die den Tod darstellt. Verlaine stellt das religiöse Erlebnis als Begegnung mit einem Ritter dar, der ihn verwundet.

Außerhalb Frankreichs finden wir häufig ein ähnliches Vorgehen. Der Portugiese Eugénio de Castro, der von französischer Literatur beeinflußt ist, läßt im ersten Gedicht der *Oaristos* erkennen, daß er die Dinge als zugleich wirklich und symbolisch ansieht, und er verbindet Dinge und Vergleiche auf eine nicht der Logik grob widersprechende, aber auch keineswegs logische Art:

Und dicht über einem See, wo die Sonne in blonden Strahlenbündeln scheint
und wo Legionen von scharlachroten Fischen vorbeischwimmen,
dicht über einem blauen See, der von Buchs umgeben ist,
erhebt sich symbolisch, wirklich, ein Wasserstrahl,
wie eine große Kristallblume, um zu singen!

E à flor dum lago, onde o sol cae en flavos feixes
E onde passam legiões de escarlatinos peixes,
À flor dum lago azul, circondado de buxo,
Simbólico, real, levanta-se un repuxo,
Como uma grande flor de cristal a cantar![54]

Camilo Pessanha, der das Leben als Weg darstellt[55], also durch die Metapher begreifbar macht, läßt in anderen Gedichten Venus erscheinen und so das Untergründliche und Geheimnisvolle sich offenbaren.

In Spanien verwendet Ramón de Valle-Inclán das Bild oder Motiv des Rosengartens, das seine Gedichtsammlung *El pasagero* bestimmt. In *Rosaleda*, das auch das Thema des Weges behandelt, der das Leben und Erleben ist, spricht er aus, daß er durch die Rosen ein Geheimnis erfährt.[56] Dabei verwendet er auch die Synästhesie.

Die Synästhesie tritt bei der eben besprochenen Verwendung von Metaphern und Personifikationen häufig auf. Sie besteht vielfach darin, daß die Bilder und dem Bild verwandte Mittel auf rational nicht mehr leicht zu rechtfertigende Weise gebraucht werden, so daß etwa bei dem einem Bild zugrundeliegenden Vergleich das *Tertium comparationis* nicht mehr klar ist und so eine nicht logische Verbindung zwischen verschiedenen Dingen hergestellt wird. Noch häufiger aber entsteht die Synästhesie dadurch, daß der Dichter einfach das Zusammengehören der Eindrücke verschiedener Sinne oder die Verbindung von Erkenntnis und Sinneseindrücken (unterschiedlicher Art) behauptet, und das wird ihm besonders dadurch erleichtert, daß er den üblichen rationalen Bezugsrahmen der Sprache durch die Verwendung von Metaphern, Personifikationen usw. gelockert oder sogar aufgehoben hat. Baudelaire vergleicht etwa im zitierten ersten Quartett seines Sonetts *Correspondances* nicht nur die Natur mit einem Tempel, sondern verwendet noch weitere Vergleiche, die zum ersten hinzukommen, aber ihn auch verunklären. Er verbindet Tempelsäule mit Baum und Wald und schreibt dem Lebewesen Baum oder Wald, das auch Tempelsäule ist, wieder Äußerungsmöglichkeiten (Stimmen, die den Wörtern angenähert werden) und andere Verhaltensweisen (Schauen) zu. In diesem Gedicht bereitet der Autor so die Behauptung vor, daß die Naturphänomene eine synästhetisch zu erlebende Einheit bilden und man durch sie zum Wesen oder Wesensgrund der Welt vordringen kann:

Comme de longs échos qui de loin se confondent
Dans une ténébreuse et profonde unité,
Vaste comme la nuit et comme la clarté,
Les parfums, les couleurs et les sons se répondent.[57]

Auch Valle-Inclán verbindet Sinnes-Erleben und Sinn-Erleben. Er geht in *Rosaleda* von einem (der Allegorie nahestehenden, übrigens nicht verbalisierten) Vergleich zwischen Leben und Weg durch einen nächtlichen Wald ohne Ziel aus, bringt dann die Allegorie oder den Vergleich der Hoffnung als singendes Wesen und die doppelte Metapher ein, daß der Gesang der Hoffnung auf einem als Gewächs aufzufassenden Gedicht einen Zweig sprossen läßt, und kann nun in verschiedenen Bildern das Thema der Sinn- und Wesensfindung behandeln:

Als ich durch den nächtlichen Wald ging, ohne Ziel,
hörte ich eine Hoffnung auf dem Wege singen,
in der goldenen Morgenröte. Ich ging vorbei. Ihr Gesang
ließ auf einer frischen Lyrik einen Akanthuszweig wachsen.
Aus meiner Nacht kommend, verlor ich mich in einem Gehege
von Rosen. Durch die metrischen Siegel eines Labyrinths
konjugierten die Pfade in kulteranistischer und doppeldeutiger Flucht
das Thema der antiken Fabel.
Ich sprach mit den Rosen, und wie ein Amulett
pflückte ich von den Rosen das Sterngeheimnis.
Die goldenen Versfüße
ihrer versiegelten Klauseln wurden mir enthüllt.
Meine Seele gab sich,
sich gebend genoß sie
und überstieg

ihr Wesen im Genuß.
Sie verzehrte sich
in der Freude
dessen, der weiß.

Cuando iba po la selva nocturna, sin destino,
escuché una esperanza cantar sobre el camino,
en la alborada de oro. Yo pasaba. Su canto
daba sobre una lírica fresca rama de acanto.
Saliendo de mi noche, me perdí en un recinto
de rosas. Por los métricos sellos de un laberinto,
los senderos, en fuga culterana e ambigua,
conjugaban el tema de la fábula antigua.
Conversé con las rosas, y como un amuleto
recogi de las rosas el sideral secreto.
Los números dorados
de sus selladas cláusulas me fueron revelados.
Mi alma si daba,
dándose gozaba,
y trascendía
su esencia en goce.
Se consumía
en la alegría
del que conoce.

Bei Valle-Inclán ist in diesem ästhetisch-synästhetischen Erleben der gefundene Sinn die Kunst und das mit ihr verbundene Glück, doch schwingt mit, daß nicht nur der geordnete Kosmos der Dichtung entdeckt, sondern auch die Welt durch sie gesehen wird. Bei Baudelaires Durchbruch zum Wesen der Welt wird hingegen nahegelegt, daß dieses Erlebnis ein stark ästhetisches und in gewisser Weise künstlerisches ist.

Wer durch die Aufhebung der Grenzen zwischen den Sinnen oder zwischen Sinnen und Denken zum Wesen der Welt vorstoßen will, muß die Regeln, die uns die Eindrücke zuordnen und deuten lassen, aufheben, muß ein „dérèglement des sens" anstreben. Das ist das Programm Rimbauds, an dem er auch scheitert. Der von ihm eingeschlagene Weg ist weitgehend der eines rauschhaften Erlebens der Welt. In einer Art Rausch versuchen auch andere Autoren, zum Eigentlichen oder zum Urgrund vorzustoßen. Die Möglichkeiten, Verzückung oder Ekstase zu erleben, werden in der Dichtung gesucht. Man findet sie in Liebe und Tod. Sterben und Liebeswollust werden häufig miteinander verbunden.[58] Novalis schreibt in den *Hymnen an die Nacht:*

Hinüber wall ich, / Und jede Pein / Wird einst ein Stachel /
Der Wollust sein. / Noch wenig Zeiten, / So bin ich los /
Und liege trunken / Der Lieb im Schloß. / . . . / Ich fühle des Todes/
Verjüngende Flut, / Zu Balsam und Äther / Verwandelt mein Blut – /
Ich lebe bei Tage / Voll Glauben und Mut / Und sterbe die Nächte /
In heiliger Glut.[59]

Am Schluß seines Dramas *Hernani* gestaltet V. Hugo das Zusammenfallen von Liebe und Tod, allerdings eher als Überwindung der Trennung der Liebenden durch den Tod im Augenblick ihrer Vermählung und als Triumph über den eifersüchtigen Rivalen, der den Bräutigam zum Selbstmord zwingt. Als tiefe Einheit erscheint die Verbindung von Liebe und Tod hingegen bei Richard Wagner in *Tristan*; in dieser Gleichsetzung wird wie bei Novalis die im menschlichen Erleben sonst gesetzte Grenze zwischen so verschiedenen Bereichen durchgehend geleugnet. In d'Annunzios *Trionfo della morte* sind Liebe und Tod durch die Neigung des Helden (nicht der Heldin) verbunden, sein Dasein auszulöschen und seine Geliebte in den Selbstmord mitzunehmen.[60]

Die Darstellung der Einheit von Liebe und Tod ist ein Sonderfall der Gestaltung der Einheit der elementaren Gegensätze. Leben und Tod verbindet Eichendorff, indem er sie wie Tag und Nacht aufeinander bezieht, das Sterben mit den dem Leben zugehörenden Begriffen des Lichtes, der Wärme und der Trunkenheit verbindet und den Tod positiv wertet, da er ihn mit der „wunderbaren Nacht" assoziiert:

Todeslust
Bevor er in die blaue Flut gesunken,
Träumt noch der Schwan und singet todestrunken;
Die sommermüde Erde im Verblühen
Läßt all ihr Feuer in den Trauben glühen;
Die Sonne, Funken sprühend im Versinken,
Gibt noch einmal der Erde Glut zu trinken,
Bis, Stern auf Stern, die Trunkne zu empfangen,
Die wunderbare Nacht ist aufgegangen.[61]

Leben und Tod werden bei Swinburne eins, indem er, wie es Novalis mit Liebe und Tod tut, ihnen denselben Rang zuschreibt und sie durch die Konnotationen der für sie verwendeten Wörter und Bilder als gleichwertig und als gleich zu erleben erscheinen läßt. Das tut der Engländer etwa im Vers, der das Himmelslicht des Sonnenunterganges meint: „Warm and wide as Life, and glad of death that only slays to save."[62] In seinem Gedicht *Birth and Death* stellt er eine ähnliche Verbindung her, indem er Geburt und Sterben mit natürlich aufeinander folgenden und herkömmlicherweise aufeinander bezogenen Größen (Nacht und Tag, Himmel und Erde) vergleicht und sie damit erklärt:

Birth and death, twin-sister und twin-brother,
Night and day, on all things that draw breath,
Reign, while time keeps friends with one another
Birth and death.
Each brow-bound with flowers diverse of wreath,
Heaven they hail as father, earth as mother,
Faithful found above them and beneath.
Smiles may lighten tears, and tears may smother
Smiles, for all that joy or sorrow saith:
Joy or sorrow knows not from each other
Birth and death.[63]

Rilke verbindet in der ersten der *Duineser Elegien* das Schöne und Schreckliche; er erklärt sie als zusammengehörig, als ineinander übergehend: „ . . . Denn das Schöne ist nichts als des Schrecklichen Anfang, den wir noch grade ertragen."[64] Leben und Tod macht Rilke zur Einheit, wenn er sie als schwer unterscheidbar und als in größerer Ordnung aufgehoben bezeichnet, wie Swinburne sie als aus einem Grunde kommend und in einer Ordnung beschlossen darstellte:

. . . – Aber Lebendige machen
alle den Fehler, daß sie zu stark unterscheiden.
Engel (sagt man) wüßten oft nicht, ob sie unter
Lebenden gehn oder Toten. Die ewige Strömung
reißt durch beide Bereiche alle Alter
immer mit sich und übertönt sie in beiden.[65]

Diese Autoren erreichen so, daß die Grenzen zwischen Sinn- und Weltbezirken, die wir sonst als streng getrennt ansehen und erleben, fallen und eine größere Einheit wie auch eine weitere Ordnung sichtbar wird. Sie streben damit nach der Entgrenzung im weitesten Sinn des Wortes.

Die Entgrenzung als Aufhebung der Beschränkung auf eine bestimmte Zeit und einen bestimmten Ort oder auf die dem Individuum und dem menschlichen Bewußtsein eigene Wahrnehmung der Wirklichkeit suchen und erleben Autoren des *Fin de siècle*.[66] Schon Eichendorff stellte das Erhobenwerden über Augenblick und Ort in einem Erleben der großen Einheit der Dinge in *Mondnacht* dar; dieses Gedicht endet:

Und meine Seele spannte
Weit ihre Flügel aus,
Flog durch die stille Lande,
Als flöge sie nach Haus.[67]

In dieser letzten Strophe ist die Entgrenzung einfach durch die Vorstellung des Fluges der Seele durch die Lande erreicht, also durch die Bewegung, die „real" gesehen nur eine in der Phantasie vollzogene sein kann. In der ersten Strophe gibt es Signale dafür, daß das Geschilderte nur imaginär ist („Es war, als hätt . . ."), die zweite Strophe gibt das Geschilderte als wirklich, und die dritte (zitierte) unterstreicht noch die Realität des dargestellten Fluges, indem sie ausdrücklich nur das Ziel des Fluges als gedacht bezeichnet. Das Hinübergleiten von der Vorstellung zur Behauptung der Realität ist in Gestaltungen der Entgrenzung häufig.

Gabriele d'Annunzio geht in vielen Gedichten ähnlich von dem als imaginär Dargestellten zum als real Gekennzeichneten über. In *Il Gombo* heißt es anfangs: „Die Unermeßlichkeit des Schmerzes / der unheilbaren Trauer ohne / Ende, irdisch geworden / wie (!) Niobe im feuchten Felsen / scheint (!) hier zu wohnen / am verlassenen Strand . . ." („L'immensità del duolo / del lutto immedicabile senza / fine, terrestre fatta / qual Niobe nell'umida rupe / quivi abilare sembra / nel lido deserto . . ."). Später heißt es: „Oh Niobe, deinen / alten Schrei höre ich (!) sich plötzlich erheben" („O Niobe, l'antico /tuo grido odo alzarsi repente"), oder: „Oh kühne Tantalidin, / ich sehe (!) dein sehr schönes Antlitz" („O Tandalide audace, / io veggo il tuo bellissimo volto"). So kann der Dichter zuletzt behaupten, den Gestalten des Altertums und den Trägern der großen menschlichen Tragödien nahe zu sein und so auch zum Überzeitlichen vorzustoßen: „Alles ist hier hoch und rein / und trauervoll und dem Himmel gegenüber stolz, / eingedenk der menschlichen / Größe und der göttlichen Strafen. / Und in keiner Gegend / quälten mit mehr Gewalt, ach, die kühne Seele / das Gewicht / des Körpers und die Anstrengung der Flügel" („Tutto è quivi alto e puro / e funebre e ai cieli superbo, / memore dell'umane / grandezze e dei castighi divini. / Ed in nessuna plaga / con più guerra, ahi, l'anima audace / travagliarono il peso / del corpo e lo sforzo dell'ale").[68]

Fernando Pessoa läßt in *Chuva oblíqua* das Erlebnis, Dinge aus fremden Ländern und aus alten Zeiten zu sehen, zunächst als Vorstellung eines schreibenden Dichters erscheinen, stellt dann aber den Übertritt in die andere Welt als wirklich dar, und von nun an schieben sich gegenwärtiger Augenblick und vergangene Ferne als gleichzeitig erlebt ineinander.[69]

D'Annunzio und Pessoa sprechen in den angeführten Gedichten auch von der Kunst und vom Schreiben und lassen so erkennen, daß die Entgrenzung Werk des Dichters ist und mit den Vorgängen im Dichter, vielleicht aber auch mit seinen Kunstgriffen zu tun hat. Einen Blick hinter die Kulissen der Entgrenzungs-Dichtung erlaubt uns Rimbaud. Er suchte, die Grenzen der normalen Wahrnehmung zu überwinden, und er scheiterte an der Unerreichbarkeit des Zieles (das er vielleicht ernster nahm als manche seiner Genossen). Wie folgende Stelle aus *Une saison en enfer* zeigt, hat er bewußt Mittel der Dichtung eingesetzt, um zu einer anderen Wirklichkeit vorzudringen, hat aber auch die besonderen Zustände und Dispositionen der Seele wieder zum Dichten genutzt:

„J'inventai la couleur des voyelles! – *A* noir, *E* blanc, *I* rouge, O bleu, *U* vert. – Je réglai la forme et le mouvement de chaque consonne, et, avec des rythmes instinctifs, je me flattai d'inventer un verbe poétique accessible, un jour ou l'autre, à tous les sens. Je réservais la traduction.

Ce fut d'abord une étude. J'écrivais des silences, des nuits, je notais l'inexprimable. Je fixais des vertiges. . . . .

La vieillerie poétique avait une bonne part dans mon alchimie du verbe.

Je m'habituai à l'hallucination simple: je voyais très franchement une mosquée à la place d'une usine, une école de tambours faite par des anges, des calèches sur les routes du ciel, un salon au fond d'un lac; les monstres, les mystères; un titre de vaudeville dressait des épouvantes devant moi.

Puis j'expliquai mes sophismes magiques avec l'hallucination des mots!“[70]

Mittel der ästhetischen Ordnung

In den Romanen Balzacs wird ein Geschehen als notwendig und nach einem Gesetz verlaufend dargestellt. Zugleich entspricht die Handlung dem, was der Leser als den normalen Lauf der Welt kennt; das Erzählte soll ihm das bewußt machen und zugleich helfen, die dahinter stehende Gesetzmäßigkeit zu entwickeln. Da das Ende notwendig und vorherbestimmt ist, kann Balzac vielfach folgende Form verwenden: Eine breitere Exposition mit einer Rückblende klärt die Voraussetzungen des Dramas, wenige Szenen zeigen dann den in der Exposition angelegten Verlauf, eine weitere Szene bildet den Schluß und unterstreicht die (ausgesprochene oder nur implizite) Lehre.[71] Bei Balzac ergibt sich so die Form aus der dargestellten Wirklichkeit und aus der Annahme, daß das in ihr Geschehende notwendig und durchschaubar ist, ja sogar in Regeln gefaßt werden kann. Auch bei Zola, der an die naturwissenschaftlich formulierbare Determination der Ereignisse und der menschlichen Handlungen glaubt, finden wir einen ähnlichen Aufbau wie bei Balzac.

Im 19. Jahrhundert werden aber die Voraussetzungen nicht allgemein anerkannt, die vielen Romanen Balzacs, Zolas und anderer Autoren (G. Freytag, C. F. Meyer, Grazia Deledda, E. Pardo Bazán usw.) zugrundeliegen: Die Realität scheint vielen Schriftstellern und Dichtern nicht mehr erkennbar und auf Regeln rückführbar, das Wesen der Dinge nicht mehr greifbar. Man kann daher eine Handlung nicht überschaubar machen, indem man ihre Voraussetzungen klärt und dann die Folgen nach einer (z. T. konventionellen, auch am Anfang des Werkes suggerierten) Notwendigkeit, die Wahrscheinlichkeit heißen mag, eintreten läßt. Die Ordnung des Werkes muß anders hergestellt werden, und das heißt in der Regel auch: Die Ordnung darf nicht mehr aus dem Dargestellten sich ergeben, sondern sie muß durch die Darstellung gestiftet werden.

Sicher wollen einige Autoren die Wirkung ihres Werkes nicht mehr (ganz oder teilweise) darauf gründen, daß der Leser schon während der Lektüre eine Ordnung sieht und sich vom Autor geleitet fühlt. Verga etwa begnügt sich mit dem künstlerischen Effekt, der nach Abschluß der Romanlektüre verspürt wird: Was sich in seinem Roman *I Malavoglia* findet, „das waren alles Dinge die (er) gewollt und absichtlich gesucht hatte und sie waren nicht gemacht, um das Interesse auf jeder Seite der Erzählung wachzuhalten, sondern das Interesse sollte aus dem Gesamt entstehen, nachdem man das Buch geschlossen hatte . . ." – („erano tutte cose che avev(a) volute e cercate apposta e non erano certo fatte per destare l'interesse ad ogni pagina del racconto, ma l'interesse doveva risultare dall'insieme, a libro chiuso, . . .")[72] Ebenso soll für Robbe-Grillet der Leser nach der Lektüre rückblickend den Effekt begreifen: „. . . lorsque la description prend fin, on s'aperçoit qu'elle n'a rien laissé debout derrière elle: elle s'est accomplie dans un double mouvement de création et de gommage . . .[73] Verga muß hinnehmen, daß sein Roman zunächst nicht ankommt, will aber sein künstlerisches Programm nicht widerrufen; Robbe-Grillet spricht von der „déception", die mit der Lektüre eines Romans wie dem seinen verbunden sein wird. Diese Enttäuschung liegt darin, daß der Leser sich nicht von einem sich notwendig entwickelnden Geschehen geführt fühlt.

Doch nicht alle Autoren, die keine notwendige Entwicklung mehr geben können oder wollen, entschließen sich, den Leser zunächst oder dauernd zu enttäuschen, ihm keine Reize zu bieten, die ihn schon während der Lektüre fesseln, ihn keine andere Ordnung spüren zu lassen, die ihn durch das Werk führt.

Eine Möglichkeit, den Leser nicht merken zu lassen, daß er keine Gesamtordnung des Werkes, die durch die Handlung entsteht, erkennen kann, besteht darin, jede einzelne Seite interessant zu machen. Stendhal, dessen Begabung zur sicheren Handlungsführung gering ist, gibt der jeweiligen Ausführung verschiedene Reize: Der Leser ist dauernd aufgerufen, sich zu identifizieren oder auf das Dargestellte mit Emotion, auch mit Ablehnung, zu reagieren.

Flaubert, der nicht mehr an Gesetze der Realität glaubt und zu keinen Schlüssen führen will, versucht hingegen, seinen Werken eine neue Ordnung zu geben.[74] Sein Vorgehen ist in vielen Punkten typisch. *Madame Bovary* ist in mancher Hinsicht noch wie ein Roman Balzacs aufgebaut: Es gibt eine Exposition und eine Darstellung der notwendigen Folgen der Anfangssituation. Bis zum Ende des ersten Teils werden die Voraussetzungen dargelegt, dann folgt das unabwendbare Drama Emmas. Die Technik der Schilderung wichtiger Szenen ist erkennbar. Aber neben diesem Aufbauprinzip zeichnet sich ein anderes ab, das nicht in den Fakten der Handlung, sondern in der Perspektive begründet ist. Flaubert nimmt im größten Teil des Buches den Standpunkt der Heldin ein, und er rahmt diesen Mittelteil durch Kapitel aus der Sicht Charles', diese wieder durch kurze Teile aus einer allgemeinen Sicht. Im Mittelteil aber gibt er durch die Sicht Emmas einen Wechsel zwischen erhoffter oder eingebildeter glücklicher Übereinstimmung mit der Welt und Zerbrechen des Glücks. Und schließlich kehrt das Motiv, daß Emma das Glück und die Erfüllung des Lebens bei einem Mann und in dessen Liebe sucht, viermal wieder, wie auch die Enttäuschung. Diese ist immer schmerzlicher, Emma wird immer mehr erschüttert und gefährdet. Es ergibt sich so ein Krescendo. Auch die immer wachsende Verschuldung Emmas wird zu einer Quelle der Furcht für den sich identifizierenden Leser und damit der Spannung.

In diesem Roman arbeitet Flaubert noch mit der Voraussehbarkeit und Notwendigkeit des Geschehens. In *Salammbô* ist die bei Balzac so sicher vorherbestimmte Handlung dem Zufall unterworfen. Keine Exposition macht das Ende nötig, sondern das Kriegsglück läßt die Karthager über die Söldner siegen, d. h., der Autor führt es so herbei, und das Ende Salammbôs und Mâthos ist nicht nach Gesetzen der Wahrscheinlichkeit notwendig. Das Buch bekommt Einheit durch die „purpurne Farbe", die nach Flauberts Aussage den Grundton abgibt, d. h. auch, durch die Szenen der Pracht und noch mehr durch die der Grausamkeiten und der Greuel, die immer wiederkehren. Außerdem gliedert die dreimalige Begegnung zwischen Salammbô und Mâtho den Stoff. Flaubert arbeitet mit Leitmotiven und mit der bewußten Verbindung zueinander passender Einzelheiten, die eine Einheit entstehen lassen.

Zur Einheit der Werke Flauberts trägt die mehrmalige Wiederholung eines Handlungsbogens bei. Wie Madame Bovary drei- oder viermal durch die Liebe Glück sucht und enttäuscht wird, so wird der Heilige Antonius in der *Tentation de Saint Antoine* mehrmals durch den Versucher in die höchste Gefahr gebracht und dann gerettet. In der *Education sentimentale* nähert sich der Held dreimal der angebeteten Marie Arnoux und wird von ihr getrennt. In Parallele zu diesem Geschehen steht die politische Entwicklung in Frankreich und das Geschick der Freunde Frédérics; besonders der Weg Deslauriers', der ebenso wie Frédéric einem für real gehaltenen Wunschbild (freilich keinem der Liebe, sondern der Karriere) nachgeht, zeigt viele Entsprechungen zu dem des Helden. Die Handlungen um beide Personen bilden, um einen Vergleich aus der Musik zu gebrauchen, zwei zum Teil entgegengesetzte, zum Teil parallel geführte Stimmen. Doch auch mit der Wiederaufnahme anderer Motive arbeitet Flaubert: So spielt ein Kästchen mehrmals eine Rolle. Monsieur Arnoux' Liebschaften stehen in einer gewissen Entsprechung zu denen Frédérics, seine Geschichte und ihre Entwicklung zu der Geschichte Frankreichs.

Die Handlung des Romans ist nicht mehr vorherbestimmt; insofern ist kennzeichnend, daß Frédéric durch einen Zufall reich wird, während bei Balzac der Père Grandet oder Charles Grandet auf Grund von Berechnungen und Verhaltensweisen zu einem Vermögen kommen müssen. Frédérics Weg ist auch nicht als Entwicklung eines Menschen zur Reife und zur Harmonie mit der Welt (wie bei Goethe im *Wilhelm Meister*) in sich geschlossen und menschlich begreiflich und nötig, also auch künstlerisch überschaubar. Flaubert ersetzt ältere Ordnungsprinzipien durch musikalische, durch Motivwiederholungen und durch Leitmotive.

Er kommt unabhängig von Richard Wagner zu einer Technik, die mit dessen Kompositionsweise verglichen werden kann. Auch bei Wagner treten die herkömmlichen, das musikalische Geschehen übersichtlich machenden Formen zurück: die Arie, die einzelne Nummer.

Die von Flaubert entwickelten und im Grund den neuen künstlerischen Tendenzen entsprechenden Mittel setzen sich nicht sofort durch. Seine *Education sentimentale* war zunächst nicht erfolgreich: Sie schien dem Publikum nicht überschaubar. Zola, der sie schätzte, gründete doch in der Art Balzacs die Einheit seiner Romane auf die Handlung – er sah in Flauberts Werk das Muster einer Gesellschaftsstudie, nicht einen neuen künstlerischen Weg. Ebenso suchten die Brüder Goncourt durch die Entwicklung der Helden dem Roman Einheit zu geben. Als aber Huysmans sich mit *A rebours* vom Naturalismus Zolas entfernte und nicht mehr Entwicklungen, sondern Seelenzustände beschrieb, gliederte er ähnlich wie Flaubert; er wiederholt denselben Handlungsbogen, variiert ein Motiv: Des Esseintes sucht Beschäftigung und Reize auf einem besonderen Gebiet, etwa der Gestaltung eines Hauses, eines Milieus, in der Erforschung von Synästhesien, in der Malerei, der Literatur, doch scheitert er oder gibt auf, da er nicht die nötige Energie hat oder keinen Reiz mehr verspürt.

Proust, der die Suche nach dem Sinn und dem Wesen des vergangenen Geschehens zum Gegenstand seines Romanzyklus macht, also auch die Gesetzmäßigkeiten und damit die Notwendigkeit des Geschehens nicht mehr zum Ordnungsprinzip erheben kann, arbeitet ähnlich wie Flaubert mit Leitmotiven und Variationen eines Themas oder Motives. In *Un amour de Swann* kehrt eine Melodie wieder, in der Swann sein eigenes Erleben eingefangen fühlt; diese Melodie stammt von Vinteuil, der eine schmerzliche und enttäuschende Liebe zu einem anderen Menschen ähnlich wie Swann durchmacht. Hier ist die musikalische Technik sogar zu einem Motiv des Romans geworden: Der Roman erklärt eins seiner Ordnungsprinzipien selbst.[75]

André Gide gibt ebenfalls innerhalb der *Faux-Monnayeurs* eine Erklärung zur Technik des Romans ab. Er läßt den Romancier Edouard feststellen, daß die Realität eigentlich nicht zu fassen ist: „Rien n'a pour moi d'existence, que *poétique* (et je rends à ce mot son plein sens) – à commencer par moi-même. Il me semble parfois que je n'existe pas vraiment, mais simplement que j'imagine que je suis. Ce à quoi je parviens le plus difficilement à croire c'est à ma propre réalité. Je m'échappe sans cesse . . . L'analyse psychologique a perdu pour moi tout intérêt du jour où je me suis avisé que l'homme éprouve ce qu'il s'imagine éprouver."[76] Edouard muß daher die Wirklichkeit nicht abbilden, sondern frei gestalten, und die Gestaltungsprinzipien kann ihm die Realität nicht geben.[77] So kommt er zu dem Schluß: „Ce que je voudrais faire . . ., c'est quelque chose qui serait comme l'Art de la fugue."[78] Edouard ist hier Spiegel und Sprachrohr Gides. Der Autor geht musikalisch vor, er arbeitet mit der Variation von Motiven, mit der Mehrstimmigkeit und mit der Parallelität von Themen. So werden immer wieder variiert: der Generationskonflikt, die Vater-Sohn-Beziehungen und ihre Probleme, die Schwierigkeiten mit unehelichen Kindern, die Falschmünzerei und die Schriftstellerei. Die bei Proust auch schon angedeutete Technik, die Gedanken des Erzählers einer anderen Person im Roman zuzuschreiben und eine Spiegelung des Werkes und seiner Entstehung im Werk selbst zu geben, wird in *Les Faux-Monnayeurs* durchgeführt. Gide tut mit seinem Geschöpf Edouard, was dieser mit einem erfundenen Romancier vorhat, als er schreibt: „J'invente un personnage de romancier, que je pose en figure centrale; et le sujet du livre, si vous voulez, c'est précisément la lutte entre ce que lui offre la réalité et ce que, lui, prétend en faire."[79]

Eine vergleichbare Technik findet man auch außerhalb Frankreichs bei Pirandello, James Joyce und Thomas Mann. Für Pirandello ist die Realität nicht mehr begreifbar, und der Dichter kann sie nicht mehr abbilden und durch die Darstellung ihrer Gesetzmäßigkeit seinem Werk eine feste Struktur geben.[80] In *I vecchi e i giovani* variiert Pirandello ein Motiv immer wieder: das des verschiedenen Bildes, das die Menschen von sich und den Personen um sich haben, und der verschiedenen Interpretationen, die man einem Ereignis oder einer Handlung geben kann. Mit der Verdoppelung eines Motives arbeitet Pirandello noch raffinierter als Gide: Im Drama *Ciascuno a suo modo* wird das Verhältnis von angeblicher Realität und deren Wiedergabe im Kunstwerk zum Problem des Kunstwerkes selbst; der Konflikt, der zwischen den angeblichen Personen der Realität und denen, die ihr Schicksal abbilden, d. h. zwischen Abgebildetem und Abbildung, wird zum Gegenstand der Dichtung. Der Konflikt und damit die Spannung im Werk wird also aus dem künstlerischen Prinzip selbst gewonnen, und Pirandello arbeitet mit der Verdoppelung des Motives so, daß zuletzt keine „reale" Lösung des „wirklichen" Konfliktes mehr möglich ist, er erreicht aber eben dadurch die künstlerische Lösung, d. h. den Abschluß. Ähnlich ist auch der Aufbau in *Sei personaggi in cerca d'autore* oder in *Enrico IV*: Man könnte auch hier von einer Kunst der Fuge sprechen.

Bei Gide und bei Pirandello wird ein Thema einmal von der „realen" Person vorgeführt, einmal in Nachahmung oder Darstellung dieser „realen" Person gespielt oder wiedergegeben. Schon das macht den Eindruck der Fuge. Bei Joyce gibt es das „reale"

Geschehen oder Erleben des Stephen Dedalus und seiner Bekannten, doch ist dieses Geschehen eine Wiederholung der Abenteuer des Ulysses, und die Stephen- und Odysseus-Ebene sind Spiegel voneinander. Auch hier entsteht so eine Art komponierter Mehrstimmigkeit. Wenn der Leser einmal begriffen hat, daß die Erlebnisse der *Odyssee* und des *Ulysses* sich entsprechen, wird er durch die einzelnen Episoden des Romans durch den Vergleich mit denen des Epos geführt. Ohne Notwendigkeit des Geschehens entsteht so eine Ordnung.[81]

Thomas Mann spielt gleichsam sämtliche Möglichkeiten durch, künstlerische Ordnung zu schaffen. Der erste Roman, *Buddenbrooks*, läßt eine in den Dingen liegende Notwendigkeit, das Gesetz des Absteigens einst emporgekommener Familien, erkennen, so daß die Erwartung des Lesers gelenkt ist. In der ersten großen Szene des Romans sprechen die Helden schon vom Niedergang einer anderen Familie. Diese Dekadenz geht einher mit stets wachsender Verfeinerung, so daß die Hypersensibilität (wie die Schwäche) des kleinen Hanno deutlich das Ende der Familie markiert. Diese an Balzac und Zola erinnernde Determination der Handlung im Roman durch ein Gesetz der Realität ist in späteren Romanen nicht mehr das Ordnungsprinzip und leitet den Leser nicht allein. In *Der Erwählte* arbeitet der Dichter vielmehr mit Vorhersagen (und natürlich mit den dem Erzähler stets zur Verfügung stehenden Mitteln der Vorausdeutung). In *Doktor Faustus* ist das Geschehen vorhersehbar, weil der Teufel dem Helden in dessen Fiebervision die Entwicklung ankündigt, aber auch, weil das Leben Adrians auf das des Faust projiziert werden kann und als reales das der mythischen Figur und seine Episoden wiederholt. Dabei gibt es übrigens wie bei Gide einen Erzähler im Roman, der hier freilich stärker als bei dem Franzosen die Perspektive des Berichts bestimmt und dabei sogar seine eigene Zeit, die des Dritten Reiches und seiner Entwicklung, als weitere reale Zeitebene einblendet; allerdings kommt auch bisweilen der Held selbst zu Wort, etwa in seiner Aufzeichnung der Begegnung mit dem Teufel, aber auch in gewisser Weise im Programm, im Inhalt seiner Musik. In *Joseph und seine Brüder* stellt Mann ebenfalls eine „mythische“, das Grundschema abgebende Ebene neben das reale Geschehen. Dieses wiederholt und variiert einen Ablauf, der besprochen wird. Außerdem verwendet Mann Leitmotive wie das von der Zuwendung des Segens oder der Liebe an einen Sohn, der kein besonderes Recht darauf hat (Jakob und Joseph), und er wiederholt das Motiv des Hasses auf den bevorzugten Bruder.

Die Wiederkehr ist ein beliebtes Ordnungsprinzip. Es muß nicht unbedingt ein Thema oder ein Motiv mehrmals erscheinen (wie die Begeisterung für ein Wissensgebiet und die nachfolgende Enttäuschung in Flauberts *Bouvard et Pécuchet*, wie der „acte gratuit“ und das im naturalistischen Sinne nicht motivierte Handeln in Gides *Les caves du Vatican*). Auch ein Vers, eine Wortgruppe kann aufgenommen werden. Verlaine variiert so in *Bruxelles (Chevaux de bois)* den ersten Vers: „Tournez, tournez, bons chevaux de bois“, in Rilkes diesem Gedicht entsprechenden *Karussell* kehrt der Vers „Und dann und wann ein weißer Elephant“ wieder. Weinheber variiert im Gedicht *Im Grase* die beiden ersten Verse „Glocken und Zyanen, / Thymian und Mohn“, d'Annunzio nimmt in *La pioggia nel pineto* Wörter und Wortgruppen auf und variiert sie. In diesen Gedichten schafft die an sich alte Refraintechnik die Stimmung und gibt einer Abfolge loser Assoziationen Einheit.

All diese neuen Kunstmittel, die eine ästhetische Ordnung herstellen, erklären sich aus dem gewandelten Weltbild. In der früheren Dichtung strebte gewöhnlich das Werk (die Erzählung, die Lyrik) auf die Lösung eines Problems (d. h. auf die Beendung der Trennung, auf die Belohnung des Guten, auf die Beantwortung einer Frage, auf die Schlußfolgerung) hin und fand darin die Rundung. Im 19. Jahrhundert wird häufig die

Darstellung eines Problems nicht mit der Lösung beendet, sondern mit der Behauptung oder dem Nachweis der Unlösbarkeit dieses Problems. Während Goethe im *Wilhelm Meister* die Frage nach der richtigen Einstellung zum Leben und nach der Möglichkeit der Erfüllung zu einem positiven Ende führt, zeigt Stendhal in *Le rouge et le noir*, daß die Übereinstimmung von Individuum und Welt nicht möglich ist, und Flaubert gibt in der *Education sentimentale* (wie schon in *Madame Bovary*) dem Helden nicht die Fähigkeit oder die Möglichkeit, das Wesen der Welt zu erfassen und so zu einer wirklich angemessenen Haltung ihr gegenüber zu kommen. Das wird im Laufe der Handlung immer deutlicher. Das Thema des Scheiterns gestaltet Mallarmé in *Le vierge, le vivace et le bel aujourd'hui*, indem er die Frage nach der möglichen Befreiung und Belebung des „heute" in die Darstellung des Beharrens und der Gefangenschaft eines Schwanes im Eise münden läßt. Pirandello bringt statt der Klärung des wahren Sachverhaltes in *Ciascuno a suo modo* und in *Così è (se vi pare)* als Schluß die Offenbarung der unaufhebbaren Widersprüchlichkeit. Der Genuß der ästhetischen Ordnung ersetzt die Befriedigung über die Lösung eines Problems.

Wir können nicht alle Möglichkeiten der Dichtung aufzählen. Valéry meint, daß schon die der Lyrik nicht ausgeschöpft werden können.[82] Er unterscheidet zwischen der Prosa (der Sprache, die der Mitteilung dient) und der „Poesie" und vergleicht jene mit dem Gehen, das zu einem Ziel hinführt, und diese mit dem Tanz, von dem er sagt: „Il s'agit donc, non point d'effectuer une opération finie . . .; mais bien de créer, et d'entretenir en l'exaltant, un certain *état*, par un mouvement périodique qui peut s'exécuter sur place; mouvement qui se désintéresse presque entièrement de la vue, mais qui s'excite et se règle par les rythmes auditifs."[83] Die Mittel, die nicht der Sinnmitteilung, sondern der Herstellung eines Zustandes eigen sind, muß die Dichtung suchen. Es sind vor allem musikalische, und Valéry vergleicht die Dichtung gern mit der Musik. Von einem seiner Gedichte schreibt er: „*La Jeune Parque* fut une recherche, littéralement indéfinie, de ce qu'on pourrait tenter en poésie qui fut analogue à ce qu'on nomme 'modulation' en musique."[84] Und allgemein soll von der Dichtung gelten: „. . . la poésie exige ou suggère un . . . univers de relations réciproques, analogues à l'univers des sons, dans lequel naît et se meut la pensée musicale. Dans cet univers poétique, la résonance l'emporte sur la causalité, et la 'forme', loin de s'évanouir dans son effet, est comme *redemandée* par lui."[85]

Einige Mittel, mit denen Dichter, die nicht mehr das Ziel haben, Aussagen zu treffen, die auch in nicht dichterischer Form möglich sind, haben wir genannt. Wie aber die Autoren in jedem einzelnen Fall einem Werk, das nicht mehr von der Aussage lebt, innere Ordnung geben, kann man nur durch die Analyse der Komposition klären. Auf diese Weise wird man wahrscheinlich auch erkennen, worin und wieweit die Literatur des 19. und beginnenden 20. Jahrhunderts etwa den *nouveau roman* vorwegnimmt, für den es nach den Worten Robbe-Grillets ja darauf ankommt, nichts mehr darzustellen oder zu beschreiben, sondern nur die Eigenbewegung der sich selbst aufhebenden Darstellung nachvollziehen zu lassen; mit den dazu geeigneten Mitteln hat sich Robbe-Grillet beschäftigt und eine Reihe von ihnen erklärt.

Anmerkungen

1 Eichendorffs Werke. Dritter Teil. Berlin usw. o. J. S. 126.
2 Während F. Schlegel den Begriff des Romantischen auch in der Bedeutung des Romanhaften (er dachte wohl an Goethes *Wilhelm Meister*) verwandte, war für Hugo die romantische, d. h. die fortschrittliche und führende Gattung das Drama. In Frankreich wurden der Roman und vor allem die kürzere Erzählung erst später (oder gar nicht) ernstgenommen.
3 „. . . les très belles œuvres . . . sont sereines d'aspect et incompréhensibles." Brief an L. Colet vom 26. August 1853. In: Correspondance 1853–1856. Hrsg. v. M. Nadeau. Lausanne 1964. S. 249.
4 A. Gide: Romans. Paris 1961 (= Bibl. de la Pléiade. 135). S. 1081.
5 „Ce que je voudrais faire . . ., c'est quelque chose qui serait comme l'Art de la fugue." Ebd. S. 1084.
6 Ebd. S. 1082.
7 Hugo Friedrich: Die Struktur der modernen Lyrik. Hamburg 1956. S. 104.
8 Mallarmé: Œuvres complètes. Paris 1961. S. 73.
9 Ebd. S. 53 f. Vgl. H. Friedrich. A.a.O. S. 74 f.
10 G. Pascoli: Poesie. Hrsg. v. L. Pietrobono. Verona ^{16}1941. S. 7.
11 Ebd. S. 7 f.
12 Ebd. S. 65 ff.
13 Wir werden noch auf das umgekehrte Vorgehen d'Annunzios und anderer Dichter eingehen, etwas zunächst nur als Vorstellung Bezeichnetes mit Realität auszustatten. Deutlich ist dieses Vorgehen in *Il gombo*. In *Elevazione* läßt der Autor die Liebe als vergangen erscheinen, stellt sie aber am Schluß in einem als gegenwärtig gegebenen Vergleich wie bestehend und allgegenwärtig dar. Freilich wird der Schluß auch durch die Prämissen in gewisser Weise aufgehoben (G. d'Annunzio: Versi d'amore e di gloria. Mondadori ^{3}1959. Bd. 1. S. 327 ff.). In *La sera* nimmt d'Annunzio den angedeuteten Übergang vom Vorgestellten zum real Erlebten bewußt zurück, um so die Stimmung der Melancholie und des nicht erfüllten Sehnens zu erreichen (ebd. S. 636 ff.).
14 Thomas Mann: Joseph und seine Brüder. Bd. 1. Fankfurt 1962. S. 9 f.
15 Ebd. S. 125.
16 Besonders auffällig ist die Technik des Negierens des eben Gesagten in den folgenden Sätzen: „Il remarque à cet instant que la porte est entr'ouverte: porte, couloir, porte, vestibule, porte, puis enfin une pièce éclairée . . . Non. Porte entrebâillée. Couloir, Escalier . . . Non. Non. Non./ La porte n'est pas entrebâillée." A. Robbe-Grillet: Dans le labyrinthe. Paris 1964. S. 102 f.
17 Robbe-Grillet: Nouveau roman, homme nouveau. In: Pour un nouveau roman. Paris 1963. S. 127.
18 Ebd. S. 42.
19 Die Zusammenfassung oder die das Geschehen noch einmal unterstreichende und beleuchtende Pointe, die auch das Abgründige in der Seele des Menschen zeigt, findet sich bei Mérimée auch in *Mateo Falcone* (da der Vater nach der Tötung des Sohnes weiter ein bürgerliches Leben führt) oder in *Colomba* (da der unversöhnliche unweibliche Haß der Titelheldin noch einmal im Triumph über den unterlegenen Gegner aufblitzt).
20 The Philosophy of Composition. In: Edgar Allan Poe: The Works. Bd. 6. Literary Criticism. Bd. I. New York 1914. S. 36 ff.
21 Wenn Mérimée nach der eigentlichen Handlung von *Carmen* noch ausführlich über die Zigeuner berichtet, so geht er nicht auf Carmen und José ein; der Leser, der einen Kommentar zur Handlung erwartet hat, wird so enttäuscht.
22 E. Zola: Œuvres complètes. Bd. 36. Contes et nouvelles. Bd. 1. Paris 1928.
23 Nouveaux contes cruels et Propos d'au-delà. Paris. o. J. S. 17 ff.
24 Contes et facéties. In: G. de Nerval: Œuvres. Bd. 1. Paris 1960. (= Bibl. de la Pléiade. 89). S. 469 ff.
25 Contes et nouvelles. Bd. 1. S. 251 ff.
26 W. Krömer: Die französische Novelle im 19. Jahrhundert. Frankfurt a. M. 1972. S. 154 ff.
27 V. Hugo: Œuvres poétiques. Bd. 1. Paris 1968 (= Bibl. de la Pléiade. 191). S. 653 ff.
28 Pierre Martino: L'époque romantique en France 1818–1830. Paris ^{3}1944. S. 146 f.
29 Œuvres poétiques. Bd. 1. S. 500 ff.

30 España. In: Poésies complètes. Bd. 2. Paris 1912. S. 99.
31 Ebd. S. 98.
32 The Works of Oscar Wilde. London u. Glasgow ^{2}1949. S. 126 f.
33 Banville: Œuvres. Bd. 7. Genf 1972. S. 231.
34 Paul Valéry: Œuvres. Bd. 1. Paris 1959 (= Bibl. de la Pléiade. 127). S. 1503 f.
35 Ema Tarracha Ferreira (Hrsg.): Antologia Literária comentada. Lisboa o. J. S. 165.
36 Das Gedicht XI der *Oaristos* enthält etwa die Verse: „As estrelas en seus halos / Brilham com brilhos sinistros . . . / Cornamusas e crotales, / Cítolas, cítaras, sistros, / Soam suaves, sonolentos, / Sonolentos e suaves, / em suaves, / Suaves, lentos lamentos / De acentos / Graves / Suaves . . ." Ebd. S. 233 ff.
37 Camilo Pessanha: Clepsidra e outros poemas. Lisboa 1969. S. 243 f.
38 A. Machado y Ruiz: Poesías completas. Madrid 1941. S. 99.
39 Rilke: Werke. Bd. 1. Frankfurt 1957. S. 182 f.
40 L. Zörner: Die schockierende Novelle im 19. Jahrhundert (unter besonderer Berücksichtigung von Pétrus Borel und Jules-Amédée Barbey d'Aurevilly. Masch. Diss. Innsbruck 1975.
41 Barbey d'Aurevilly: Œuvres romanesques complètes. Bd. 1. Paris 1964 (= Bibl. de la Pléiade. 175). S. 1 ff.
42 Contes cruels. Paris 1956. S. 114 ff.
43 Ebd. S. 9 ff.
44 A. Schnitzler: Das erzählerische Werk. Bd. 2. Frankfurt 1978. S. 42 ff., 267 ff.
45 Ebd. S. 207 ff.
46 Ch. Nodier: Contes. Hrsg. v. P.-G. Castex. Paris 1961. S. 660 ff.
47 Villiers de l'Isle-Adam: Les trois premiers contes . . . Ed. critique par E. Drougard. Bd. 2. Paris 1931.
48 Ebd. S. 13.
49 „Azraël, Poème en prose. A Richard Wagner. Au prince de la profonde musique ce poème est dédié." Ebd. Bd. 1. S. 211.
50 Victor Hugo: Voix intérieures X. In: Œuvres poétiques. Bd. 1. S. 964.
51 Le satyre. In: La légende des siècles. La fin de Satan. Dieu. Paris 1962 (= Bibl. de la Pléiade. 82). S. 429.
52 In *Les phares* werden künstlerische Leistungen zu Leuchttürmen der Menschheit.
53 In *La beauté* ist die Schönheit eine Sphinx.
54 Ema Tarracha Ferreira (Hrsg.): Antologia literária comentada. A.a.O. S. 220.
55 Caminho. In: Camilo Pessanha: Clepsidra e outros poemas. Lisboa 1969. S. 163.
56 Ramón de Valle-Inclán: Obras escogidas. Madrid 1961. S. 1218.
57 Im Sonett *Voyelles* behauptet Rimbaud, den Ursprung (d. h. wohl auch das Wesen) der Vokallaute zu kennen und beschreibt ihn dann durch sinnliche Assoziationen.
58 Das findet sich schon bei Jean Antoine de Baïf im Sonett *O doux plaisir plein de doux pensement*. Französische Gedichte aus sechs Jahrhunderten. Hrsg. v. F. Schalk. Bremen o. J. S. 100.
59 Vgl.: „Du kommst, Geliebte – / Die Nacht, ist da – / Entzückt ist meine Seele – / Vorüber ist der irdische Tag, / Und du bist wieder Mein. / Ich schaue dir ins tiefe dunkle Auge, / Sehe nichts als Lieb u(nd) Seligkeit. / Wir sinken auf der Nacht Altar, / Aufs, weiche Lager – / Die Hülle fällt / Und angezündet von dem warmen Druck, / Entglüht des süßen Opfers / Reine Glut." Schriften. Bd. 1. Darmstadt 1977. S. 132.
60 Das Thema der Einheit von Liebe und Tod findet sich auch in Pirandellos Novelle *Il viaggio* und in Thomas Manns *Tod in Venedig*.
61 Eichendorffs Werke. Erster Teil. Berlin usw. o. J. S. 91 f.
62 Algernon Charles Swinburne: The Complete Works. Bd. 6. The Poetical Works. Bd. 6. New York 1968. S. 149.
63 Ebd. Bd. 5. S. 34.
64 Rilke: Werke. Bd. 1. Frankfurt 1957. S. 233.
65 Ebd. S. 235.
66 H. Koopmann: Entgrenzung. In: Fin de siècle. Hrsg. v. R. Bauer u. a. Frankfurt a. M. 1977.
67 Werke. Erster Teil. A.a.O. S. 93 f.
68 G. d'Annunzio: Versi d'Amore e di Gloria. Bd. 2. Mondadori ^{3}1959. S. 654 ff.
69 Fernando Pessoa. Poesías. Lisboa. ^{9}1973. S. 29.
70 Arthur Rimbaud: Œuvres complètes. Paris 1960 (= Bibl. de la Pléiade. 68). S. 233 f.
71 Maurice Bardèche: Balzac romancier. La formation de l'Art du Roman chez Balzac . . . Genf 1967.

72 Brief an L. Capuana. Milano, 25. Febr. 1881. In: Giovanni Verga: Opere. A c. di L. Russo. Milano u. Napoli 1965. S. 891.
73 Pour un nouveau roman. Paris 1963. S. 127.
74 Vgl. W. Krömer: Flaubert. Darmstadt 1980.
75 Marcel Proust: A la recherche du temps perdu. Bd. 1. Paris 1968 (= Bibl. de la Pléiade. 100). S. 208 ff., 344 ff.
76 A. Gide: Les Faux-Monnayeurs. In: A. Gide: Romans. Paris 1961 (= Bibl. de la Pléiade. 135). S. 987 f.
77 Ebd. S. 990, 1022.
78 Ebd. S. 1084.
79 Ebd. S. 1082.
80 Mit diesen Problemen beschäftigt sich Pirandello u. a. im Vorwort zu *Sei personaggi in cerca d'autore* und in den Bemerkungen zu *Il fu Mattia Pascal.*
81 Ganz ähnlich ist noch *L'emploi du temps* von M. Butor aufgebaut. In diesem (übrigens in einer englischsprachigen Stadt spielenden) Roman gibt es eine mythische und eine reale Ebene, die sich entsprechen und aufeinander verweisen, aber es gibt innerhalb der realen Ebene auch zwei Zeiten, da der Erzähler zugleich die Gegenwart und die vergangenen Ereignisse bespricht. Die zwei realen und die mythische Zeit ergeben so die drei Stimmen einer mehrstimmigen Komposition.
82 Paul Valéry: Œuvres. Bd. 1. Paris 1959 (= Bibl. de la Pléiade. 127). S. 1338.
83 Ebd. S. 1330, vgl. S. 1370.
84 Ebd. S. 1473, vgl. S. 1483.
85 Ebd. S. 1502.

SCHLUSS

Zusammenfassung

In unserer Untersuchung gingen wir folgender Frage nach: Welcher Zusammenhang besteht zwischen Weltanschauung und Hochschätzung der Dichtung im 19. Jahrhundert?

Daher mußten wir zunächst die Weltanschauung untersuchen. Es ergab sich ein starker Pessimismus, der allerdings zum Teil unterschwellig bleibt. Obwohl man sich bemüht, die Welt zu erklären, sie annehmbar zu finden und sich Gründe zu geben, glücklich zu sein, können viele Menschen die Welt nicht annehmen, fühlen sich von dunklen Kräften bedroht, können sich die Welt nicht deuten und leiden an der Gesellschaft, finden auch keinen Sinn in der Geschichte oder beurteilen die Entwicklung der Menschheit als schlecht.

Wenn die rationale, philosophische, säkularisierte Weltbetrachtung kein Glück offenbart, kann vielleicht die Religion eine Rettung bieten. Doch obwohl die Religion im 19. Jahrhundert noch offiziell anerkannt wird, kann sie die Sehnsucht nach Erlösung nicht befriedigen, und Gott scheint die Welt so schlecht eingerichtet zu haben oder so ungerecht zu sein, daß man sich gegen ihn empört; auch wird der Versuch gemacht, die Religion umzubilden oder einen neuen Glauben zu entwickeln.

Da in rationaler oder religiöser Weltbetrachtung kein Trost und keine Rettung zu finden ist, setzen viele Menschen ihre Hoffnung auf die Dichtung. Die Kunst und besonders eine ihrer Formen, die Dichtung, scheint die Möglichkeit zu bieten, in ein befriedigendes Reich der ästhetischen Bezüge oder in eine vorgestellte bessere Welt auszuweichen oder Erkenntnisse und einen Glauben zu artikulieren, ja zu finden, die man auf andere Weise nicht vertreten oder erhalten kann. Die Dichtung erlaubt auch, sich aus der Gesellschaft, an der man leidet, zurückzuziehen in einen elfenbeinernen Turm; damit verbindet sich die Verachtung des Dichters für den Leser oder das Publikum.

Der Dichter reflektiert aber über die Kunst, er beschäftigt sich mit den Gründen, deretwegen er sich der Kunst zuwandte, mit den Möglichkeiten, die sie ihm eröffnet, sowie mit seinem eigenen Tun. So müssen sich die Themen der Erlösung und ihres Ausbleibens, der Bedrohung durch überirdische und andere Mächte, des Bösen und Abgründigen in der Welt und im Menschen in der Dichtung finden, aber auch die Themen des Genusses, den die Kunst bietet, des künstlerischen Schaffens und des Künstlers, und dabei muß sich eine Bestätigung unserer Ausführungen über die Weltbetrachtung ergeben.

Da aber die Kunst so eine besondere Rolle bekommt, muß sie sich auch verändern. Sie soll ja nicht mehr in einem bejahten Leben innerhalb der Gesellschaft, das auch durch die Religion bestimmt ist, dazu dienen, daß man sich den Geboten, die das Zusammenleben mit den anderen Menschen regeln und deren Beachtung Erlösung bringt, unterwirft und Erkenntnisse über die Welt und Gott erhält, die zum Glück im Diesseits und im Jenseits führen. Daher muß die Kunst zu einem Spiel, zu einem Zweck an sich werden und aufhören, Aussagen über Gott und Welt zu bringen; sie sucht also rein ästhetische Wirkungen. Oder aber sie muß die Erkenntnisse, die Ratio und Glauben nicht mehr bieten können, finden. Die dazu verwendeten Mittel waren zu untersuchen und als weitere Bestätigung unserer These zu finden.

Ich hoffe, diese Aufgabe gelöst zu haben. Freilich darf man nicht glauben, daß es nur die skizzierten Gedanken im 19. Jahrhundert gegeben hat. Das Denken und Fühlen des Menschen ist vielschichtig und widersprüchlich; ein vollständiger Verzicht auf Hoffnung, eine vollkommene Abkehr von der Gesellschaft, eine reine Beschränkung auf den ästhetischen Genuß ist nicht möglich, und die gesellschaftsfeindliche und amoralische Tendenz des dargestellten Dichtungskultes mußte eine Sanktion durch die Gesellschaft und durch andere Mächte erfahren, die so stark war, daß sich jene Tendenz nicht schlackenlos zeigte. Es wird aber kein Literaturwissenschaftler mathematische Evidenz erwarten.

Die Fragwürdigkeit der Unterteilungen des 19. Jahrhunderts

Dieses Buch ist aus der Absicht entstanden, die Dekadenz- oder *Fin de siècle*-Literatur zu untersuchen. In der Tat behandelt es Phänomene, die man als kennzeichnend für *Décadence* oder *Fin de siècle* ansieht, besonders den Ästhetizismus. Es zeigte sich aber bei der Vorbereitung des Buches, daß es nicht sinnvoll war, sich auf die Zeit ab 1885 oder um 1900 etwa zu beschränken. Vielmehr ergab sich nicht nur eine durchgehende Entwicklung, sondern auch eine Grundhaltung, die seit der Romantik bestand: Die sogenannte *Décadence* oder das angebliche *Fin de siècle* lassen sich (wenigstens unter dem Gesichtspunkt, unter dem wir sie betrachten) am besten in einem größeren Zusammenhang verstehen.

Es stellt sich daher die Frage, ob man überhaupt *Décadence* oder *Fin de siècle* von der vorhergehenden (und gleichzeitigen) Literatur als Epoche (oder Strömung) scharf trennen kann und welchen Wert die herkömmlichen Einteilungen und Epochenbezeichnungen (Romantik, Realismus, u. U. Naturalismus, Symbolismus, Impressionismus, Neuromantik usw.) haben. Hier wird man einwenden, daß etwa E. Koppen in seinen beeindruckenden Untersuchungen die Bedeutung von „Décadence“, „Fin de siècle“ und „Symbolismus“ zu bestimmen versucht hat.[1] Diese Begriffe streng zu unterscheiden, kann wohl sinnvoll sein, solange nicht die Werke oder Autoren dann einer dieser Strömungen oder Epochen ausschließlich zugeschrieben werden.[2] Weil aber diese Gefahr sehr groß ist und weil letzten Endes die Bestimmung von *Fin de siècle* und ähnlichen Begriffen sehr prekär ist und eigentlich nicht viel bringt, verzichte ich bewußt darauf. Eher sehe ich die Kontinuität seit der Romantik oder das Fortbestehen romantischer Ansätze und Haltungen.

Daß die genannten Größen schwer zu scheiden sind, kann ein Blick in das (auf Unterlagen des Brockhaus-Verlages beruhende) *dtv-Lexikon* zeigen. Unter dem Stichwort „Fin de siècle“ findet man auch einen Verweis auf „Dekadenz“, dort kann man lesen: „Im 19. Jh. wird die europäische Kultur in wachsendem Maß von Dekadenzgefühl ergriffen. Charakteristisch ist der zunehmende Pessimismus und Weltschmerz (Byron, Heine, Musset, Leopardi). In der 2. Hälfte des 19. Jhs. ist die D. gekennzeichnet durch das Pendeln zwischen Ekel und sinnlichem Raffinement, durch den Kult des Hinfälligen und Verderbt-Schönen und die völlige Ablösung der Kunst von den sittlichen Werten (Baudelaire, französ. Symbolismus, O. Wilde u. a.). Nietzsche bezeichnete R. Wagner als typischen *décadent.* In Dtl. sind Dekadenzgefühle vielfach bestimmend für die Dichtung der Impressionisten und Neuromantiker, von

Schnitzler, Altenberg, Hofmannsthal, Rilke, Thomas Mann u. a." Man mag darauf hinweisen, daß das *dtv-Lexikon* kein literaturwissenschaftliches Werk ist. Doch das *Literaturwissenschaftliche Wörterbuch für Romanisten* von R. Hess, M. Frauenrath und G. Siebenmann[3] bringt unter „Symbolismus" kaum eine Möglichkeit der klaren Abgrenzung (wie auch nicht unter „Modernismo", worauf verwiesen wird; „Fin de siècle" führt dieses Nachschlagewerk nicht auf). Unter „Dekadenzdichtung" kann man (im leichten Gegensatz zum Artikel „Symbolismus") lesen, sie sei „im engeren Wortsinn . . . eine Strömung der fr. Lit. seit Mitte des 18. Jh.s mit Höhepunkt in den 80er Jahren, wo sie sich unter dem Namen Symbolismus fortentwickelt hat". Ein Blick auf die Spezialliteratur läßt weitere Schwierigkeiten der Abgrenzung erkennen. So bespricht H. H. Hofstätter in seinem Buch *Symbolismus und die Kunst der Jahrhundertwende*[4] Phänomene, die auch in dem mit dem Titel *Fin de siècle* von R. Bauer u. a. herausgegebenen Buch[5] behandelt werden. Es zeigt sich ferner, daß auch der Begriff „Ästhetizismus" mit „Fin de siècle" konkurriert. H. Hinterhäusers Buch *Fin de siècle*[6] geht auf Phänomene wie den Dandy ein, die ebenfalls Ralph-Rainer Wuthenow in *Muse, Maske, Meduse. Europäischer Ästhetizismus*[7] bespricht.[8] Selbst da, wo man sich auf die Verwendung eines Begriffes wie „Fin de siècle" einigt, scheint seine Abgrenzung nicht immer klar. Für R. Bauer ist Richard Wagners Gesamtkunstwerk wie der in ihm und bei Autoren wie Hofmannsthal gemachte Versuch einer Gesamtdeutung der Welt eine Überwindung des *Fin de siècle;* H. Koopmann sieht im von Bauer herausgegebenen Band *Fin de siècle* das etwa bei Hofmannsthal zu beobachtende Phänomen der Entgrenzung als dem *Fin de siècle* zugehörig an, obwohl es mit der Weltdeutung und Welterfassung, wie Bauer sie als nicht mehr *fin-de-siècle*haft ansieht, viel gemein hat. Für Wuthenow sind Hofmannsthal und Wagner Vertreter des Ästhetizismus.[9]

Kaum wird es gelingen, durch den Wortgebrauch der Zeitgenossen eine Benennung für eine Epoche als richtig und gültig zu erweisen. Koppen führt mit kritischem Abstand die frühen Gleichsetzungen des Dekadenten mit dem Romantischen an – sie widersprechen offenbar seinem Wunsch nach einer genaueren Bestimmung des Dekadenten.[10] Wer an die Notwendigkeit und Möglichkeit einer strengen Scheidung glaubt und dabei die zeitgenössischen Aussagen zur Begründung heranzieht, muß sicher darüber bestürzt sein, daß Hugo von Hofmannsthal im Nachwort auf Théodore de Banville diesen Autor den „Watteau des romantisme" und einen „Romantique impénitent" nennt[11] und Hermann Bahr die Vertreter der *Décadence* „wie neue Romantiker" sieht.[12]

Nach meiner Meinung zeigt sich hier die – auch von Koppen erkannte – Verbindung von dem, was wir Romantik nennen, und der Literatur am Ende des 19. Jahrhunderts.

In meiner Untersuchung *Die französische Romantik*[13] komme ich zu dem Schluß, daß der alles erklärende Wesenskern der Romantik nicht gefunden oder bestimmt werden kann, daß sie ohne Vorwissen oder genauer ohne vorhergehende stillschweigende oder zugegebene Festsetzung, welchen Zeitpunkt der Literaturentwicklung man als den Höhepunkt der Romantik oder als für sie typisch ansehen will, auch nicht gekennzeichnet oder durch die Aufzählung ihrer kennzeichnenden Züge umrissen werden kann – und dabei sind diese Züge nicht einmal logisch miteinander verbunden. Ich habe dort auch eine „beschreibende Aufzählung" der Züge, welche die französische Romantik kennzeichnen, versucht und unter anderem ausgeführt: „Pessimismus, Isolierung, Gefühl der Einsamkeit, mangelnder Glaube an eine erkennbare leitende Macht oder Zweifel an deren Güte, Skepsis gegenüber der Erkennbarkeit der Prinzipien der

Welt charakterisieren das romantische Welterleben, die unbewußte und unterschwellige Weltsicht; das Streben nach Überwindung des Zweifels und nach Einklang mit der Welt und die Suche nach der Verbindung mit der Schöpfermacht einerseits, oder andererseits die Empörung gegen den Schöpfer, die Ablehnung der Welt und der sie bestimmenden Mächte und Prinzipien charakterisieren die bewußte Weltanschauung."[14] Diese Züge scheinen mir auch die europäische Literatur um und nach 1900 noch zu kennzeichnen.

Als Züge des romantischen Fühlens sah ich „Individualismus, Ich-Bezogenheit, Sentimentalität, Melancholie, Exaltation, Phrenesie" an.[15] Individualismus und Ich-Bezogenheit sind auch für das Ende des 19. und den Beginn des 20. Jahrhunderts typisch (man denke an Proust, Gide, Hofmannsthal, Rilke, George, Carducci, d'Annunzio, Valle-Inclán); ebenso ist die Melancholie weitverbreitet (Maeterlinck, Cesário Verde, Pessoa, Carducci, Pardo Bazán, Pérez Galdós, Rilke) und bildet den Hintergrund eines sehr großen Teils der Literatur. Die Werke sind weniger exaltiert als in Frankreich um 1830, die Phrenesie hat ihre Erscheinungsformen geändert, ist kälter geworden, doch vorhanden (man denke an Georges *Algabal,* Wildes *Salomé,* H. Manns *Die Jagd nach Liebe,* Th. Manns *Tod in Venedig,* d'Annunzios *Trionfo della morte*). Offene Sentimentalität ist selten geworden.

Am stärksten hat sich die Dichtungslehre gewandelt, denn „die Forderungen der Wirklichkeitstreue, der historischen Richtigkeit, der Wiedergabe des Wesens der Welt, der Originalität, der Begeisterung, des Gefühls, der Volkstümlichkeit oder auch der handwerklichen und artistischen Meisterschaft, der Freiheit von Regeln und des modernen Geistes" sind jetzt nicht mehr alle für sie kennzeichnend. Die bloße Wirklichkeitstreue und die historische Richtigkeit sind zurückgetreten, da man die „Wirklichkeit" (der Gegenwart wie der Vergangenheit) nicht mehr leicht einfangen zu können glaubt: So sieht Maupassant in den Dichtungen nur eine Illusion ausgedrückt, Proust meint, die Realität nicht zu haben, sondern sie suchen zu müssen, Gide will den Unterschied zwischen Realität und Formung zeigen, Pirandello scheidet Wahrscheinlichkeit und Normalität einerseits und Wahrheit andererseits. Das Wesen der Welt will man freilich erfassen (das streben auch Proust, Gide und Pirandello an). Begeisterung und Gefühl werden vielfach nicht als Grundlage der Dichtung, auch nicht der Lyrik, anerkannt: Ein Kalkül ist die Poesie schon für Poe, Ergebnis einer Arbeit mit Wörtern ist sie für Mallarmé, für Valéry; doch soll die Dichtung noch auf Sensibilität beruhen und die des Lesers ansprechen und erweitern: Für Pascoli besteht darin das Wesen der Lyrik, aber von der Sensibilität spricht etwa auch Hofmannsthal; Th. Mann lehnt letztlich reine Artistik ohne Gefühl in *Tonio Kröger* ab. Volkstümlichkeit scheint wenig wichtig: H. von Hofmannsthal sieht es als Kennzeichen der Dichtung, der er anhängt, an, daß sie elitär ist; d'Annunzio spricht in *Il Piacere* davon, daß der Dichter nur ein Exemplar seiner Werke herstellen lassen will. Aber der moderne Geist wird für entscheidend gehalten. Die handwerkliche und artistische Meisterschaft fordern die Parnassiens, Mallarmé und Valéry, Cesário Verde und Pessoa, Juan Valera und Rubén Darío, Carducci und d'Annunzio, George und Thomas Mann. Dabei wollen die meisten Autoren auch das Traditionelle überwinden und sich von den durch Herkommen und Gewohnheit entstandenen Regeln freimachen (häufig ist die Suche nach neuen Metren und nach einer neuen Sprache in der Lyrik: Carducci, Rubén Darío, Eugénio Castro, Cesário Verde).

So scheint die Literatur bis zum *Fin de siècle* und noch darüber hinaus wesentliche Kennzeichen der Romantik zu bewahren. Innerhalb dieses Jahrhunderts mag man dann noch einzelne Unterepochen unterscheiden. Unsere Untersuchung wird aber gezeigt haben, daß etwa der Realismus keine Ablösung romantischer Gestimmtheit und romantisch gefärbter Kunst bringt. Welche Bedeutung hat überhaupt der Realismus? Stephan Kohl schreibt in seinem interessanten Buch: *Realismus, Theorie und Geschichte*[16] zu den großen französischen Romanautoren Stendhal, Balzac und Flaubert, die weitgehend als Musterautoren des Realismus gelten: „Zur Ästhetik des Realismus äußerten sich auch die großen französischen Romanciers des 19. Jhdts., die indes ‚Realisten' zu nennen, den Vorwurf gröbster Vereinfachung eintragen muß."[17] Freilich hat Kohl auch einen nicht nur von der Literatur des 19. Jahrhunderts abstrahierten Begriff des Realismus. H.-J. Müller hält zwar nach seiner Bestimmung des Realismus Balzac, Flaubert und Zola für Realisten-Naturalisten (im Gegensatz zu Stendhal, den Goncourt oder Maupassant, die nicht in jeder Hinsicht dieser Gruppe zuzurechnen sind, da bei ihnen die erkenntnistheoretische Triade nicht voll ausgebildet ist); doch erklärt Müller, daß Flaubert die Erkenntnismöglichkeiten anzweifelt, so daß er die Welt in ihrer Gesetzmäßigkeit gar nicht zu erfassen unternimmt[18]; das zu tun, gilt aber weithin als Kennzeichen des realistischen Autors. Mit einigem Recht bezeichnet Saulnier in seiner Literaturgeschichte die romantische Zeit als Generation Balzacs und läßt so Balzac als typischen Romantiker auffassen.[19] Mir scheint die Ansicht vertretbar und richtig, daß die ersten Vertreter des Realismus als Romantiker angesehen werden können, „die sich aber dem Publikum weniger mitteilen, weil sie sich von ihm weniger verstanden fühlen, sich vor ihm scheuen oder es erst überzeugen wollen". Es besteht wohl auch kein „Wesensunterschied zwischen dem Realismus der Generation Flauberts und dem der Generation Stendhals oder Balzacs. Der Ton wird noch ruhiger, kälter, objektiver, die Grundeinstellung des Autors aber vielfach noch subjektiver und pessimistischer, und dieser Kontrast zwischen Ausdruck und Ausgedrücktem scheint mir typisch für den Realismus."[20] Es lassen sich wohl auch viele Züge der realistischen Literatur: die Neigung zur naturwissenschaftlichen Nüchternheit, zur Gesellschaftsanalyse, zur Typenbildung, zum scheinbar Belehrenden, aus dem beschriebenen Grundzug herleiten. Das gilt nicht nur für Flaubert, Goncourt, Maupassant, sondern ebenso für Verga, Capuana, Pérez Galdós, Eça de Queiroz, Th. Storm . . . Auch R. Brinkmann[21] betont das Subjektive am sogenannten Realismus. Demnach wäre der Realismus eine Strömung neben oder besser in der Romantik.

Eine andere Strömung wäre die des *L'art pour l'art.* Sie scheint mir im Normalfall nicht im Gegensatz zum Realismus zu stehen, und so ist Flaubert Romantiker, Realist und Anhänger des *L'art pour l'art,* wie wohl auch Giovanni Verga. Es soll nicht bestritten werden, daß die Theorie Zolas, die von Flaubert, Maupassant, Verga, Capuana, Pardo Bazán nicht anerkannt wurde, sich mit der romantischen Literaturauffassung nicht verträgt; der Theoretiker Zola stellt aber in vielen Punkten einen Sonderfall dar.

Kurt Wais überschreibt seine Darstellung der französischen Romantik mit „Drei romantische Wandlungen der französischen Literatur".[22] Wais geht dabei zuletzt auf die mit Baudelaire bezeichnete Wandlung ein, scheint aber nicht auszuschließen, daß es danach noch weitere romantische Wandlungen gegeben hat. Bekannt ist, daß Wais Ähnlichkeiten zwischen Mallarmé und der deutschen Romantik herausgearbeitet hat. Symbolismus, *Décadence* und *Fin de siècle* streng zu trennen und gar als neue, von der Romantik scharf zu unterscheidende Epochen der Literatur anzusehen, halte ich nicht für sinnvoll. Wie sehr Romantik, Realismus und „Decadentismo" zusammenhängen, hat für Italien Umberto Bosco dargestellt.[23]

Das 19. und wenigstens das beginnende 20. Jahrhundert müssen als Einheit gesehen werden. Für das 19. Jahrhundert ist die Bezeichnung „siècle romantique" sinnvoll.

Die Epoche des Kunstkultes und ihr Ende

Ein Kennzeichen der behandelten Zeit ist die Erschütterung des Glaubens an die (von einer gütigen Macht geschaffene) gute Weltordnung, an die Erkennbarkeit der Weltordnung und der Wirklichkeit, daneben auch der Zweifel an den Menschen, an der Gesellschaft wie an dem in der Seele des einzelnen angelegten Guten. Da das Wahre und das Gute so nicht mehr greifbar sind, bleibt für viele nur die Möglichkeit, Trost und Rettung im Schönen (oder etwas weiter gefaßt: im Ästhetischen) zu suchen. Das erklärt die Bedeutung der Kunst, also auch der Dichtung. In ihr sucht man Evasion und Rettung. Insofern kann man von einer Epoche des Kunstkultes sprechen.

Camus spricht in *Le Mythe de Sisyphe* von der Funktion der Kunst (besonders der Literatur) im Leben des Menschen: „L'œuvre d'art naît du renoncement de l'intelligence à raisonner le concret. Elle marque le triomphe du charnel. C'est la pensée lucide qui la provoque, mais dans cet acte même elle se renonce. Elle ne cédera pas à la tentation de surajouter au décrit un sens plus profond qu'elle sait illégitime. L'œuvre d'art incarne un drame de l'intelligence, mais elle n'en fait la preuve qu'indirectement. L'œuvre absurde exige un artiste conscient de ces limites et un art où le concret ne signifie rien de plus que lui-même. Elle ne peut être la fin, le sens et la consolation d'une vie. Créer ou ne pas créer, cela ne change rien."[24] Camus ist nicht ganz folgerichtig, wenn er der Kunst die Möglichkeit abspricht, Trost zu sein, denn der absurde Künstler kann ebenso wie der absurde Mensch schlechthin, Sisyphus, durch seine Tätigkeit, die er im Bewußtsein der Absurdität fortführt, glücklich sein: „Il faut imaginer Sisyphe heureux."[25] Eine Rettung durch Erkenntnis, welche die Kunst gibt, scheint Camus noch anzunehmen, wenn er *Le Mythe de Sisyphe* mit Erörterungen über einen Künstler (Kafka) abschließt. Diese Rettung ist freilich die der Auflösung der Illusionen und Verkennungen. Die Kunst kann das Absurde sehen lassen. Doch – und das ist in unserem Zusammenhang entscheidend – spricht Camus, der selbst Künstler, nämlich Erzähler, ist, der Kunst eine privilegierte Stellung innerhalb der Tätigkeiten des Menschen ab. Die Kunst kann dem Menschen nichts Besonderes mehr geben.

Wirklich genießt die Kunst heute nicht mehr durchgehend die hohe Achtung, die man ihr im 19. Jahrhundert zollte. Sie scheint nicht mehr Zugang zu einer höheren Geistigkeit oder Teil einer höheren Existenz, sondern eher ein Beitrag zur Lebensqualität. Manche Theoretiker sprechen ihr die Funktion der Erkenntniserweiterung oder der Vermittlung von Genuß ab: Für N. Sarraute kann die Literatur die tatsächlichen Grenzen der Erkenntnis der Realität nicht mehr voranschieben, für Robbe-Grillet geben moderne Romane dem Leser ein Gefühl der „déception". Vielfach sieht man im Dichter höchstens jemanden, der besser als andere die Leser für Probleme des Lebens, der Gesellschaft, der Politik usw. sensibilisieren kann. Insofern hat Camus richtig gesehen, daß die Kunst keine Problemlösungen, keine Welterklärungen, keinen Trost bietet.

Peter Bürger hat in *Theorie der Avantgarde* – weitgehend von literatursoziologischen Gesichtspunkten ausgehend – den Augenblick bestimmt, in dem die autonome Kunst erschüttert wurde (das geschah durch den Surrealismus und die Avantgarde-Bewegungen). Freilich ist der Versuch der Avantgarde gescheitert, so daß die Kunst von der Lebenspraxis getrennt geblieben ist, aber auch immer noch über ihr zu stehen scheint.[26]

Der Künstler war als Schöpfer und als Vermittler ästhetischen Erlebens eine herausgehobene Gestalt, eine Art Priester und Prophet in einer Zeit, welche die Priester und Propheten der Religion in Frage stellte, aber noch nach Priestern und Führern verlangte. Unsere Zeit sucht und verehrt solche Persönlichkeiten weniger. Fogazzaro stellte den einzelnen Heiligen in *Il Santo* als Bringer sozialer Gerechtigkeit und geistlicher Rettung dar, Pratolini preist die Gemeinschaft in *Il quartiere,* da die vielen zusammengehörigen Menschen einander Hilfe und Halt geben sollen. Sartre kritisiert sich selbst in *Les Mots,* weil er sich als Schriftsteller, Philosoph und Künder eine herausgehobene Stellung angemaßt hat.

Es scheint aber abgesehen von der Krise der Führererwartungen auch kennzeichnend für unsere Zeit, daß die Theorie von der besonderen Würde und Funktion des Künstlers und der Kunst nicht mehr dieselbe Geltung hat wie im 19. und am Anfang des 20. Jahrhunderts. Hier ist ein Wandel in der Dichtungsauffassung spürbar. Das schließt nicht aus, daß der Künstler und Dichter (wie ihre Kunst) noch immer für viele Menschen einen besonderen Wert haben. Auch andere Elemente der älteren Auffassung haben sich noch erhalten: Die moderne Kunsttheorie ist noch weitgehend ästhetisierend und ordnet die Kunst meistens keinen Zwecken unter. Erst später wird man erkennen können, ob wir wirklich nicht mehr in der Zeit des Kunstkultes leben.

Zu den Gründen des Kunstkultes

Zwischen 1800 und 1920 erhofft man von der Literatur, was man sonst von der Religion erwartet: Trost und Rettung. Die Kunst ist im Bewußtsein der Gesellschaft fast eine Institution wie die Kirche. Das Theater, das Museum, das Konservatorium, der Vortrags- und Konzertsaal werden zu Musentempeln und, vielfach an Fluchtpunkten von Straßen oder an Plätzen errichtet, zu Zentren der Stadt. Hier drückt sich sinnfällig die Bedeutung der Kunst aus. Doch ist der Kult der Kunst allein ein soziales Phänomen? Ist ihre Bedeutung aus der Gesellschaft, gar aus der Wirtschaft des 19. Jahrhunderts zu erklären?

Auch ein Literaturwissenschaftler, der auf die Probleme der Soziologie aufmerksam geworden ist, muß nicht auf die sozio-ökonomischen Grundlagen des Geisteslebens zurückgehen, um die Dichtungsauffassung zu erklären. Tynjanov hat sich mit der „sozialen Funktion“ der Literatur beschäftigt und bemerkt: „Nur durch die Untersuchung der nächstliegenden Reihen ist die Bestimmung und Erforschung dieser Funktion möglich. Nur bei der Betrachtung der nächstliegenden Bedingungen ist dies möglich und nicht bei einem gewaltsamen Heranziehen weit entfernter, sei es auch wichtiger Kausalreihen.“[27] Wir haben hier die nächstliegenden Bedingungen betrachtet: Die Kunstauffassung und die Kunst sind Teil des Geisteslebens, sie erklären sich vor allem durch das geistige System, durch die Weltanschauung und Weltsicht. Wer sie mit sozio-ökonomischen Umständen und Entwicklungen erklären will, sollte sich bewußt sein, daß er damit entfernte Kausalreihen heranzieht, und folgendes bedenken: „Die sozio-ökonomischen Fakten sind fundierend, bestimmen aber nicht vollkommen.“[28] Das bedeutet aber auch, daß man ein Phänomen des Geisteslebens, des Überbaus, nicht direkt und in einer Art Kurzschlußverfahren, auf den Unterbau, die Basis, zurückführen und so vollständig erklären kann.

Daher ist die Rolle, die die Dichtung in der untersuchten Zeit hat, zunächst mit den übrigen Phänomenen des Geisteslebens zu verbinden. Wir sind deswegen von der Weltsicht und Weltanschauung ausgegangen. Die Bedeutung von Kunst ist etwa auch mit dem Individualismus des 19. Jahrhunderts zu verbinden. Weltsicht, Weltanschauung, Individualismus und andere die Kunst und ihre Theorie teilweise bedingenden Faktoren mag man dann in weiteren Schritten auch in Beziehung zur Gesellschaftsentwicklung setzen.

Es liegt nahe, den Individualismus als den einer bürgerlichen, vom Unternehmertum und Liberalismus geprägten Gesellschaft anzusehen. Der Pessimismus, das Schwinden der Darstellung von Gesellschaftsveränderungen, schließlich die Tendenz zum Verzicht auf Handlungen auch in den eigentlich erzählenden Gattungen mögen als Anzeichen einer bestimmten Entwicklung dieses Bürgertums gedeutet werden. Georg Lukács erblickt im eigentlich Unhistorischen von Flauberts *Salammbô* wie in Maupassants *Une vie* und anderen Werken mit privaten, intimen Geschehnissen Hinweise darauf, daß die exzentrisch-individualistische Seite des kapitalistischen Menschen in den Vordergrund tritt und die Autoren an der Enthumanisierung leiden; Flaubert, Baudelaire, Zola, Nietzsche verstärkten aber durch die Art des Protestes noch die Enthumanisierung, und letzten Endes spräche durch sie ein Bürgertum, welches das Vertrauen in die eigene Zukunft und die Hoffnung aufgegeben hätte, aber sich den zukunftsweisenden neuen Kräften (dem Proletariat) nicht zuwenden könnte.[29] Lukács erklärt so auch die Abwendung vieler Autoren des 19. Jahrhunderts vom Realismus und die Neigung zum Dekadenten.

Lukács sieht die gesamte Entwicklung der europäischen Dekadenzliteratur als einheitlich an; er berücksichtigt also die nationalen Unterschiede in der Wirtschaftsentwicklung nicht. Die methodische Voraussetzung für diese Betrachtungsweise muß sein, daß nicht die individuelle Situation eines Schriftstellers, ja nicht einmal der Punkt, den sein Volk innerhalb der Entwicklung erreicht hat, das Werk bestimmen, sondern daß das sich in ihm ausdrückende Bewußtsein die Grenzen der Regionen und Staaten, ja der Sprachgemeinschaften überspringt. Dekadenzliteratur oder *Fin de siècle* würden sich also auch außerhalb einer Gesellschaft fortpflanzen oder ausdrücken, in der die eigentlichen sozio-ökonomischen Grundlagen für sie liegen. Die soziologische Erklärung ist nicht sehr befriedigend, wenn sie einräumen muß, daß ihrer Grundrichtung nach pessimistische Literatur in einer fortschrittsoptimistischen Gesellschaft besteht und von ihr getragen wird. Diese Schwierigkeit liegt vor: Klaus Meyer-Minnemann betont, daß „der *Fin de siècle*-Roman Spanischamerikas aus der Auseinandersetzung mit dem Naturalismus hervorgeht. Da er sich jedoch darin an der französischen Entwicklung orientiert, ist diese Auseinandersetzung innerhalb seines engeren geographischen Bereichs im allgemeinen nur vermittelter Natur. Die betreffende Epoche, in die er gehört, stellt ein wenn auch eigentümliches Derivat der Entwicklung in Frankreich (und darüber hinaus ganz Europas) dar . . .“[30] Nach der Meinung Meyer-Minnemanns war ferner „der *Fin de siècle*-Roman des spanischen Amerika, wenigstens in seiner Anfangszeit, Ausdruck der fortschrittsgläubigen Ideologie einer neuen, erst kurz zuvor etablierten Fraktion des lateinamerikanischen Bürgertums, die durch die verstärkte Einbeziehung des Kontinents in die internationale arbeitsteilige Wirtschaft in den letzten Jahrzehnten des 19. Jahrhunderts entstanden war“.[31] Auch die Hinwendung zum Vitalismus, die im *Fin de siècle* schon angelegt ist[32], macht stutzig; der angebliche Pessimismus des in eine Krise geratenden Bürgertums erklärt nicht alles, und der Überbau hat seine eigene Entwicklung: Pessimismus und Kulturzentriertheit rufen die Reaktion des Vitalismus hervor. Im Geistesleben entstehen Tendenzen und Anschauungen oder werden übernommen, die zum Unterbau nicht recht passen.

Innerhalb der Literatursoziologie gehen die Arbeiten von L. Goldmann, der sich besonders mit dem Roman des 19. Jahrhunderts beschäftigt hat, darauf hin, die allzu enge Abhängigkeit des Autors von der sozio-ökonomischen Entwicklung und vom Zeitgeist zu lockern.[33] Besteht überhaupt eine enge und einseitige Abhängigkeit der Literatur (als Teil des Überbaus) vom Unterbau, der sich kontinuierlich entwickelt, während der Überbau auf diese Entwicklung (durch den Versuch einer Systembildung oder -anpassung) letztlich nur reagieren soll? Meine eigenen Untersuchungen haben mir diesen Gedanken nicht aufgezwungen (und ich habe auch keine Anzeichen für einen Zusammenbruch des Überbaus feststellen können, der innerhalb der Möglichkeiten seines Systems auf die Entwicklungen im Unterbau nicht mehr hätte reagieren können).

Was ich in diesem Buch beschrieben habe, möchte ich daher nicht einseitig durch die gesellschaftliche oder wirtschaftliche Lage erklären. Wohl kann man es in eine Beziehung zur Gesellschaft (und zu der von ihr betriebenen Wirtschaft) setzen. Die Literatur geht auf die Gesellschaft ein, stellt ein Bild von ihr auf, beurteilt sie; die Dichtung enthält vielfach und besonders in der betrachteten Zeit auch eine Reaktion auf die Gesellschaft, weist etwa dem einzelnen Lösungsmöglichkeiten für die Probleme, die aus der Gesellschaft kommen: Die Evasion ist eine solche Lösung. Allerdings ist die Evasion nicht nur eine Lösung für Probleme mit der Gesellschaft, sondern auch für andere, weltanschauliche; jedenfalls sind Weltschmerz und Erkenntnispessimismus für mich nicht nur ein soziales Phänomen. Ennui und Zweifel an der rationalen Erkenntnis sind für die Erklärung der Tendenzen, in der Dichtung ein Refugium und ein Ersatzglück zu suchen, die naheliegenden Reihen, nicht die Industrialisierung oder das Finanzwesen und das Aufkommen des Proletariats.

Die Literatur reagiert sicher nicht nur auf die soziale Wirklichkeit, sondern sie wirkt auch auf sie ein, entwirft Lösungen für deren Probleme und formt sie um. Wie wir sahen, wollte Maurice Barrès in *Les déracinés* die Entwurzelung der Menschen durch die Philosophie Kants und die moderne Weltanschauung allgemein durch den Verweis auf die Kräfte des Volkes und der Heimat heilen; Thomas Mann suchte nach Humanität und wollte sie stärken; Pérez Galdós zeigte die Notwendigkeit des Wirklichkeitssinnes auf und wollte sein Volk zu ihm erziehen. Lukács hat an Thomas Mann die positive Wirkung auf die Geschichte erkannt; ob man etwa die Blut- und Boden-Ideologie von Barrès gutheißen mag, ist unabhängig von der Tatsache, daß solche Ideologien die Geschichte mitgeprägt und faschistische Richtungen gestärkt haben. Das Verhältnis zwischen sozio-ökonomischer Entwicklung und Literatur ist in diesem Sinne dialektisch. Dialektisch ist aber auch das Verhältnis zwischen den einzelnen Strömungen und Richtungen in der Literatur. Maurice Barrès, Thomas Mann und Pérez Galdós reagieren auf die Weltschmerz- und *Fin de siècle*-Literatur, die sie aber auch verarbeiten und in vielen Punkten weiterführen. Dialektisch ist schließlich das Verhältnis der Literatur zu anderen Teilen des Überbaus. Der Kult der Kunst ist auch eine Voraussetzung für den Erkenntnispessimismus, mit dem zusammen er sich entwickelt: Einerseits ist der Kunstkult eine Kompensation für das mit dem Pessimismus verbundene Unbehagen, andererseits wagt man, die Unmöglichkeit des rationalen Erkennens zu ende zu denken, weil man sowohl eine Evasion als auch eine arationale Erkenntnismöglichkeit durch das ästhetische Erleben zu haben glaubt, und dieser Arationalismus stärkt dann Strömungen wie den Vitalismus. Einen Teil der Zusammenhänge zwischen verschiedenen Bereichen des Überbaus hoffe ich aufgewiesen zu haben, indem ich Individualismus, Pessimismus, Gesellschaftsablehnung, Ablehnung der Geschichte, Agnostizismus und Ästhetizismus miteinander verband.

Warum schreiben aber die Autoren der behandelten Zeit auf die dargestellte Weise, und in welchem Zusammenhang stehen sie mit ihrer Umwelt und der Gesellschaft, in der sie leben? H. R. Jauß erklärt in seinem Aufsatz *Literaturgeschichte als Provokation der Literaturwissenschaft*[34]: „Im Schritt von einer Rezeptionsgeschichte der

Werke zur ereignishaften Geschichte der Literatur zeigt sich diese als ein Prozeß, in dem sich die passive Rezeption des Lesers und Kritikers in die aktive Rezeption und neue Produktion des Autors umsetzt und in dem ... das nächste Werk formale und moralische Probleme, die das letzte Werk hinterließ, lösen und wieder neue Probleme aufgeben kann." Dieser Satz führt uns weiter, doch müssen noch einige Dinge ergänzt werden: Der Autor findet im letzten Werk nicht nur formale und moralische Probleme im engen Sinne, sondern auch philosophische, weltanschauliche, politische ... und er findet diese Probleme nicht nur im letzten Werk, sondern sie erwachsen ihm auch aus dem Leben, so daß er sich gedrängt fühlt, sie in seinen Werken zu behandeln, zumal die Vorgänger nicht genug oder nicht befriedigend auf sie eingegangen sind. Der Autor führt Anregungen der älteren Literatur weiter oder bringt, durch die älteren Dichtungen mitangeregt, Neues in seine eigenen Werke ein – insofern reagiert er aktiv und als Individuum, das auch Einflüsse der Umwelt erfährt, auf Literatur, aber nicht nur auf sie.

Das sind sowenig neue Erkenntnisse, daß es überflüssig scheint, sie noch auszusprechen. Und doch möchte ich betonen: Die untersuchte Literatur ist nicht nur Wirkung einer sozio-ökonomischen Wirklichkeit, die sich durch den Autor – und ohne sein Zutun – so ausspricht (oder niederschlägt), und der Autor hat nicht nur im Sinn, zu einem Publikum zu sprechen. In vielen Fällen ringt der Autor um eine Lösung von Problemen, die ihn beschäftigen, er wird sich durch sein Werk der Probleme und der Lösungsmöglichkeiten wie auch des Fehlens solcher Möglichkeiten bewußt, es geht ihm auch um diese Bewußtwerdung und Klärung, um seine persönliche Auseinandersetzung und Entwicklung: Er schreibt auch für sich, nicht nur für einen impliziten oder für einen realen Leser. Es geht ihm vielfach nicht nur um geltende (akzeptierte oder akzeptierbare) Lösungen formaler, moralischer, weltanschaulicher und anderer Probleme, sondern um gültige (absolute, überzeitliche) Lösungen. Wie wir gesehen haben, wollen viele Autoren nicht an den Leser, nicht an die Wirkung auf den Leser denken, und andere wie Valéry bedauern es, daß sie nicht in überzeitlichem Material arbeiten können, weil die Sprache und die Wörter (anders als die Töne der Musik) sich wandeln.

Die Autoren des 19. Jahrhunderts wurden durch die Literatur wie durch die Weltanschauung, Philosophie, Religion und die soziale Wirklichkeit vor schwerwiegende Probleme gestellt. Ihre Werke stellen eine Reflexion über diese Probleme dar. Insgesamt untersucht die Literatur die Reichweite und die Eigenart der gestellten Fragen und die sich anbietenden oder die angebotenen Lösungsmöglichkeiten. Das Ergebnis ist häufig enttäuschend – aber das liegt nicht unbedingt an der Behandlung, sondern vielleicht am behandelten Gegenstand. Die Probleme sind vielfach nicht lösbar. Das 19. Jahrhundert verschließt sich nicht dem Gedanken, daß das Wesen der Welt oder der Dinge nicht erkannt werden kann, daß die Aspirationen des Menschen sich nicht erfüllen. Es werden sämtliche der Dichtung eigenen Mittel beim Versuch eingesetzt, die Probleme zu meistern, die Erkenntnis möglich zu machen, der Welt einen Sinn zu geben. Da sich aber kein Sinn einstellt, streben viele Dichtungen eine Kompensation an, sie bieten etwa die Evasion in ein Reich des Schönen (um dann u. U. auch das Scheitern dieses Versuchs festzustellen). Insofern ist die Literatur konsequent und mutig, wenn sie die Folgerungen aus der Absurdität der Welt zieht.

Die Literatur des 19. Jahrhunderts ist daher der unseren verwandt. Der Ästhetizismus, der Kult der Kunst, ist eine im Kern moderne Haltung und wird auch von heute geachteten Autoren wie N. Sarraute, Robbe-Grillet, Butor vertreten. Die in diesem Buch behandelte Thematik ist trotz gegenläufiger Tendenzen noch aktuell.

Anmerkungen

1 Erwin Koppen: Dekadenter Wagnerismus. Studien zur europäischen Literatur des Fin de siècle. Berlin u. New York 1973. S. 7 ff. E. Koppen: Décadence und Symbolismus in der französischen und italienischen Literatur. In: Neues Handbuch der Literaturwissenschaft. Bd. 18: Jahrhundertende, Jahrhundertwende. Erster Teil. Hrsg. v. H. Kreuzer. Wiesbaden 1976. S. 69 ff.

2 Vgl. R. Wellek, der meint, daß der „Idealtypus" des Realismus „vielleicht von keinem einzigen Werk völlig verwirklicht wird und . . . gewiß in jedem einzelnen Werk mit verschiedenen anderen Merkmalen, Überbleibseln der Vergangenheit, Vorwegnahmen der Zukunft und ganz individuellen Eigentümlichkeiten verbunden ist". Grundbegriffe der Literaturkritik. Stuttgart usw. 1963. S. 180.

3 Frankfurt a. M. 1971.

4 Köln 1965.

5 Frankfurt a. M. 1977.

6 München 1977.

7 Frankfurt a. M. 1978.

8 Vgl. auch die Bedeutung, die Huysmans nach F. Schalk (in dem von Bauer herausgegebenen Buch) für „Fin de siècle" und nach Wuthenow für den Ästhetizismus hat.

9 Vgl. zu den Abgrenzungsschwierigkeiten auch E. Koppen: Dekadenter Wagnerismus. A.a.O. S. 46, Anm. 90, S. 49, Anm. 105, S. 56, Anm. 131.

10 Ebd. S. 165 ff.

11 H. v. Hofmannsthal: Reden und Aufsätze I. Frankfurt a. M. 1970. S. 99.

12 Zit. bei E. Koppen: Dekadenter Wagnerismus. S. 167.

13 Darmstadt 1975.

14 S. 49.

15 S. 49.

16 München 1977.

17 Ebd. S. 84.

18 H.-J. Müller: Der Roman des Realismus-Naturalismus in Frankreich. Eine erkenntnistheoretische Studie. Wiesbaden 1977.

19 V.-L. Saulnier: La littérature française du siècle romantique. Paris 1959.

20 Krömer, a.a.O. S. 67.

21 R. Brinkmann: Wirklichkeit und Illusion. Studien über Gehalt und Grenzen des Begriffs Realismus für die erzählende Dichtung des 19. Jahrhunderts. Tübingen 1957.

22 In: Die Europäische Romantik (o. Hrsg.), mit Beiträgen von H. Behler u. a. Frankfurt a. M. 1972.

23 U. Bosco: Realismo romantico. Roma 1959.

24 A. Camus: Essais. Paris 1977. S. 176.

25 S. 198. In *L'homme révolté* nähert Camus auch die Haltung des Künstlers und die des revoltierenden Menschen an (S. 657 ff., vor allem 659, 675) und erkennt diesem die Möglichkeit zu, seinem Leben Sinn zu geben.

26 Peter Bürger: Theorie der Avantgarde. Frankfurt a. M. 1974. S. 67 f., passim. Vgl. P. Bürger: Der Französische Surrealismus. Frankfurt a. M. 1971.

27 Jurij Tynjanov: Über die literarische Evolution. In: Russischer Formalismus. Hrsg. v. J. Striedter. München o. J. S. 455 f.

28 Manon Maren-Griesebach: Methoden der Literaturwissenschaft. München ^{4}1976. S. 92.

29 Georg Lukács: Der historische Roman. Berlin 1955. Besonders S. 205 ff., 211 ff.

30 Klaus Meyer-Minnemann: Der spanischamerikanische Roman des Fin de siècle. Tübingen 1979. S. 7 f.

31 Ebd. S. 17.

32 Ebd. S. 8.

33 Lucien Goldmann: Soziologie des modernen Romans. Neuwied u. Berlin 1970.

34 In: R. Warning (Hrsg.): Rezeptionsästhetik. München 1975. S. 141.

ANHANG

Weiterführende Literatur

Da die Literatur zum Thema dieses Buches und zu verwandten Themen äußerst umfangreich ist, wird hier nur eine schmale Auswahl von Arbeiten gegeben.

Albérès, R.-M.: Histoire du roman moderne. Paris 1962.

Auerbach, E.: Mimesis. Dargestellte Wirklichkeit in der abendländischen Literatur. Bern ^{3}1967.

Bauer, R., u. a.: Fin de siècle. Zur Literatur und Kunst der Jahrhundertwende. Frankfurt a. M. 1977.

Binni, W.: La poética del decadentismo. Firenze ^{2}1949.

Behler, E., Fautek, H., u. a.: Die europäische Romantik. Frankfurt a. M. 1972.

Bénichou, P.: Le sacre de l'écrivain, 1750–1830. Paris 1973.

Bénichou, P.: Le temps des prophètes. Doctrines de l'âge romantique. Paris 1977.

Böckmann, P.: Die Bedeutung Nietzsches für die Situation der mondernen Literatur. In: DVjs 27 (1953), 77–101.

Bosco, U.: Realismo romantico. Roma 1959.

Bosco, U.: L'uomo-poeta dei romantici. In: Aspetti del romanticismo italiano. Roma 1942.

Brinkmann, R. (Hrsg.): Begriffsbestimmung des literarischen Realismus. Darmstadt 1974.

Brinkmann, R.: Wirklichkeit und Illusion. Studien über Gehalt und Grenzen des Begriffs Realismus für die erzählende Dichtung des 19. Jahrhunderts. Tübingen 1957.

Bürger, P.: Der französische Surrealismus. Studien zum Problem der avantgardistischen Literatur. Frankfurt a. M. 1971.

Bürger, P.: Theorie der Avantgarde. Frankfurt a. M. 1974.

Calmberg, E.: Die Auffassung des Künstlers im Weltbild deutscher Dichtung zwischen Nietzsche und George. Würzburg 1936.

Cassagne, A.: La théorie de l'art pour l'art en France. Paris 1959.

Castillo, H.: Estudios críticos sobre el modernismo. Madrid 1968.

Davison, N.: El concepto de modernismo en la crítica hispánica. Buenos Aires 1971.

Dédéyan, Ch.: Le nouveau mal du siècle de Baudelaire à nos jours. Paris 1968–1972.

Diaz-Plaja, G.: Modernismo frente a Noventa y Ocho. Madrid 1951.

Enzensberger, Ch.: Viktorianische Lyrik. Tennyson und Swinburne in der Geschichte der Entfremdung. München 1969.

Farmer, A. J.: Le mouvement esthétique et décadent en Angleterre 1873–1900. Paris 1931.

Ferreres, R.: Verlaine y los modernistas españoles. Madrid 1975.

Fischer, J. M.: Fin de siècle. Kommentar zu einer Epoche. München 1978.

Flora, F.: Dal romanticismo al futurismo. Milano 1925.

Friedrich, H.: Die Klassiker des französischen Romans: Stendhal, Balzac, Flaubert. Leipzig 1939.

Friedrich, H.: Die Struktur der modernen Lyrik. Hamburg 1956.

Gilman, M.: The Idea of Poetry in France, from Houdard de la Motte to Baudelaire. Cambridge, Mass. 1958.

Goldmann, L.: Soziologie des modernen Romans. Neuwied 1970.

Grana, C.: Bohemian Versus Bourgeois. French Society and the French Man of Letters in the Nineteenth Century. New York 1964.

Gullón, R.: Direcciones del modernismo. Madrid 1963.

Hamann, R.; Hermand, J.: Epochen deutscher Kultur von 1870 bis zur Gegenwart, Bd. 1–4. München 1971–1973.

Heitmann, K.: Der französische Realismus von Stendhal bis Flaubert. Wiesbaden 1979.

Heitmann, K.: Der Immoralismus-Prozeß gegen die französische Literatur im 19. Jahrhundert. Bad Homburg 1970.

Hermand, J. (Hrsg.): Jugendstil. Darmstadt 1971.
Hermand, J.: Der Schein des schönen Lebens. Studien zur Jahrhundertwende. Frankfurt a. M. 1972.
Heß, R.: Die Anfänge der modernen Lyrik in Portugal 1865–1890. München 1978.
Hilton, T.: The Pre-Raphaelites. London 1970.
Hinterhäuser, H.: Fin de siècle. Gestalten und Mythen. München 1977.
Hinterhäuser, H. (Hrsg.): Jahrhundertende – Jahrhundertwende. II. Teil. Wiesbaden 1976 (Neues Handbuch der Literaturwissenschaft. Bd. 19).
Hofstätter, H. H.: Symbolismus und die Kunst der Jahrhundertwende. Köln 1965, ^{3}1975.
Hönnighausen, L.: Präraphaeliten und Fin de siècle. München 1971.
Kanduth, E.: Cesare Pavese im Rahmen der pessimistischen italienischen Literatur. Wien, Stuttgart 1971.
Köhler, E.: Der literarische Zufall, das Mögliche und die Notwendigkeit. München 1973.
Koppen, E.: Dekadenter Wagnerismus. Studien zur europäischen Literatur des Fin de siècle. Berlin 1973.
Kreuzer, H.: Die Boheme. Beiträge zu ihrer Beschreibung. Stuttgart 1968.
Kreuzer, H. (Hrsg.): Jahrhundertende – Jahrhundertwende. I. Teil. Wiesbaden 1976 (Neues Handbuch der Literaturwissenschaft. Bd. 18).
Krömer, W.: Flaubert. Darmstadt 1980.
Krömer, W.: Die französische Novelle im 19. Jahrhundert. Frankfurt a. M. 1972.
Krömer, W.: Die französische Romantik. Darmstadt 1975.
Krömer, W.: Zur Weltanschauung, Ästhetik und Poetik des Neoklassizismus und der Romantik in Spanien. Münster 1968.
Lester, J. A. Jr.: Journey Through Despair, 1880–1914. Princeton 1968.
Lukács, G.: Essays über den Realismus. Berlin 1948.
Lukács, G.: Der historische Roman. Neuwied 1965.
Meyer-Minnemann, K.: Der spanischamerikanische Roman des Fin de siècle. Tübingen 1979.
Milner, M.: Le diable dans la littérature française de Cazotte à Baudelaire. Pairs 1960.
Milner, M.: Le romantisme. Bd. 1. 1820–1843. Paris 1973.
Momigliano, A.: La poetica del decadentismo. In: Elzeviri. Firenze 1945.
Moreau, P.: Ames et thèmes romantiques. Paris 1965.
Müller, H.-J.: Der Roman des Realismus-Naturalismus in Frankreich. Eine erkenntnistheoretische Studie. Wiesbaden 1977.
Neves, J. A. das: O movimento futurista em Portugal. Porto 1966.
Paulsen, W. (Hrsg.): Das Nachleben der Romantik in der modernen deutschen Literatur. Heidelberg 1969.
Petriconi, H.: Das Reich des Untergangs. Hamburg 1958.
Piccioni, L.: Letture leopardine e altri saggi. Firenze 1952.
Praz, M.: Liebe, Tod und Teufel – Die schwarze Romantik. München 1963.
Puppo, M.: Studi sul romanticismo. Firenze 1969.
Raimond, M.: La crise du roman. Des lendemains du naturalisme aux années vingt. Paris 1966.
Remak, H. H. H.: West European Romantism. Definition and Scope. In: Comparative Literature. Method and Perspective. Hrsg. v. N. P. Stallknecht u. H. Franz. Carbondale 1961.
Richard, N.: Le mouvement décadent. Paris 1968.
Ritter-Santini, L.: Lesebilder. Essays zur europäischen Literatur. Stuttgart 1978.
Rosenblatt, L.: L'idée de l'art pour l'art dans la littérature anglaise pendant la période Victorienne. Paris 1931.
Rossi, G. C.: Geschichte der portugiesischen Literatur. Tübingen 1964.
Salinari, C.: Miti e coscienza del decadentismo italiano. D'Annunzio, Pascoli, Fogazzaro e Pirandello. Milano 1960.
Saraiva, A. J.; Lopes, O.: Historia da literatura portuguesa. Porto ^{9}1976.
Scrivano, R.: Il decadentismo e la critica. Storia e antologia della critica. Firenze 1963.
Siepmann, H.: Die portugiesische Lyrik des segundo modernismo. Frankfurt a. M. 1977.
Singer, L.: The Aesthetics of 'Art for Art's sake'. In: Journal of Aesthetics and Art Criticism 12 (1953), 343–359.
Szondi, P.: Das lyrische Drama des Fin de siècle. Frankfurt a. M. 1975.
Talmon, J. L.: Romantism and Revolt. Europe 1815–1848. London 1967.
Thomalla, A.: Die „femme fragile". Ein literarischer Frauentypus der Jahrhundertwende. Düsseldorf 1972.
Todorov, T.: Introduction à la littérature fantastique. Paris 1970.

Walter, R.: Nietzsche – Jugendstil – Heinrich Mann. Zur geistigen Situation der Jahrhundertwende. München 1976.
Wellek, R.: Grundbegriffe der Literaturkritik. Stuttgart 1965.
Wellek, R.: A History of Modern Criticism. 1750–1950. The Later Nineteenth Century. London 1966.
Wuthenow, R.-R.: Muse, Maske, Meduse. Europäischer Ästhetizismus. Frankfurt a. M. 1978.
Zacharias, G.: Satanskult und Schwarze Messe. Ein Beitrag zur Phänomenologie der Religion. Wiesbaden 1964.
Zagona, H. G.: The Legend of Salome and the Principle of the L'art pour l'art. Genf, Paris 1960.
Zörner, L.: Die schockierende Novelle im 19. Jahrhundert (unter besonderer Berücksichtigung von Pétrus Borel u. Jules-Amadée d'Aurevilly). Masch. Diss. Innsbruck 1975.

Sachregister

Namenregister